O Verde Violentou o Muro

VIDA EM BERLIM
ANTES E AGORA

Ignácio de Loyola Brandão

O Verde Violentou o Muro

VIDA EM BERLIM
ANTES E AGORA

Revisto e atualizado

São Paulo
2000

global
EDITORA

© Ignácio de Loyola Brandão, 1996

13ª Edição, 2000

Diretor Editorial
Jefferson L. Alves

Gerente de Produção
Flávio Samuel

Assistente Editorial
Rosalina Siqueira

Revisão do Alemão
Suzane Gattaz

Revisão
José Gabriel Arroio
Maria Aparecida A. Salmeron

Editoração Eletrônica
Antonio Silvio Lopes

Dados Internacionais de Catalogação na Publicação (CIP)
(Câmara Brasileira do Livro, SP, Brasil)

Brandão, Ignácio de Loyola, 1936-
O verde violentou o muro : (vida em Berlim antes e agora) / Ignácio de Loyola Brandão. – 13. ed. rev. e ampl. pelo autor. – São Paulo : Global, 2000.

ISBN 85-260-0365-8

1. Alemanha – Descrição e viagens 2. Berlim, Muro de (1961-1989) I. Título.

00-2883   CDD–914.3

Índice para catálogo sistemático:

1. Alemanha : Descrição e viagens   914.3

Direitos Reservados
Global Editora e Distribuidora Ltda.

Rua Pirapitingüi, 111 – Liberdade
CEP 01508-020 – São Paulo – SP
Tel.: (11) 3277-7999 – Fax: (11) 3277-8141
E-mail: global@dialdata.com.br

Colabore com a produção científica e cultural.
Proibida a reprodução total ou parcial desta obra
sem a autorização do editor.

Nº DE CATÁLOGO: **1504**

Para o DAAD, por quinze meses cheios de experiências. A Wieland Schmied e Barbara Richter, que aplainaram caminhos. A Michi Strausfeld, que me telefonou um dia com uma pergunta deliciosa e assustadora: "Gostaria de passar uma temporada em Berlim?". A Ray-Güde Mertin, agente e tradutora, que suavizou dificuldades. Essenciais: Adeline Verino (que se foi em maio de 1997), Anna Jonas, Berthold Zilly e Rita, Carlos Azevedo e Ulrich, Carlos Schunemann, Curt Meyer-Clason e Cristiana, Dietz Mertin, Dini e Ricardo Bada (que fizeram dessa estada alemã um período agradável, menos abismado), Erhard Engler e Cristina, Evelyn Daus, Gaby Tölcke, Gereon Sievernich, Gisela Freisinger, Gisela Max Linz, Hans Christoph Buch, Henry Thorau, Helmut Herdt (com Wolfgang Knorr, Judit, Peter e Kurt formou o grupo de Fürth e da maravilhosa Latindia*), Jazely Gonzales (sempre uma ponta de lança preciosa em Heidelberg), Johannes Augel, Isolde Ohlbaum (que registrou em magníficas fotos a mim e aos meus ambientes berlinenses), Jörg Drews, Luana Klagsbrunn (que carreguei nos ombros pelas ruas de Praga), Maria Helena Paranhos, Mari (que compartilhou tantas descobertas em Berlim), Marta Klagsbrunn, Moema Augel, Nando, Peter Schneider, Renate Von Mangoldt (que, através de suas fotos, me fez compreender as diferenças sutis entre cada bairro da cidade), Rosemarie Bollinger (doce amiga que me explicou tanto e que também acaba de partir), Teo Mesquita, Uschi Limeback, Uta Reindl (que quase me fez ficar na Alemanha), Ute Hermanns, Utte Rasemann, Victor Klagsbrunn e Walter Höllerer.*

Situações visões pensamentos anotações sonhos fantasias lembranças.

Registros de um brasileiro no cotidiano alemão.
Sem explicar, concluir.
Viver
fazendo relação com a própria realidade.
Mundo desenvolvido & subdesenvolvido.

Muro
Oh já-já-já
Oh sim-sim-sim
Gostar implica ver e conviver com qualidades e defeitos do outro
aceitar o outro sem fechar os olhos.
Existimos através de fragmentos visões situações-chaves pequenos
instantes detalhes esparsos & significativos.
De tempos em tempos juntamos.
Reproduzo no que faço essa visão de vida.

Vazios entre os fragmentos.
Dentro desses vácuos pode vir coisa nova, permite-se deslocar algo do próprio texto, leitor pode & deve colocar ali seu fragmento pessoal, concorde-discorde. Sua forma de observar. Ler não é ato passivo & puramente receptivo. O leitor age, acrescentando.

A noite que mudou a história

A cavalo sobre o muro de Berlim, o jovem alemão, topete sobre a testa, blusão de couro, empunhando o martelo, quebrava o concreto. Absurdo. Ninguém atirava nele, então não era verdade. Onde estavam os guardas com o dedo rápido no gatilho? O que fazia a *Grenzpolizisten* que não o prendia, como de hábito? Em outros tempos teriam simplesmente matado. As imagens do telejornal eram delirantes. Podiam fazer parte de um filme escrito por Peter Schneider, Hans Christoph Buch, ou Günther Grass, por Heiner Müller, Uwe Johnson, Christa Wolff ou Peter Handke.

Noite de 9 de novembro de 1989. O que se via era estranho para quem tinha vivido sob o signo do muro. Sendo verdade, alguma coisa mudava. A foto do jovem picotando o muro correu mundo. Famosa e histórica, assim como aquela dos russos hasteando sua bandeira no topo do Reichstag, quando Berlim foi tomada em 1945. Aliás, essa foto foi uma fraude. Seu autor, Yevgueni Khaldei, quarenta anos mais tarde, admitiu ter feito a montagem. Quantos souberam, sem denunciar? A história (como sempre) manipulada pelas conveniências.

Desta vez, em lugar de bandeiras, martelos. Logo o martelo, um dos elementos do símbolo do regime que se desmanchava na Alemanha Oriental. Dez minutos antes, os apresentadores do jornal tinham anunciado a manchete principal:

Caiu o muro de Berlim

Assombrado, fiquei à espera. Surpresa mundial. Impacto sem precedentes. As melhores notícias ficam para o fim, recurso para segurar o espectador. Nesses minutos, eternos para mim, repassei o ano e meio vivido na cidade, num videoclipe que teve a atmosfera de adeus a um dos tempos mais instigantes e curiosos de minha vida. Caído o muro, nunca mais a cidade seria a mesma.

Loucura e lassitude

A Berlim em que eu vivera começava a desaparecer. Desfazia-se. Dela restariam memórias. Não que eu fosse favorável ao muro. Nada a ver! O raciocínio não é por aí. É que ele conferiu à cidade uma aura particular de cidade única, singular e excitante, original e louca, nervosa e adorável, independente de todas as especulações a respeito de sua problemática existência.

Dissolvia-se a redoma em que Berlim Ocidental vivera. Gaiola de ouro, na definição de Antonio Skarmeta, autor de *O carteiro e o poeta*, que nela viveu exilado. Cidade que bocejava num sono histórico para o sociólogo Winfried Hammann. Que acrescentou: "Quem ficou tinha uma única tarefa: ficar lá até que alguma coisa acontecesse". Para o cineasta Wim Wenders, "em Berlim, a pessoa sempre tinha o pressentimento de que, muitas vezes, mais que em nenhum outro lugar do mundo, atrás de cada uma de suas pequenas cenas, podia-se ocultar o início de uma história, o começo de outra aventura". Para mim, quem definiu a cidade, melhor do que ninguém, e na forma como eu a sentia foi o escritor Joseph Pla: "Passei tardes em Berlim como se estivesse no interior de um campanário submerso. O silêncio proporcionava uma sensibilidade de convalescente. Às vezes, éramos assaltados por uma onda de loucura e nervosismo à qual se sucediam horas de lassitude e abandono".

Soavam os últimos acordes do baile sobre o vulcão? Agonizava a capital mundial alternativa? A ilha no mar vermelho unia-se ao continente? Daquela noite em diante Berlim passou a fazer parte do circuito normal das grandes metrópoles. O ar provinciano e tranqüilo se diluiria, congestionamentos fariam parte do cotidiano, viriam a poluição, a industrialização exacerbada, a violência explícita. Porque ali existia violência dissimulada, tensão à flor da pele, ódios disfarçados, rancores camuflados. Cidade amada e odiada pelos alemães. "Não rever Paris é uma catástrofe, não rever Berlim não tem a mínima importância", escreveu o jornalista bávaro Dieter Mayer-Simeth. Havia nela intensa atividade criativa. Festivais de teatro, dança e cinema. Concertos clássicos, de rock, música popular alemã, pop, ou heavy-metal nos auditórios de sociedades musicais, salões paroquiais, igrejas, bares, parques, no imponente Waldbühne que os nazistas construíram ou na luxuosa Filarmônica, cujo apelido era Zirkus Karajani, mistura de Circo Sarrasani com Karajan, o maestro, célebre pelo ego monumental. Leituras de escritores nacionais e internacionais nas livrarias, bibliotecas, cafés. Exposições na Galeria Nacional, museus e marchands, que mostravam a arte de consagrados, de rejeitados ou principiantes.

    Prédios ocupados, bancos alternativos, museus magníficos (no Egípcio, Nefertiti, beleza que o tempo não dissolve, repousa em caixa de cristal, provocando hipnose). Manifestações, avenidas espaçosas, transporte perfeito, integrando trens, metrô e ônibus, prédios baixos, árvores, florestas, rios, lagos, canais, parques, imensos gramados, que no verão abrigam alvas mulheres nuas ao sol, centenas de cinemas para 2 milhões de habitantes, teatros, universidades, cafés, bares, restaurantes, imbiss em cada esquina, cabarés, peep-shows e cachorros, cachorros. Punks e skin-heads de roupas negras e metais cobrindo o corpo, convivendo com velhas impecáveis, de luvas e chapéu, a caminho de chás e bolos cremosos na konditorei. (Ah, as tardes passadas na Möhring, a comer bolos de creme!)

Clima de aldeia substituído pela efervescência de cidade grande. Ruínas recentes, prédios ocupados, fantasmas, miasmas, *zeitgeist*, o espírito do tempo, passeatas, choques com a polícia, minorias ensandecidas, arte escorrendo por todos os poros, esculturas pelas ruas.

E tardes de verão silenciosas, límpidas e intermináveis, estendendo-se até as 11 da noite. Cidade que não necessitava dormir. Agitava-se insone, ansiosa, sonhando com a utopia: a queda do muro.

Semelhanças ao nascer, ao cair

Como de hábito, a notícia dada pela tevê não foi esclarecedora. Faltaram detalhes. Os melhores observadores da política Leste-Oeste se revelavam surpresos. Noite nervosa. Para a Alemanha e para o mundo. Aconteceu o que se esperava. Apenas aconteceu mais cedo, em um prazo tão desconcertante que não houve tempo de assimilar o choque.

Assim como foi gerado, assim o muro caiu. Subitamente. As fotos que circularam – não houve assunto mais intrigante – revelavam semelhanças com as fotos de 28 anos antes: rostos assustados a contemplar o inacreditável. No dia 13 de agosto de 1961, os berlinenses, chorando, testemunharam soldados da República Democrática Alemã, RDA (DDR, em alemão), formando uma cerca humana, substituída com o tempo por pilares e arames farpados, que por sua vez deram lugar aos tijolos e blocos de concreto. Ao se ver a absoluta imobilidade de que os soldados eram capazes, diante do monumento do Tiergarten (página 84) compreende-se como era possível "tornarem-se" uma cerca. Dividiu-se a cidade. Dali para a frente existiriam West Berlin, ou Berlim Ocidental, e Öst Berlin, ou Berlim Oriental. Abria-se com o muro o maior espaço para grafites do mundo, criava-se imensa e privilegiada prisão. Gueto de luxo.

O jornalista Bennett Owen, da revista *National Review*, relatou que na noite de 9 de novembro alguns berlinenses orientais estavam num bar entre os bairros de Wedding e Pankov e ouviram a notícia da abertura. Correram para a saída mais próxima, querendo saber se era verdade. Nesse ponto existe a Bornholmerstrasse, estação do trem S-Bahn (metrô de superfície) que, saindo do lago de Wansee sobe em direção à floresta de Frohnau. Uma das quinze apelidadas *Geisterbahnhöf* (estações fantasmas) tinha a plataforma dividida ao meio pelo muro. De um lado, trens ocidentais, rumo a Frohnau. Do outro, trens orientais, em direção a Oranienburg ou Bernau. Aqueles homens teriam sido os primeiros a atravessar o muro e deram com um grupo a esperá-los em festa. "Podemos entrar?", perguntaram eles, educada e ironicamente, quando pisaram Berlim Ocidental.

Bombons, champanhe, vinhos, cervejas e flores encheram os braços para receber os "irmãos" que atravessavam as brechas abertas em pontos variados. Multidões se acotovelaram para passar, recebidas por multidões de braços abertos. Mal sabiam que um problema seria substituído por outro. Semanas depois, uma frase de humor negro correu de boca em boca: "Depressa que, dessa vez, é Berlim Ocidental que vai erguer um muro". Ao se unir, dividia-se, outra vez.

Schiessbefehl: atirar para matar

O que mais me impressionou nos noticiários foram os rostos impotentes dos temidos e agressivos policiais, que tinham sido educados, condicionados para reprimir e matar quem ousasse se aproximar ou saltar o muro. A ordem atirar para matar era traduzida pela expressão *Schiessbefehl*. Dezenas de mortos (88 entre 1961 e 1988), centenas de feridos (115 oficialmente) se alinharam ao longo da barreira, entre as duas cidades – não computamos toda a RDA – em lugares marcados por cruzes e flores, em bairros os mais diferentes.

Em outubro de 1993, um tribunal condenou o ex-guarda de fronteira Rolf-Dieter Heinrich a 10 anos de prisão por ter matado, em 1965, um homem que tentava escapar através do muro. Já Heinz Kessler, ex-ministro da Defesa, Hans Albrecht, ex-secretário regional do SED (Partido Comunista Unificado da Alemanha Oriental) e o general Fritz Streletz, julgados também em 1993, tiveram penas brandas, entre 4 anos e meio e 7 anos e meio. Eles fizeram parte do Conselho de Defesa Nacional, que autorizava atirar para matar. No entanto, devido à idade e ao fato de estarem presos há dois anos, saíram do tribunal para suas casas. Honecker, o comandante supremo, escapou da condenação por estar doente e muito velho. Em agosto de 1997, Egon Krenz, considerado o último comunista linha-dura da RDA, foi condenado a 6 anos e meio de prisão, acusado de quatro mortes ocorridas durante fugas através do muro entre 1984 e 1989.

16 horas, 15 de agosto de 1961. Hans Conrad Schumann, 19 anos, fuzil às costas, salta a barreira de arame farpado na Bernauer Strasse. Uma das fotos mais célebres dos primeiros momentos do muro, batida por Peter Leibing. Hans suicidou-se em 1998.

Uma das fotos mais conhecidas dos primeiros momentos do muro, feita às 16 horas do dia 15 de agosto de 1961, pelo fotógrafo Peter Leibing, explorada até a saturação pela propaganda ocidental, mostrava o soldado oriental Hans Conrad Schumann, 19 anos, fuzil às costas, saltando a barreira de arame farpado, sinais de um muro ainda incipiente na Bernauer Strasse. As legendas diziam: *Escolheu a liberdade*. Hans transformou-se em símbolo da Guerra Fria. No dia 20 de junho de 1998, aos 56 anos, ele enforcou-se no jardim de sua casa, na cidade de Kippenberg, Baviera.

Contemplar a riqueza dos irmãos

Habituados a agir com violência, os policiais se viram confusos e paralisados naquele dia atordoante. Muitos se adaptaram depressa à nova condição e atravessaram para o "lado de lá". A curiosidade deles não era menor. Afinal, tinham visto mais que os outros. Passaram anos instalados nos mirantes, observando com binóculos a paisagem de West Berlin. Por mais ortodoxos que fossem ou condicionados estivessem, era impossível não sentir atração. O trabalho de vigilância na fronteira era voluntário, me contou Dirk Hoffman, estudante de Língua e Literatura Brasileira, cuja tese de mestrado foi sobre *Não verás país nenhum*, meu romance de 1981. Os binóculos alcançavam vitrines próximas, devassavam janelas de residências, quintais, faziam os ocidentais sentirem-se incomodados. Nada pior para um alemão que invasão de privacidade.

Berlim Ocidental era um mundo diferente. Edifícios, ruas, carros, lojas, supermercados, modo de as pessoas se vestirem. A tevê repassava tudo para dentro do mundo oriental, exibindo fulgurante vitrine de sofisticação e objetos de consumo delirantes. O escritor Bernard Cailloux, que esteve comigo na Jornada de Literatura de Passo Fundo, Rio Grande do Sul, em sua palestra afirmou que a reunificação (*Wiedervereinigung*, em alemão) não tornou os orientais ricos de uma hora para outra, como se esperava. No fundo, ela apenas "concedeu a chance" de contemplar de perto – dentro – a riqueza dos irmãos ocidentais. Sem participar. Por sua vez, os ocidentais constataram a estagnação em que se vivia do outro lado e tiveram chances de olhar seu próprio estilo de vida de maneira crítica. O que foi feito pelos mais lúcidos.

Tudo rico, iluminado, limpo, assético. No entanto, aquela cidade "vizinha" estava mais distante e inacessível do que Marte. Em uma noite, inesperadamente, brechas surgiram. Podia-se cruzar de um lado para o outro. Muitos dos que atravessavam sofregamente confessaram que esperavam um tiro pelas costas. A única dificuldade foram as aglomerações e a balbúrdia, a ansiedade, a pressa, os atropelos, o empurra-empurra.

Todavia, os alemães se organizam. Aparece logo um "superior hierárquico" (aprendi a respeito) que aplica um sistema e estabelece uma metodologia. Além disso, setores se abriam a cada momento, ao mesmo tempo que se iniciava a maior coleção de souvenirs e um rendoso mercado de pedaços do muro. Criou-se uma raça nova, os *Mauerspechten* (quebradores do muro), que agiam com picaretas, martelos, talhadeiras (pequenos fragmentos custavam US$ 3,00). Um empresário americano levou para Chicago toneladas de muro, num cargueiro especialmente fretado. Um milionário californiano ofereceu 50 milhões de dólares pelos direitos de demolição. Mas a RDA tomou a si o encargo de derrubá-lo e vendê-lo, alegando que o dinheiro seria destinado à construção de hospitais e creches.

Na última etapa, o muro tinha sido sofisticado através de segmentos pré-moldados de ferro e concreto de 3 toneladas, medindo 3,20 por 1,20 metros. Tratores retiraram, delicadamente, um a um, esses elementos, como obras de arte recolhidas em escavações arqueológicas. Alguns hotéis compraram para ostentar em seus lobbies. Os segmentos grafitados têm valor histórico e artístico (*ver, no final do livro, a arte no muro*). Os grafites, antes odiados, agora eram fonte de divisas. O metro quadrado foi orçado em 50 mil marcos, cerca de 30 mil dólares. Com certificado de autenticidade. Amigos dedicados enviaram-me seis fragmentos. Ricardo Bada, jornalista da DW, colocou um dentro de uma edição encadernada de *Robinson Crusoe*, um de meus livros favoritos na infância e adolescência. Estilhaços de concreto de diferentes tamanhos chegaram às minhas mãos, todos com grafites.

Dias após a abertura, a brasileira Dalila Staude, com um spray, escreveu o título deste livro na face interna do muro, naquele trecho de *no man's land* que foi mortal entre 1961 e 1989.

Dalila Staude, que fez sua tese de mestrado (*Der Mauerspringer und O Verde Violentou o Muro im Vergleich*, Technische Üniversitat Berlin, 1989) na Alemanha tendo como base este livro, foi além. Com um spray, se fez grafiteira. Com tinta verde escreveu no muro o título *O verde violentou o muro* (uma seleção destes textos foi publicada em Berlim com o título *Oh-Já-Já-Já*). Só que o grafite de Dalila foi desenhado "dentro", na parte oriental, onde o muro sempre se apresentou imaculado, uma vez que ali ninguém chegava a não ser a polícia. Na faixa de terra entre os dois muros, *no man's land*, na qual circulavam apenas jipes, soldados e cães ferozes e onde se localizavam os mirantes de vigia, Dalila instalou sua cadeira de praia (usada habitualmente às margens do lago Wansee) sobre a areia que escondia, em outros tempos, os filamentos que acionavam sistemas de alarme. A cadeira de praia na faixa proibida foi para mim um dos melhores símbolos dos novos tempos.

Muro, bastilha do comunismo

Aberto o muro, começava a mudança do Leste Europeu. Iniciaram os questionamentos: o socialismo morreu? Está em crise? O capitalismo vai dominar o mundo? O muro. 165,7 quilômetros de extensão. 212,2 quilômetros de fossos antiveículos. Cortava dezenas de rios, três auto-estradas e 32 vias férreas. 295 mirantes. 243 pistas para cães. 14 mil guarda-fronteiras (*Grenzpolizisten*). Arame farpado em quantidade suficiente para dar a volta ao mundo. Apesar de tudo, quatro mil pessoas conseguiram fugir da RDA nesses 28 anos. Informações que lemos hoje num quadro no minimuseu ao ar livre, junto ao ex-Checkpoint Charlie, célebre posto de passagem na Friedrichstrasse.

O muro. Bastilha do comunismo, na definição do jornalista Serge July. A Guerra Fria virava uma página. A próxima guerra seria quente.

O muro rodeou e isolou completamente o maior símbolo da cidade, o Portão de Brandemburgo, espécie de Arco do Triunfo, ícone da cidade. Em 1991, ele comemorou seu segundo centenário, numa história cheia de aventuras. Localizado no final da Unter Den Linden, a avenida imperial, imponente, prussiana, foi muito usado pelos kaisers e pelos nazistas para promoverem desfiles monumentais. A Unter Den Linden continua na parte ocidental como Avenida 17 de Junho, data de célebre revolta do operariado berlinense, torna-se Bismarck (o unificador da Alemanha), depois Heerstrasse, Hamburguer Chaussee e sai da cidade. No lado oriental, ela se transforma em Karl Liebeknecht, depois Prenzlauer e segue para o interior da antiga RDA.

Brandemburgo foi o único que restou do grupo de 14 portões existentes na cidade. Construído entre 1788 e 1791, recebeu, em 1893, a Quadriga, projetada por Schadow, um carro puxado por quatro cavalos e conduzindo a Deusa da Paz (ou da Vitória) originalmente nua. Os puritanos protestaram tanto que se fundiu sobre a mulher um leve manto de bronze. Alguns dos antigos portões estão homenageados em denominações de estações de metrô, como Hallesches Tor, Kottbusser Tor e Schlesisches Tor (Portão Silesiano. A Silésia, conquistada por Frederico II, depois da Segunda Grande Guerra foi reanexada à Polônia), as três dentro de Kreuzberg, na linha verde U1.

O postal difundido largamente na antiga West Berlin. Honecker afirmava: "O muro há de durar 100 anos". Honecker, o todo-poderoso, após a queda fugiu e refugiou-se no Chile.

A Quadriga foi um dos despojos que Napoleão levou de Berlim, ao conquistá-la em 1806. Recuperada oito anos depois se viu devolvida ao lugar. Os bombardeios de 1944-1945 destruíram o alto do Portão e a Quadriga desapareceu, porém em 1957, ao encontrar os planos originais, Berlim Ocidental presenteou o "lado de lá" com uma réplica. A Guerra Fria era cheia de espantos. O Partido Comunista recolocou-a no seu lugar, porém retirou a cruz que a deusa levava nas mãos originalmente. A atual segue os planos de Schadow.

Erich Honecker, extrema esquerda, comandante da RDA por 16 anos, tinha afirmado: "O muro há de durar cem anos". Longevidade parece ser mania de ditadores. Hitler, extrema direita, também garantiu que o Reich iria durar mil anos. Durou doze.

Quem não muda com o tempo é punido pela vida

Em que momento o muro começou a ruir?

Os dados conduzem para a frase de Eduard Shevardnaze, chanceler da URSS, no início de 1989: "A Doutrina Brejnev acabou. O que temos agora é a doutrina Sinatra". A irônica metáfora referia-se a uma das canções de Frank Sinatra, *My Way*. Queria dizer que os países do Leste deveriam seguir seu próprio caminho, "estavam autorizados" a se desalinhar do poder que emanava de Moscou e determinava um só figurino. A alegoria foi retomada por Mikhail Gorbachev na Finlândia, de modo claro: "A URSS não tem o direito moral ou político de interferir nos assuntos de seus vizinhos do Leste".

No dia 2 de maio, nas proximidades da aldeia de Hegyeshalom, Hungria, fronteira com a Áustria, um pedaço de cerca eletrificada, com dois metros de altura, foi destruído por um trator, diante de uma multidão e de duas centenas de jornalistas ocidentais, convidados para a cerimônia. Cerimônia oficial. Quem derrubava a cerca era o governo húngaro, na esteira da abertura (*Glasnost*) provocada por Gorbachev. *Glasnost. Perestroika.* Palavras que estavam na ordem do dia em toda a Terra. Mudando

O muro violentado. Uma brecha permite aos policiais se confraternizarem. O de perfil é de Berlim Ocidental, o outro, Oriental. Por 38 anos esta foi uma imagem impossível de se prever.

o mundo, principalmente o socialista. A Polônia suavizou, permitiu a existência do sindicato Solidariedade. De tal modo que ele se instalou no poder, em eleições livres. A Checoslováquia trilhou caminho idêntico, sem violência, realizando a chamada Revolução de Veludo, que terminou com a eleição de Vaclav Havel, intelectual dissidente, para a presidência. No entanto, isolada, a RDA mantinha-se intransigente, ortodoxa, indiferente à frase-chave de Gorbachev: "Quem não muda com o tempo é punido pela vida".

Em Hegyeshalom, desenrolara-se uma cerimônia simbólica, imediatamente aproveitada por centenas de alemães do leste, que faziam turismo na Hungria. Misturados aos húngaros, esses alemães passaram para a Áustria em meio de confusão incrível. Tinha sido dada a partida. Espalhada a notícia de uma "brecha" na Cortina de Ferro, a Hungria se viu invadida por hordas de turistas "em férias". Em junho, 12.500 alemães orientais passaram para a República Federal Alemã, RFA. Os meses correram. Relações crispadas entre os países do Leste. Acirramento entre as Alemanhas. Em Praga, Budapeste e Varsóvia, as embaixadas da RFA foram tomadas por refugiados pedindo asilo. Alemão pedindo asilo a alemão. Milhares de "turistas" instalaram-se em acampamentos improvisados e se recusaram a regressar.

Congestionamento de Trabis

Negociações surtiram efeito. Os refugiados receberam vistos e embarcaram em transportes especiais, denominados *trens da liberdade*. Muitos viajaram nos próprios carros, e milhares de Trabants congestionaram as estradas. O Trabant, apelidado Trabi, era o carro popular, lento, poluidor, barulhento, chassi de cartão, algodão e plástico. Marca registrada da RDA, assim como o Fusca foi para a RFA e a Coca-Cola é para os Estados Unidos. Custava 15 mil marcos. Leve-se em conta que a média de salário líquido das pessoas era de 800 marcos mensais. Os candidatos aos carros permaneciam anos nas filas, podendo se inscrever somente a partir dos 18 anos. A atitude de muitos desses "refugiados" ao entrarem na RFA era simbólica: apagavam das placas dos carros as letras D e R, deixando apenas o D, de Deutschland, Alemanha. Primeiras manifestações de união dos dois países.

Postal da antiga DDR. A Universidade Humboldt. Na frente, estacionados, os Trabis, ou Trabants, o próprio símbolo da República Democrática Alemã. O trabi era altamente poluidor.

Trens partiam de Praga, repletos, mas eram obrigados a passar pela RDA, para que esta "retirasse legalmente a cidadania" dos fugitivos, "autorizando" a partida. Burocracia de fachada, para não "pegar mal para o regime" de Erich Honecker, o líder do regime entre 1976 e 1989. Exatamente o homem que comandou a construção do muro. Estava com 77 anos e à frente do Partido Comunista desde 1971. Um político linha-dura que tinha sido vítima dos nazistas e montara a sua carreira à sombra de Moscou. Ele foi também um dos planejadores da invasão da Checoslováquia em 1968 e o dirigente que transformou a Stasi, polícia secreta, numa força temida, vigilante, nos moldes da Gestapo, em cujas mãos sofreu, preso e torturado.

Incontroláveis, os acontecimentos se precipitaram entre agosto e novembro. Os tempos estavam mudados. Os dirigentes, acostumados a reprimir duramente, hesitavam, deixando as rédeas soltas. Não existia mais apoio de Moscou e o Partido, fragmentado interiormente, sentia-se ilhado, mas disposto a resistir. Por toda a parte ouvia-se o grito: *Ajude-nos Gorbachev!* Honecker, velho e doente, no dia 7 de outubro, nas comemorações do quadragésimo aniversário da RDA, proclamou, sem muita convicção: "Esta terra é a nossa terra, aqui temos ainda muito por fazer e aqui realizaremos os nossos planos", contam Lili Gruber e Paolo Borella em *O muro de Berlim, Alemanha pátria unida.*

A fronteira entre as duas Berlins permaneceu fechada no dia do aniversário para evitar que alemães ocidentais perturbassem as comemorações, das quais participou Gorbachev. Ninguém passou pelos postos de controle. Berlim Oriental mostrava-se em fermentação. Tentativas de manifestação, ruas bloqueadas. Na igreja de Getsêmani, em Prenzlauer Berg, houve choque com a polícia, feridos.

Derrubem o muro

Nos dias que se seguiram, a imprensa ocidental sofreu censuras, teve equipamentos confiscados. Mais prisões. A Igreja Evangélica assumiu o papel de mediadora. De Dresden chegavam informações de manifestações e choques violentos com a polícia. Em Leipzig, setenta mil desfilaram, apenas observados pelos Vopos (Volks Polizei). Algo estranho no ar. Tomou corpo a esperança de diálogo. O povo sentia coragem para pressionar. Comunicados do Partido falavam em reformas. Transpirou-se que, numa reunião, Honecker teria sido acusado de imobilismo.

Ampliou-se o movimento *Neues Forum,* que coordenava as ações contestatórias. Outros movimentos nascentes foram o

Despertar Democrático, a *Esquerda Unida,* a *Iniciativa para a Paz* e os *Direitos Humanos.* Surgiu o *Reforma,* primeiro sindicato livre, independente, e renasceu o Partido Social Democrata. Além de Leipzig e Dresden, agitavam-se as cidades de Halle, Zwickau, Schwerin, Eisenach, Stralsund, Magdeburg. Perdido o medo, o povo se manifestava. As concentrações aumentavam. A igreja de São Nicolau, a mais antiga construção sacra de Berlim, datando de 1320, próxima a Alexanderplatz, coração da cidade, transformou-se em foco de resistência, abrigando debates, encontros, manifestações.

A cúpula do governo promovia reuniões incessantes. A velha guarda, intransigente, perdia terreno, já não determinava repressão a ferro e a fogo, como de hábito. O regime estava colocado em questão. Tomado pela audácia, ou percebendo que havia algo no ar, o país ergueu-se pedindo reformas, liberdade de expressão e liberdade de ir e vir. No dia 18 de outubro, Honecker deixou a presidência do Conselho de Estado e do Conselho Nacional de Defesa, substituído por Egon Krenz, um dirigente jovem (53 anos) e um pouco mais "aberto". Passos ousados foram tentados pelo povo ao exigir o fim da Stasi e a queda do muro.

No dia 4 de novembro, algo inédito na história da RDA. Um milhão de pessoas reuniu-se na Alexanderplatz. Símbolo da cidade, ali se localizam a prefeitura e a torre da televisão, totem de Berlim Oriental. Líderes do partido compareceram, houve diálogos exasperados. Dentro do governo, demissões prosseguiam, substituíam-se pessoas, ninguém sabia solucionar a crise. Falou-se até em eleições. O clamor crescia: *Derrubem o muro.*

Orientais em Berlim Ocidental

Na noite de 9 de novembro, multidões se aproximaram dos postos de passagem. Tinha corrido a notícia de que seriam abertas as fronteiras. Nada oficial, por enquanto. Daqueles rumores que surgem ninguém sabe de onde ou como e acabam se concretizando. Estranhamente, os *Grenzpolizisten* se mostravam desprovidos da costumeira agressividade. As pessoas se aproximavam, ultrapassavam limites proibidos. Filas de carros se formavam. Expectativa e ebulição. Adrenalinas a mil. As horas passavam, os boatos cresciam. Impaciência. Em 1985, um anônimo escreveu em inglês sobre o muro, nas proximidades de Zimmerstrasse, entre os bairros Mitte (RDA) e Kreuzberg (Berlim Ocidental):

> ***And the people let out a shout and the wall fell down an the people entered the city.***
>
> *"E as pessoas gritaram e o muro caiu e as pessoas entraram na cidade."*

Havia um tom místico-bíblico no grafite. As muralhas de Jericó? Quatro anos depois, os gritos estavam sendo ouvidos por toda a Alemanha. Pelo mundo. Esse anônimo (De onde? América? Inglaterra?) terá se lembrado de sua inscrição? No romance do início dos anos 80 *O saltador do muro* (Der Mauerspringer), de Peter Schneider, escritor da geração 1968, há um momento de sonho em que o muro se rompe e as pessoas fluem pela abertura.

Súbito, naquela noite de 9 novembro de 1989, as passagens foram abertas. Pasmo, indecisão. Ninguém acreditava. Por 28 anos, ninguém se aproximara tanto. A multidão avançou, sem saber se era sonho, realidade. Uma jogada da Stasi? Armadilha? Viria um massacre em massa?

Então os "orientais" penetraram em Berlim Ocidental, cuja população se postou junto ao muro para receber os "irmãos" do outro lado. Centenas de alto-falantes, sons dos carros que mantinham as portas abertas, bandas, conjuntos de câmara tocavam rock e todos os tipos de música, no volume máximo. Os automóveis avançaram pela cidade e pela noite, barulhentos. Os bares se encheram. Quem não tinha dinheiro (ainda que boa parte dos orientais tivesse, de uma forma ou outra, amealhado marcos ocidentais) viu a sua cerveja paga por alguém ou recebeu bebidas de graça.

Todos dançavam nas calçadas do Ku'damm e por todas as ruas e praças. Era como se Berlim Oriental estivesse se esvaziando, um dique com as águas a romper através de inúmeros furos. Podia-se passar através da Prinzenstrasse (que no lado oriental tomava o nome de Henrich Heine), do Checkpoint Charlie, da Skalitzerstrasse, da Potsdamerplatz. O trânsito ficou bloqueado, raridade em Berlim Ocidental. As buzinas tocavam sem parar, conjuntos de música vieram para o centro, o povo dançava e cantava:

Die Mauer ist Weg, Die Mauer ist Weg.
O muro caiu, o muro caiu.

Anônimo derrubou o muro?

Um enigma permanece. De quem partiu a ordem de abertura do muro?

Em abril de 1998, antes de ser entrevistado na *Globo News* por Pedro Bial ele me contou que, muito depois da queda do muro, fez uma entrevista com Egon Krenz, que afirmou ter partido dele a ordem de abertura. No entanto, Bial, em conversa com jornalistas alemães, soube de uma história curiosa. No começo da noite de 9 de novembro, chegou à redação da tevê estatal um comunicado oficial assegurando que o muro **seria** aberto. Por erro, cansaço – tinham sido semanas e semanas agitadas – propositalmente ou em um daqueles lapsos que a mente produz e incidentalmente transformam tudo, o redator que transcreveu a notícia mudou o tempo verbal: o muro **foi** aberto. O que provocou o fluxo da imensa multidão, mais e mais compacta à medida que a informação corria. A tal ponto que ou se matava todo mundo ou se abria a muralha. O regime enfraquecido, confuso, em pânico e sem líderes, optou por abrir. Faltando três minutos para as 19 horas, Gunter Schabowski, porta-voz do SED, anunciou oficialmente pela televisão: "As fronteiras estão abertas a partir deste momento".

Fiquei pensando nesse "herói" anônimo, o redator que transcreveu "erradamente" o boletim oficial. Ninguém sabe o seu nome. Ele teve consciência do que provocou? Erro acidental ou consciente, deve carregar um segredo que o faz orgulhoso: derrubou o muro, provocou uma fenda na história alemã. Talvez conte à família ou aos amigos no bar, mas ninguém deve acreditar. Um conto (ou romance) repousa nesse desconhecido que executou o gesto modificador. Um Zé qualquer, burocrata, toma a decisão que afetou duas cidades, um país, o Leste Europeu, o mundo. Quantos movimentos históricos não são acionados por pequenos personagens, ocultos?

No dia 11 de novembro, além dos martelos e formões dos *mauerspechten* (que Gunther Grass chama de pica-paus em seu livro polêmico *Um campo vasto*, recém-editado em português), ouviu-se outro som junto ao muro. O violoncelo de Rostropovich, que fez um concerto improvisado. No dia 22 de dezembro, o Portão de Brandemburgo foi aberto.

Depois da queda

Agora, eu estava no avião, de volta à cidade. Invejei Rubem Fonseca, que se encontrava em Berlim na noite em que o muro caiu. Ali viveu algumas semanas e testemunhou aquele momento. Ficou famosa a entrevista que deu para uma TV brasileira. O repórter ouviu alguém falando português, aproximou-se e entrevistou, sem reconhecer Rubem, que, sempre irônico, inventou um nome. Somente no Brasil ele foi reconhecido. Avesso a entrevistas, quem falou foi um personagem (o mais efêmero criado por Rubem) que viveu apenas alguns momentos na televisão.

Do avião, preparando para descer em Tegel, olhando a paisagem tão familiar, contemplei a cicatriz deixada pelo muro. Ela rasgava a cidade como o rastro de uma serpente pesada. Vi também maquinários semelhantes a miniplataformas para lançamentos de foguetes. Centenas delas. O que seriam? "Você está tão ansioso! Fez tantos planos e agora não sabe aonde ir primeiro", comentou Márcia, minha mulher, ao ver meu olhar cheio de expectativas. Porém, no momento em que o avião aterrissou eu estava decidido. Correria para o parque junto à estação de Turmstrasse, onde, nove anos antes, nas vésperas de minha partida, em um dia outonal, eu contemplara as folhas se desprendendo das árvores. E tive a certeza de que voltaria, como voltei, muitas vezes.

 Restava escolher depois de Turmstrasse. Hesitava entre Lübars, com sua atmosfera de fazendas; Steinstücken, com seu gargalo; a estação de Friedrichstrasse, minha fronteira habitual; Bernauer Strasse, em Wedding (existem outras duas: uma grande avenida atrás do aeroporto de Tegel e uma ruazinha curta em Lichtenrade); a prisão de Spandau, onde estiveram presos os líderes nazistas; queria conhecer por dentro o aeroporto de Tempelhof; rever as fantasmais embaixadas em ruínas no Tiergarten; o bosque vazio próximo à estação de Blaschkoallee. Ah, e os peep-shows? O restaurante *Il Sorriso* ainda existiria com seu *Paglia i fieno ao Caviar* ou o *Monti-mare* (carnes e peixes misturados)? Reconheceria as amadas e arruinadas estações do S-Bahn depois de restauradas? Nefertiti também teria sua vez, impossível ir a Berlim e não visitá-la.

 Berlim tornou-se una. Acabou a cidade bicéfala. Desapareceu a ilha no mar vermelho. O pesadelo terminou.
 Terminou? Durante 28 anos, ela foi anômala, singular, absurda, surrealista, concentração de neuroses e conflitos, regida por estatutos próprios. Viver ali tinha regras diversas, insólitas. E como era viver ali?
 Retornemos a março de 1982, no final de inverno, quando embarquei na cidade, que flutuava no espaço como um satélite eletrônico.

O que vai fazer na Alemanha?
Indagavam no Brasil.
Por que vai morar em Berlim?
Cidade sombria, cinza, pesada, triste, cheia de nazistas,
um povo fechado.
Além disso, tem aquele muro!

O primeiro país em que entrei sem preencher aquelas fichas que já entregam no avião. Em Tegel, o aeroporto, um comitê de recepção: Henry Thorau, jornalista free lancer, que, ao passar por São Paulo, fez entrevista comigo, publicada no *Die Zeit*. Ele também é o tradutor para o alemão do livro de Gabeira *O que é isso, companheiro?* Henry foi diretor de dramaturgia no *Freie Volksbühne*, um teatro de Berlim, fundado por operários alemães. Havia ainda Ute Hermanns, estudante, que fez sua tese de mestrado em cima de meus contos e os de Rubem Fonseca. Paul Stanner, radialista, e Jörg Tramm, do DAAD, a fundação que me convidou. Henry me deu uma flor: "Tirei da última árvore de Berlim". Alusão ao inverno e ao livro que eu tinha acabado de publicar no Brasil, *Não verás país nenhum*. Ao menos não me sentiria sozinho, nem as pessoas pareciam fechadas. Fim de tarde, domingo, março, frio ainda.

Fantástico

Sobre a realidade berlinense, Hans Christoph Buch, escritor, crítico, ensaísta, mais tarde um de meus bons amigos em Berlim, escreveu: "Algo com detalhes tão fantásticos que é dificílimo, quase impossível, explicar a um não-berlinense. Uma situação com nítidos contornos de ficção científica, sem ser contudo: é a vida normal em Berlim – a normalidade do anormal". Nisso eu mergulharia e viveria por um ano e meio.

Rosa ao rio

A fundação que me trouxe funciona (*Os alemães são o povo mais organizado do mundo*, me advertiram no Brasil). Meses antes, o DAAD me consultou: O que pretende como moradia? Brasileiramente não levei a sério. Ironizei: uma cobertura, um belo ático com estúdio envidraçado. Quando cheguei, Jörg Tramm me comunicou: "Temos três apartamentos à sua escolha. Um é longe, no bosque. O outro é um ático, mas precisa de reparos e ainda não está limpo. Por enquanto, você pode ficar aqui na Keithstrasse? Depois vamos olhar os outros e você decide".

Adoro árvores, tenho meu lado ecológico, mas sou urbano. Preciso da cidade, dos ruídos, trepidação, tensão, cafés, supermercados, restaurantes, farmácias, livrarias, cinemas. Fazem parte de meu sangue, nervos, músculos. Paz e tranqüilidade me descontraem. Fico bem, não necessito escrever, não entro em conflito. Portanto dispensei o apartamento no bosque. Keithstrasse, centro de Berlim. O hall de entrada é digno de igreja barroca da Bahia. A escadaria que leva aos outros andares tem um corrimão que termina (ou começa?) transformado em ameaçadora cabeça de dragão, qual uma carranca de barco do rio São Francisco. Cada um tem seus meios de exorcizar os demônios, afastar os maus espíritos. O hall me lembra o filme de Bob Fosse *Cabaré* (película culta na cidade). Michael York e seu amigo estão sentados ao pé de uma escada, pouco antes de comunicar que vai se casar com a judia Marisa Berenson. O hall é igual a este. Quem sabe foi produção em série na época?

O apartamento é grande, confortável. Keith foi um marechal-de-campo prussiano, séculos XVII e XVIII. A rua que lhe dedicaram é curta, tem três quadras. Vai até o número 45 de um lado e 38 do outro. A numeração das ruas geralmente é par e ímpar, em seqüência. Porém não confie muito.

Há ruas em que par e ímpar estão misturados e você que se arranje. Ainda bem que os alemães são organizados. Minha rua começa na Kleiststrasse (Heinrich von Kleist foi um poeta; matou-se em um pequeno jardim em Wansee) e termina na Lützow.

Ela é marcada no início pela central sindical DGB (Deutscher Gewerkschaftsbund) e no final pelo local onde, em janeiro de 1919, atiraram Rosa Luxemburgo ao rio, depois de assassiná-la.

Não é bem um rio, é um canal, o Landwehrkanal, todo arrumadinho, cheio de árvores e chorões nas margens, com gramados e bancos. Estranho, nenhum fedor nessas águas habitadas por patos gordos de pescoço verde. A falta de cheiro confunde um pouco a nós, subdesenvolvidos. Uma placa indica homenagem dos companheiros socialistas de Rosa. Sempre há flores. Em janeiro, dezenas de coroas.

A rua com nome prussiano tem vinte e cinco antiquários (dois fecharam há pouco), quase cinqüenta árvores, cabines telefônicas, dois minimercados, duas lojas de computadores, casa lotérica, outra de seguros em geral, uma de seguro de doença, tabacaria e banca de revistas, duas bombas de água, lavanderia, escola de judô e karatê, perfumaria, floricultura, loja de móveis, um hotel, o Ariane (com belíssima escada em madeira), sauna e sex shop gay. Se considerarmos que o *Rotisserie* – um restaurante francês de certo luxo – tem duas entradas, posso dizer que a rua tem quatro restaurantes. Os outros são o *Der Dicke Heinrich* (O Gordo Henrique), o mais antigo, e o *Roter Baron* (Barão Vermelho), que associo à figura do Snoopy, nas batalhas imaginárias, sentado no teto do canil. E o *Rivado*, churrascaria argentina, mania que se alastra com sucesso pela Alemanha. Há redes e redes oferecendo carnes variadas e empanadas com gosto adocicado. Na esquina da Kurfürstenstrasse, uma loja curiosa, a *Monster*, que vende jeans. A clientela é exclusivamente negra e o negócio sempre cheio. Uma rua que tem sindicato, abriga homossexuais, negros e uma placa de comemoração socialista, necessita de polícia. A delegacia fica no número 30.

O aviso fatal

Penetro no apartamento da Keithstrasse. Desarrumo as malas, não suporto roupas em malas por muito tempo. Reconhecimento da casa, entro na cozinha. Na pia, um aviso:

Wasserhähne Schliessen!

Em letras fortes, grandes. Com ponto de exclamação. Recorro aos meus conhecimentos de alemão do curso intensivo. Inútil, vinte e oito dias mal deram para dizer bom dia. Mais tarde eu saberia de pessoas estudando há um ano e só então começando a deslanchar. Sei que este letreiro é um aviso, um alerta. De quê? Perigo de explosão? De choque? Se tocar em um ponto desta cozinha posso acionar um explosivo? Devo tomar cuidado. Com o quê? As letras são incisivas. Autoritárias. Ainda não sabia que há sempre um quê autoritário em tudo o que é alemão. Atenção! Não, não deve ser atenção. Esta palavra conheço, é *Achtung*, estava em todos os filmes americanos de guerra. *Achtung* é uma palavra que os brasileiros de minha geração associavam a nazismo. Estou imóvel no centro da cozinha, fascinado pelo cartaz. Deslumbrado pela possibilidade de risco iminente. Posso me mexer ou corro perigo? Preciso me afastar lentamente? Ficção e realidade se misturaram em minha cabeça. Penetrei na cabeça de um personagem meu. Ele está no conto "O homem que viu o lagarto comer seu filho", do livro *Cadeiras proibidas*. Um carteiro, certa noite, ouve barulho no quarto do filho e vai verificar. Descobre um monstro a devorar o garotinho. Não sabe o que fazer, apenas imagina que, se não olhar, não sofrerá. A gente não sente aquilo que não vê, ou finge não ver. Lentamente, o homem procura se distanciar, tentando não despertar a atenção do bicho horrendo. Aquilo era o conto, aqui é a realidade do meu primeiro dia em Berlim. Preciso me distanciar desse aviso incompreensível, antes que ele perceba que foi visto e seja ativado. Ao mesmo tempo, a curiosidade: funcionando, o que vai acontecer? Com muita cautela, na marcha à ré, chego à sala. Corro ao dicionário. Alívio, só me avisam para fechar bem a torneira. Começou minha aventura com a língua alemã.

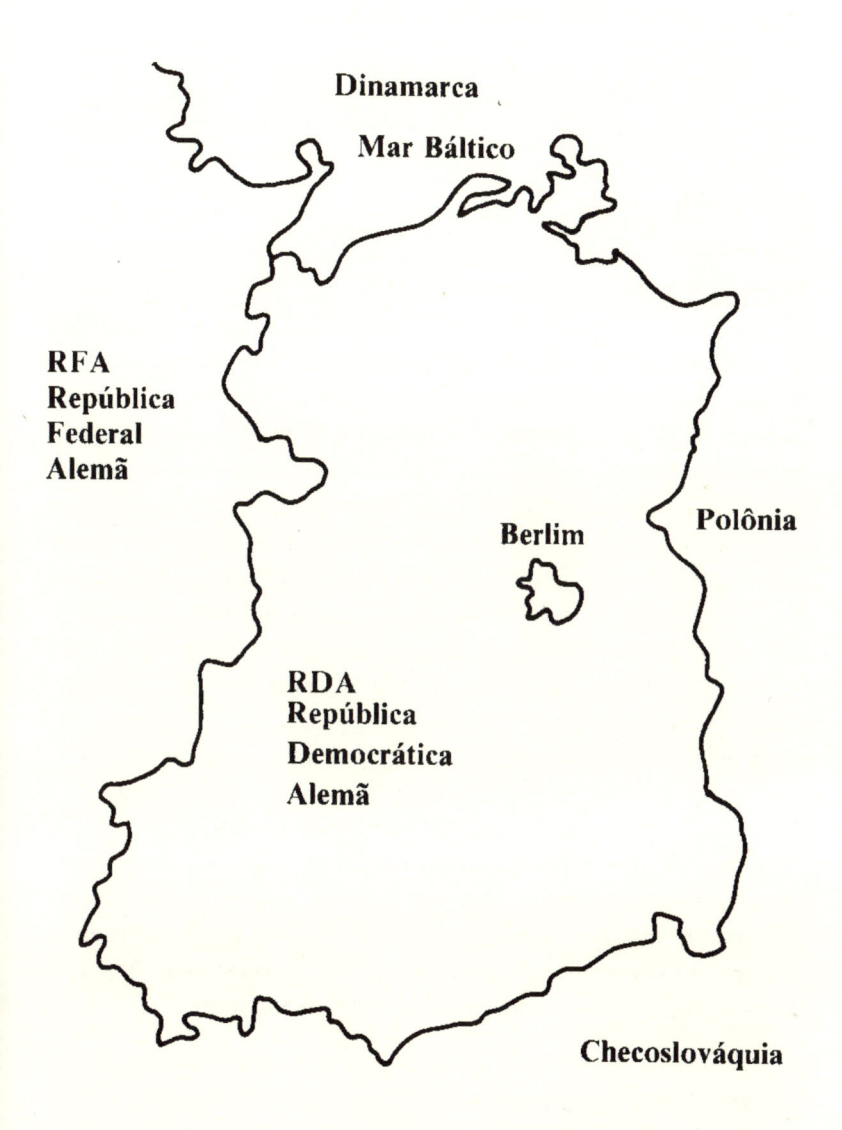

A insólita situação de Berlim após a Segunda Guerra Mundial. Ficou localizada no coração da DDR, ou RDA, República Democrática Alemã, ocupada pelos soviéticos após a divisão que os aliados fizeram do país.

Mas quem?

Bato o olho no telefone. Angústia. Para que este aparelho? Quem vai me ligar? O telefone cinza sobre a mesa revelou toda a solidão, o isolamento em que tinha me enfiado de um momento para o outro.

Primeira perplexidade

Estou em Berlim há duas horas. Março de 82. Me levam à casa de Marta e Victor Klaqsbrum. Brasileiros, vivem na Alemanha há sete anos, ele dá aulas de Ciências Políticas na Universidade Livre. Acho que não voltam mais ao Brasil, estão adaptados. A casa de Victor é um apartamento na Hertelstrasse. Subúrbio tranqüilo, porém meio sombrio, ruas escuras. Fiquei fascinado com a iluminação interior dos ônibus que passavam ao longe. Nessa noite havia um jantar alemão para mim e um jogo amistoso Brasil e Alemanha, transmitido direto do Rio de Janeiro. Salsichas, salada de batatas, cervejas, vinho branco. Havia brasileiros. Alemães que namoravam brasileiras. Alemães que falavam português. Os letreiros da televisão entravam em português, a narração era alemã. Primeira perplexidade. Em Berlim, frio de zero grau. No vídeo, os luminosos do Maracanã anunciavam temperatura de trinta graus. No intervalo, Beckenbauer deitou falação: "Desse time não precisamos ter medo". No dia seguinte, os jornais disseram o mesmo. Os italianos também devem ter visto o jogo, deitaram e rolaram meses mais tarde, na Copa. A Hertelstrasse fica em Steglitz: Steglitz. Mas o que tenho a ver com Steglitz?

Sozinho no labirinto

Manhã seguinte. Acordo cedo, excitado demais. A casa é estranha. No quarto, imenso guarda-roupa trancado. Henry toca a campainha, anunciando: Venha tomar um café berlinense. Saímos a pé e me esqueço do fundamental. Marcar as referências. Andamos quadras e quadras, as pessoas estão indo para o trabalho, lojas se abrindo, as mulheres loiras e brancas. De dentro de uma loja de departamentos vem o bafo sufocante do departamento de perfumes. Entramos no Café Möhring, dos mais tradicionais. Experimentei de tudo. Pães diferentes, geléias de frutas vermelhas e pretas, mel, bolachas, frios, queijos, bolos cheios de creme fresco. Pedi um doce, a garçonete recusou-se a trazê-lo, Henry explicou-me que esperavam a troca, aquele era do dia anterior. No Brasil, tudo o que está na vitrine vem do anterior, fica até acabar ou azedar. Saímos, Henry desapareceu, estava atrasado para uma reunião. Na calçada percebi que não sabia voltar. Tinha vindo da esquerda ou da direita? Tinha atravessado a rua? Onde achar um mapa para localizar a Keithstrasse? Como perguntar? Perguntando, entenderia a resposta? A sensação era forte: estar numa cidade desconhecida, não falar a língua, não ter o telefone do DAAD, não ter ainda moedas no bolso. Se ao menos batesse os olhos em uma vitrine que tivesse me marcado. Cheirei o ar, não havia cheiro. Nem sol, o dia era cinza. Sensação agradável, ter que contar comigo, com meu faro, com o instinto que sempre me orgulhei de ter, o de orientação. Dispunha de todo o tempo do mundo, andaria Berlim inteira e um dia encontraria minha casa. Fui para a esquerda, desconfiei que me distanciava, voltei, andei, andei, senti um cheiro de curry numa lanchonete de esquina, tinha passado por aqui. Prossegui, vi a Wittenbergplatz. A próxima era minha rua. Cheguei duas horas depois.

Querendo conhecer

Ingredientes: mapa da cidade, do metrô e das linhas de ônibus. Para localização, aprendizado de locomoção. Andar. Olhar. Ver como são as farmácias, lojas, supermercados, bares, o que o povo come, veste, consome, os filmes exibidos, como são as casas por dentro (sou *voyeur* nato). Comprei livros de fotografias. Da Berlim atual, da Berlim arrasada pela guerra, da Berlim faustosa e arrogante dos anos 20 e 30. Há o culto de nostalgia, com álbuns, pôsteres e postais. A livraria francesa me salva, encontro em língua acessível literatura sobre a história política e social da Alemanha que surge, os anos do milagre econômico e o princípio da crise, os movimentos alternativos, a arte em evolução. Cato informações, armazeno.

Berlim

Eu imaginava (nunca me ocorreu consultar o mapa, perguntar às pessoas) que Berlim estivesse na fronteira entre as duas Alemanhas: a República Federal (RFA), constituída pelos Estados ocupados pelos Aliados (Estados Unidos, Inglaterra e França), e a República Democrática (RDA), ocupada pelo aliado dissidente (Rússia).

Estando em plena fronteira entre as duas, eu podia entender a existência do muro do ponto de vista físico. Era apenas uma barreira. Logo, vi que era bem diferente. Descobri no primeiro dia. Berlim Oeste é uma ilha dentro da RDA. Localiza-se inteira dentro do território do Leste e o muro faz um contorno total, bloqueia, isola, destaca. Qual mancha de óleo dentro da água, solta. Me veio que, em 1969, repórter da revista *Claudia*, vivi situação que me parecia semelhante. Visitei Jerusalém, cidade dividida em zonas que não se interpenetravam, proibidas. Só que ali eram árabes de um lado, judeus do outro.

Em Berlim, não. Alemães e alemães. Descobriria mais com o tempo. Estar em Berlim não é estar na Alemanha. É simplesmente estar em Berlim, um principado como Mônaco ou Liechtenstein. Há um espírito berlinense, uma fala, uma tradição, um comportamento, um modo de ser. O nome da cidade quer dizer ursinho, segundo a tradição popular (*Bärlein*). Daí a figura do animal como símbolo no brasão: urso marrom sobre fundo branco e vermelho. A designação viria do apelido de um dos primeiros conquistadores da cidade, Alberto Urso, nobre saxão do século XII. Os puristas têm explicação diferente. Berlim vem da germanização da palavra eslava *bruleni*, que significa *estacada sobre as águas*. Porque, a princípio, as terras onde a cidade se localiza eram pântanos. Se formos mais longe, ficamos sabendo que, no fim da era glacial, toda a região era constituída por imensas geleiras com centenas de metros de altura.

Seria esta a razão do solo berlinês (para acompanhar a terminologia local) ser tão árido, quase areia, amarelo, soltinho? Sempre foi o que me chamou a atenção nos buracos, escavações, campos descobertos, nos lados mais desencontrados da cidade.

Ursos. Acaso ou propósito? Os personagens mais populares, queridos, as maiores atrações da cidade, fotografadíssimos, superprocurados, motivos de cartões-portais, flâmulas, adesivos, pôsteres publicitários, são os dois ursos Panda do Zoo.

Engraçado ou sintomático? Berlim nasceu dividida. Havia a princípio duas cidades, rivais. Cölln (que se situava onde hoje é Berlim Leste) e Berlim, na margem direita do Spree, o rio da cidade. Assim como o Sena é o rio de Paris, o Tâmisa é o rio de Londres, o Tietê é o de São Paulo, o Capibaribe é o do Recife e o Guaíba é o de Porto Alegre. Junto a Berlim já existiam comunidades como Tempelhof, Mariendorf e Marienfeld. Otto III, em 1230, outorgou um carta comum às duas vilas que foram reconhecidas pela Liga Hanseática em 1359. As cidades cresceram. Berlim sofreu sua primeira grande destruição durante a Guerra dos Trinta Anos. Em 1701, ela se tornou a capital do reino da Prússia e em 1709 foi unificada a Cölln.

Heine

Encontrei uma edição francesa de *De l'Allemagne*. Heine pode me ajudar a compreender o povo?

Futebol vinga

Segundo dia em Berlim, Thorau me leva ao *Freie Volksbühne* para ver *Fausto*, com Bernhard Minetti, um dos melhores atores alemães da velha geração. Segui o texto pelo que me lembrava da narrativa, lida anos atrás. Não entendi uma palavra dos diálogos, mas segui a encenação. O diretor desestruturou, com toques modernos, uma peça acadêmica. De repente, um susto. Numa cena em que o ator estava sussurrando, alguém deu um grito na platéia:
– Fala mais alto.

Da expressão "Fala mais alto" (*lauter*) eu me lembrava, porque, nos meus raros dias de intensivo alemão, sempre havia um colega murmurando e Frau George advertindo: "Fala mais alto". Durante a peça, isso aconteceu por duas ou três vezes. Jamais tinha presenciado coisa igual, achava que era uma platéia sem respeito pelo trabalho do ator. No final, público dividido. Aplausos e vaias em igual proporção. Nos dias seguintes a batalha foi para as colunas dos jornais. O que posso dizer é que poucas vezes vi um ator tirar partido de sua voz, conseguir os efeitos que quer, como o velho Bernhard.

Quando a peça terminou, fui com Henry aos bastidores. O velho Bernhard estava possesso com as reações. Não queria nem receber os amigos no camarim. Demos uma volta. Conversamos com uma e outra pessoa, decidimos ir jantar.

Estávamos saindo e Henry foi na frente. Eis que no corredor dou de cara com Bernhard. Primeiro me cumprimentou, delicadamente. Cumprimentos eu sabia, em alemão. Então despejou uma torrente de frases, rapidamente. Interrompia, de vez em quando, e eu sabia que estava esperando resposta minha. Via que não saía nada e continuava. Parava, esperava. E eu, feito bobo. Ia dizer algo em inglês quando Henry chegou, para salvar a situação, porque o velho estava ameaçando vir para cima. Explicado que eu não sabia alemão, pois era brasileiro, tinha acabado de chegar, o ator ficou desconcertado. Imaginara que, com o meu silêncio, eu também tinha detestado a encenação e o trabalho dele. De qualquer modo, despediu-se com um desabafo: "Brasileiro, é? Pois nem futebol vocês estão jogando direito. A Alemanha merecia ter ganho ontem". E se foi, vingado.

Futebol & teatro

Meses mais tarde, o DAAD promoveu um encontro de bolsistas em sua Galeria, em cima do Café Einstein, ponto de encontro da boêmia intelectual e sofisticada de Berlim. Para uma troca de idéias a respeito do que era viver na cidade para um estrangeiro. Contei o episódio passado com Minetti. O diretor do DAAD, Wieland Schmied, complementou, revelando que o ator é muito amigo do treinador da seleção alemã de futebol. Curiosamente, os dois trocam sempre figurinhas em relação à própria arte. O treinador vê as peças e as analisa como se estivesse diante de uma partida de futebol. O ator assiste aos jogos e comenta como se tivesse visto uma peça teatral. Disse Schmied que os encontros são proveitosos para os dois.

Para lá, para cá

Negociações com incontáveis idas e vindas através dos anos moldaram a Berlim de hoje, dividida em quatro setores: soviético, francês, inglês e norte-americano. Quando se tratou da ocupação do país, em 1944-45, Berlim foi considerada caso à parte, em função de sua importância histórica e do mito que representava para os alemães. Daí as características especiais que regulam a administração da cidade. Existe um comando aliado só para ela, enquanto que há outro para toda a Alemanha Federal. Pouco depois do fim da guerra, foi iniciada outra, a Fria, com o distanciamento cada vez maior entre os dois grandes blocos, Rússia e

Estados Unidos, com reflexos inevitáveis nas relações alemãs. O setor soviético de Berlim se desligou totalmente, tornou-se núcleo à parte, constituindo o que é hoje o Leste. Os outros três aliados se mantiveram coesos (para empregar um termo que nós, brasileiros, associamos ao exército), o que resultou em Berlim Oeste (Westberlin) ou Berlim Ocidental. Os tratados oficiais não utilizam a palavra Berlim ao se referir à cidade. Falam em "zonas de ocupação". Aos olhos dos acordos, Berlim Leste nada mais é que a zona de ocupação soviética. Também oficialmente a cidade não pode ser capital. Ainda que por orgulho a RDA a apresente como *sua capital*. Porém, por causa dos labirintos e complexidades que são os tratados internacionais e as normas jurídicas (muito delicadas no caso da Alemanha e nos ajustes cheios de provocações entre EUA e URSS), as embaixadas estrangeiras na RDA não estão em Berlim e sim *junto a Berlim*, apesar de se concentrarem todas no centro da cidade. Fácil de entender?

Há detalhes singulares na Guerra Fria. Para a RDA, Berlim mesmo, a que vale, verdadeira, é a do Leste. O que existe do outro lado do muro é um apêndice, uma outra cidade, diversa. Tanto que a chamam de *Westberlin*. Com o *b* minúsculo. Do lado oeste, a imprensa de Springer, o rei do sensacionalismo, só se refere à RDA colocando a sigla entre aspas, como se fosse um apelido, não existisse como nação que tem assento na ONU. Os guias e mapas impressos em Berlim Oeste incluem as ruas do Leste. Já do outro lado, Berlim termina no muro. Depois dele, o que se vê nos folhetos e planos é uma mancha amarela, nada mais. Um dos motivos parece simples: pode-se passar do Oeste para o Leste, o contrário é impossível, a não ser em casos especiais. Esses casos incluem personalidades do governo (a chamada nomenclatura), embaixadores, militares, convidados de gabarito (intelectuais, professores, cientistas, cantores etc.), crianças ou cidadãos acima de sessenta e cinco anos. É comum ver em Berlim Oeste limusines oficiais da RDA paradas diante de grandes lojas e restaurantes ou circulando pelo centro.

Carta no sábado

Vagão cheio, metrô Osloer-Steglitz. A trintona de olhar profundamente azul e boca vermelha lê uma carta escrita com garranchos e sorri feliz. No colo, um buquê de flores amassadas.

Pernas

As jovens têm pernas longas e bem-feitas e as maçãs do rosto coloridas. Umas pelo frio, outras com pancake. Batons fortes.

Bengala meio bicicleta

Pela Tauentzienstrasse uma velha claudica, apoiada numa bengala. Mas a bengala forma um quadro, como o de uma bicicleta, em menor tamanho. O quadro tem rodinhas e um gancho, onde a mulher pendurou a bolsa. Ela tem o olhar satisfeito. Como se possuísse uma bengala e um brinquedo.

Vinho e cabelo

Na rua, leio cada placa, tento traduzir. Não encontro pistas, correspondência. Nada se liga a inglês, francês, italiano, grego. Fascinante. Um lugar onde terei de estar sempre alerta, sentidos crispados. Observa-se mais quando não se conhece a língua, nunca estamos descontraídos, sempre precisando decifrar. Precisava de um xampu para cabelos secos. Como é seco? Não tinha tempo de voltar para casa e olhar no dicionário. Fui almoçar com uma amiga, ela sugeriu vinho branco. Percebi a minha chance.
– Como você prefere? Doce, meio doce ou seco?
– Seco.

— Trocken, ela disse ao garçom.

Trocken é a palavra-chave, vamos ver se funciona para xampu e cabelos. Funcionou.

Estrangeira

Certo dia, em Colônia, fui comprar passagem de volta. O funcionário da agência, evidentemente novo, não encontrou Berlim na lista de cidades alemãs. Perguntou e obteve do gerente:
— Veja na outra lista. *Berlin ist Ausland!*
Berlim é estrangeira.

Estrangeira para os próprios alemães. *Baile sobre o vulcão*, na definição de uma canção popular. *Ilha do mar vermelho*, devido à sua posição isolada dentro da Alemanha Oriental. *Cidade das ilusões perdidas*, para um filme que abordou a situação dos travestis que, marginalizados em seu próprio país, aqui se exilam, tranqüilos. *Fênix bicéfala, centro cultural da nação* (para o ex-presidente Walter Scheel), lugar privilegiado de intercâmbio entre o Leste e o Oeste (para Willy Brandt), acampamento de esquerdistas e contestadores para os alemães conservadores, um peso difícil de se suportar financeiramente para a maioria dos habitantes da República Federal. Cidade ambígua, paradoxal, do desbunde, da decadência, paraíso artificial, alegre, louca, divertida, incompreensível, provinciana, agitada, tranqüila. Com o tempo eu compreenderia que Berlim é (ou se torna) aquilo que a gente quer que ela seja.

Um para você, dois para mim

No final de 1944, já existia o Protocolo relativo à futura ocupação da Alemanha e à administração de Berlim.

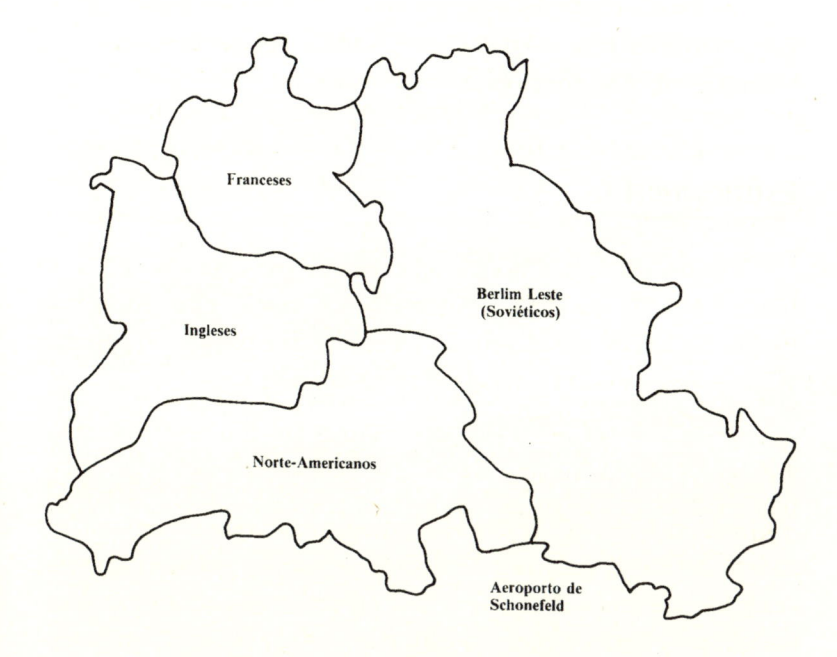

Dividida a Alemanha surgiu o problema: a cidade símbolo dos Alemães? Marchas e contramarchas, conversações e um sem-número de negociações conduziram a divisão da cidade em vários setores. Cada nação aliada ficou com um pouquinho. Naquela época, Rússia e Estados Unidos ainda se davam bem, não tinham iniciado a Guerra Fria. As dificuldades de convivência vieram em seguida e o que antes era mera divisão no papel, vagamente abstrata, transformou-se em dura realidade. Os soviéticos ficaram com oito bairros que formam hoje o que é chamado Berlim Leste, ou Oriental. Além do antigo centro, onde ainda existem edifícios monumentais da antiga e imponente Berlim, os russos ganharam *Pankow, Lichtenberg, Köpenick, Treptow, Prenzlauerberg, Friedrichshain* e *Weissensee*. Do lado Oeste, Berlim Ocidental, norte-americanos e ingleses ficaram com as maiores fatias do bolo. Os primeiros com seus bairros *Tempelhof, Neukölin, Zteglitz, Zehlendorf, Kreuzberg* e *Schöneberg*. Os ingleses ocuparam *Tiergaten, Charlottenburg, Spandau* e *Wilmersdorf*. Restaram aos franceses apenas *Wedding* e *Reinickendorf* e mesmo assim porque à última hora os ingleses abdicaram de uma parte, "doando" aos franceses. Os territórios estão sempre marcados e lembrados. Andando, principalmente nos arredores do muro, é comum encontrarmos as placas: fim do setor inglês, ou do setor francês, ou norte-americano. Berlim: uma cidade onde as coisas são, mas não são, onde a surpresa é uma constante, sempre, sempre.

Dos vinte bairros existentes, a Rússia ficaria com oito, entre eles o centro histórico, com a *Ilha dos Museus,* e a célebre *Unter den Linden* (Sob as Tílias), avenida faustosa, imponente, de construções maciças como a Ópera, a Universidade Humboldt, a catedral, as embaixadas. Agora, a *Unter den Linden* morre a poucos metros do Portão de Brandenburgo, um dos marcos de Berlim, assim como o Arco do Triunfo está para Paris, a Estátua da Liberdade para Nova York e o Big Ben para Londres. A ocupação soviética domina o centro (Mitte) e os bairros de Prenzlauer Berg, Friedrichshain, Treptow, Köpenick, Lichtenberg, Weissensee e Pankow. Os americanos ficaram com seis: Neukölln (lugar de intensa concentração popular, verdadeiro formigueiro à tarde), Tempelhof, Steglitz, Schöneberg, Zehlendorf e Kreuzberg. Os ingleses também ganharam seis e então os franceses (o quarto aliado) protestaram que não tinham nenhum. Os americanos pouco se importaram, quem "doou" dois bairros aos franceses foram os ingleses. Estes dominam Tiergarten, Charlottenburg, Spandau e Wilmersdorf. Restaram aos franceses Wedding e Reinickendorf.

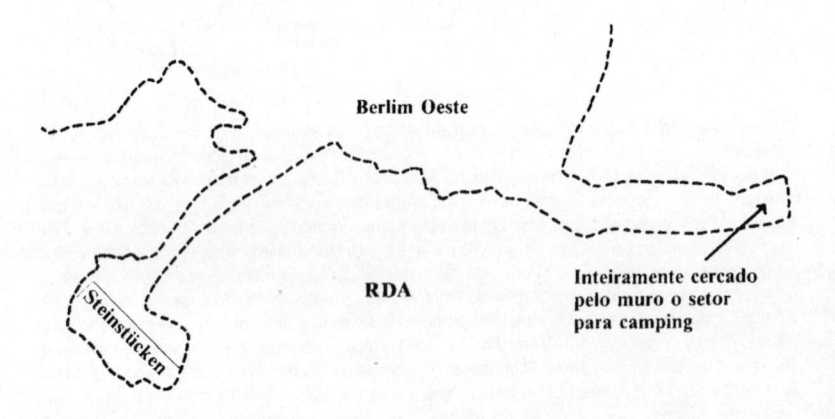

Steinstücken, aldeia, simpática e silenciosa, por força de negociações (e nunca entenderemos negociações políticas) ficou dentro da RDA. Um dos meus locais favoritos, ali eu me isolava do mundo.

A chamada Grande Berlim resultou da unificação de cinqüenta e nove comunidades rurais, vinte e sete propriedades agrícolas e oito vilas. Isso forneceu uma característica importante e diferente à cidade: os espaços verdes e as águas foram razoavelmente conservados. Bosques, parques, gramados, lagos, canais e rios servem como elemento divisório entre um bairro e outro. Assim, ao andar pela cidade, ficamos às vezes com a sensação de mergulhar em pleno campo, apesar de estarmos no perímetro urbano e a alguns metros de um aglomerado residencial.

Esse processo de agrupamento resultou, quando da construção do muro, em 1961, em problemas singulares, com a formação de *enclaves* bastante estranhos. Como o pequeníssimo lugarejo de Steinstücken. Era uma antiga propriedade rural que fazia parte da Grande Berlim, ainda que ligeiramente afastada e localizada dentro do território da RDA.

Na divisão, Steinstücken ficou ligado ao setor americano. Erguido o muro, veio a questão: o lugarejo acabou desligado, isolado dentro da RDA. Foi necessário um acordo e a compra de uma exígua faixa de terra, lingüiça que contém uma via asfaltada e dois estreitos espaços laterais arborizados, extensão de um quilômetro e pouco com o muro dos dois lados. Lá na frente, o muro se abre, rodeia a aldeia. Quase a sufocá-la.

Árvores

As árvores de Berlim são: *Linde* (tília), *Birke* (bétula), *Eiche* (carvalho), *Trauerweide* (chorão), *Ahorn* (acer), *Buche* (faia), *Kastanie* (castanheiro) e *Pappel* (choupo). A avenida principal de Berlim Leste chama-se *Unter den Linden* (Sob as Tílias). Em Berlim Oeste, no bairro de Dahlem, existe a *Unter den Eichen* (Sob os Carvalhos). Bem perto, porém, já em Steglitz (sudoeste da cidade), encontramos outra rua com nome poético de árvore, *Unter den Rustern* (Sob os Olmos).

Steglitz

O que há com Steglitz? Por que fica em minha cabeça? Uma coisa remexendo no fundo, preciso pôr para fora.

Seguros

Versicherunq. Palavra repetida por toda Berlim, brilha no alto dos edifícios, nos anúncios de jornais, nos pôsteres, na publicidade do metrô: *Seguro*. Vi essa palavra por toda a Alemanha. Obsessão.

Peep-show

Só para adultos, gritam os letreiros. *As mulheres mais belas do mundo à sua disposição.* Submundo é comigo. Bas-fond, marginalidade, tudo que é brecha na sociedade normal me atrai.

Governo

Berlim tem um prefeito (Regierender Bürgermeister), um vice, um Senado e uma Câmara. O Senado é diferente do nosso. Na verdade, os senadores são o que chamamos ministros, ou então, secretários de Estado. Existe o senador da Justiça, o do Interior, da Educação, da Juventude e Esportes, Economia e Transportes, Finanças, Saúde, Negócios Sociais e Família, Urbanismo e Meio Ambiente, Ciências e Negócios Culturais, Trabalho e Comércio, Construção e Habitação e também um de Negócios Federais, que regulamenta as relações de Berlim com a República Federal Alemã. O prefeito é eleito pela Câmara, cujo número de deputados está em proporção ao de habitantes. Atualmente são cento e trinta e dois. A administração da cidade é feita em conjunto com as assembléias distritais. Cada bairro possui um subprefeito ou administrador regional e seis conselheiros. Nesses casos a competência em assuntos financeiros é limitada.

Privada-problema

Deu problema no banheiro. Com o vaso. Tentei resolver sozinho, não consegui. Precisava do encanador. Como é encanador em alemão? Seria mesmo encanador? Apelei para a solução mais rápida. Chamei um amigo que fala português, pedi que ele tomasse providências. Me ligou quinze minutos depois.
– Daqui a meia hora o técnico está aí.
– Você disse a ele qual o problema?
– Tudo. Fique tranqüilo.

Meia hora depois, tocaram a campainha. Chegou um garotão com macacão amarelo, um logotipo verde mostrando um canguru com chave inglesa na mão e as letras HMP. Mandei entrar enquanto refletia sobre o símbolo da companhia: um canguru. Qual a relação entre o bicho australiano e o conserto de privadas?

Fiquei nas conjecturas, jamais saberia perguntar. Ou talvez conseguisse perguntar, mas não entenderia a resposta. Fui até o banheiro com o moço do canguru. Ele me disse alguma coisa, imaginei que perguntasse qual era o problema, fiz mímica, ele riu. Pegou uma lanterna, iluminou o vaso. Não sei para quê, estava claro, dia pleno.

O moço do canguru apertou e desapertou a descarga, virou, mexeu. Não fez nada, só olhou e iluminou. Começou então a dizer algumas coisas rapidamente. Como falam rápido os berlinenses! Nessa altura, que me importava a velocidade? Mais rápido ainda, montei uma frase: "Espere um pouco, não falo alemão". Gostaria de acrescentar que, se ele pudesse esperar até o fim do ano, poderíamos nos comunicar. Senti que deu um branco, ele parou, de repente, achando que estava fazendo papel de bobo. E me dirigiu uma pergunta, muito concreta. Fiquei firme, quieto. Ele repetiu. Eu, firme. Ele repetiu de novo e meio nervoso. Senti que era hora de fazer alguma coisa.

Bom, a idéia não foi das mais brilhantes, mas resolveu. Recorri a um "tradutor simultâneo". Quer dizer, liguei para a casa do Carlos Azevedo, professor de Literatura Brasileira. Carlos não estava, mas a mulher dele, Ulrike, me atendeu. Contei o problema.

Ela disse: "Passa o moço". Coloquei o alemão no telefone. Ele repetiu a pergunta para ela e me passou o aparelho. Ela traduziu:
— Ele disse que você tem que pagar.
— Claro que tenho. Tudo bem.
Passei o fone, o alemão ouviu a resposta, sorriu. Fez outra pergunta. Indiquei o telefone, ele perguntou para ela. Apanhei o fone, ela traduziu:
— Ele precisa saber o seu nome, para fazer o recibo.
Mostrei o passaporte. Ele perguntou algo, agora direto para ela. Aprendem rápido estes moços com o canguru no peito. Ela:
— Ele quer saber qual dos quatro nomes coloca no recibo. Pois não sabe qual é o nome de família, qual o primeiro nome.
— Claro, meu nome completo, Ignácio de Loyola Lopes Brandão, deve tê-lo perturbado.
Quase lhe disse outro nome, mas esclareci que o mais fácil era Ignácio Brandão. Ele fez o recibo. Para iluminar o fundo do meu vaso com uma lanterna, cobrou cinqüenta marcos, pouco menos de vinte dólares. Aí pegou o telefone e disse a ela outra coisa. Me passou e ouvi:
— Ele agradece e disse que precisando é só chamar de novo.
Berlim tem uma vantagem. A telefônica não cobra impulsos, senão a visita ia ser bem mais cara.

Por que Berlim?

Ainda perplexo, desadaptado, desajeitado, surpreso, começo meu novo livro. Foi para isso que me deram uma bolsa. Para escrever um livro. Trazia comigo o espanto de uma separação incompreendida. Tentava saber por quê. Para saber, teria de procurar a resposta também junto aos meus muitos amigos que vieram se separando neste último ano. Um país em crise, pessoas em crise. Em que medida as duas coordenadas se justapõem? A história estava à minha frente para ser destrinchada. Uma investigação em torno do relacionamento num país como o Brasil. Por que só o Brasil? Perguntas, perguntas. Respostas, nenhuma. E na Alemanha, como anda o relacionamento?, comecei a perguntar.

Quero os olhos

Converso com as pessoas e procuro os olhos delas. No entanto, elas se desviam. Ninguém enfrenta o olhar do outro.

O muro

Não quero continuar sem falar logo do muro. Ele estará presente, constante, ao longo deste livro, do mesmo modo que está no cotidiano da cidade. Para qualquer ponto que se vá, corremos ao seu encontro. Subitamente, imaginamos que estamos livres, não vamos vê-lo. E ali está! Quando o ônibus circula para os lados de Gatow, a sudoeste, respiramos, a paisagem se abre, como se o campo tivesse rompido através da RDA e penetrado alegremente em Berlim. Pouco depois, num local que parece bucólica aldeia, surge o aviso:

ENDE DES BRITISCHEN SEKTORS.

Fim do setor inglês, fim da cidade. Não há mais para onde ir. *Gebiet gehört zur DDR*, avisa outro letreiro: o território pertence à RDA. O muro vai em linha reta, faz um ângulo estreitíssimo, forma um bico de águia (entre Reinickendorf e Wittenau, proximidades de Schorfheidestrasse), corta uma rua do Oeste cujas casas ficaram no Leste, atravessa um cemitério, corre paralelo a um rio ou canal (está além das águas, porém elas são território do Leste), corta uma rua do Leste cujas casas ficaram a Oeste, passa no quintal de conjuntos residenciais, divide uma praça, estrangula pontes, linhas de bonde.

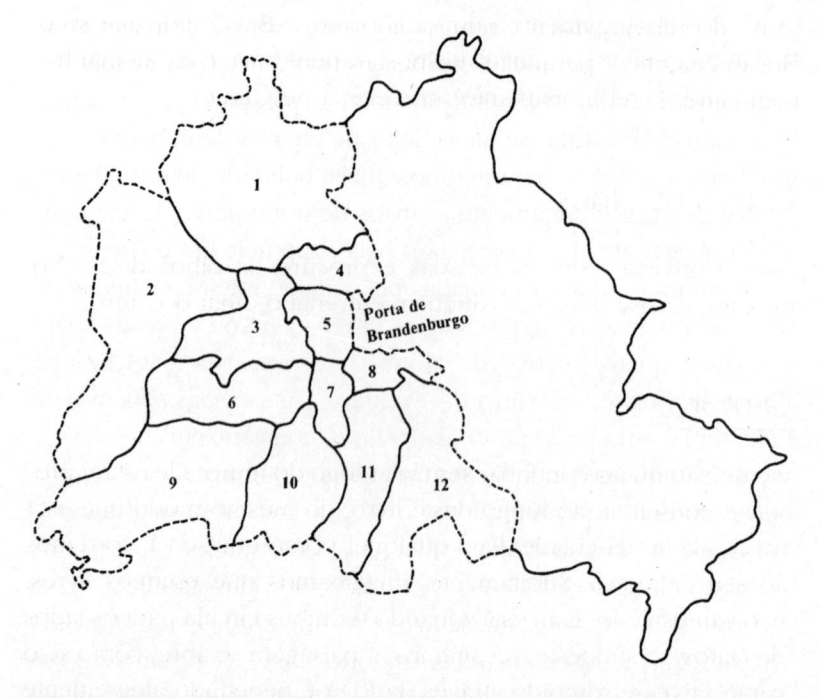

Aqui a localização dos doze distritos de Berlim Oeste, com suas subdivisões. A linha pontilhada que rodeia inteiramente Berlim Oeste indica o muro que fecha completamente a cidade. No canto esquerdo, o número 13 indica uma curiosidade, o enclave de Steinstücken, citado na página 46. Os distritos são:

1 – *Reinickendorf*, que engloba *Heiligensee, Frohnau, Lübars, Hermsdorf, Waidmanuslust, Konradshohe, Tegel* e *Wittenau*
2 – *Spandau* com *Gatow, Staaken, Haselhorst* e *Siemenstadt*
3 – *Charlottenburg*
4 – *Wedding*
5 – *Tiergarten*
6 – *Wilmersdorf* com *Grunewald* e *Schmargendorf*
7 – *Schöneberg* com *Friedenau*
8 – *Kreuzberg*
9 – *Zehllendorf* com *Wannsee, Nikolasee* e *Dahlem*
10 – *Steglitz* com *Lichterfelder Lankwitz*
11 – *Tempelhof* com *Marienfeld* e *Mariendorf*
12 – *Neukölln* com *Rudow, Buckow* e *Britz*

Enquanto *Neukölln* e *Schöneberg* são os bairros de maior concentração popular, *Kreuzberg* é o mais animado e também o mais problemático: ali se concentram os turcos. É ainda um bairro boêmio, abrigo de intelectuais, estudantes, certos professores. Refúgio de muito punk, início de boa parte das manifestações políticas da cidade. Lugar quente, efervescente, sempre uma preocupação para autoridades e principalmente para a polícia. Lugar muito vivo.

A primeira visita, claro, foi ao muro. Se vou conviver com ele, quero ver logo, tocá-lo, saber como é. Primeira decepção. Imaginava muralha, barreira altíssima, e me pareceu prosaico. Dois metros de altura, se tanto, feito de chapas de concreto pré-moldadas, encimado por um tubo. Qual a utilidade do tubo? Evitar pontos de apoio? Certamente as mãos de um fugitivo, se ele conseguir chegar até ali, escorregarão pela superfície lisa e circular.

Junto ao muro, espalhadas pela cidade inteira, centenas de plataformas, postos de observação, em madeira ou tubos de ferro, com três, quatro metros de altura (um dos mais altos fica na Bernauer Strasse, no bairro de Wedding). As pessoas sobem para contemplar o lado de lá. O *outro lado*, como dizem, pejorativamente. Suba, olhe para os comunistas! Para quê, se os cidadãos do Oeste podem atravessar, passar o dia no Leste sem maiores dificuldades? A sensação que tenho nesses mirantes é de estar no zoológico a admirar Pandas. Sinto falta de outra tabuleta, nesta cidade onde existem tantas: *Proibido alimentar os comunistas*. Ah, sim, tem o lado prático da plataforma. Você vê o outro lado de graça. Porque para atravessar o muro é preciso pagar. O visto custa cinco marcos. E há a obrigação de se trocar vinte e cinco marcos orientais ao câmbio de um por um. Trinta marcos equivalem a doze dólares. Troque e gaste, porque é proibido retornar com dinheiro. Nenhuma informação a respeito, mas é proibido. Não se pode sair com um centavo do lado oriental.

O ódio ao regime

Existem diversos pontos para se cruzar a fronteira. Os militares e o corpo diplomático utilizam o *Checkpoint Charlie*, na Friedrichstrasse, tornado célebre através do filme *O espião que veio do frio*. Certas barreiras só podem ser utilizadas por cidadãos da RFA ou por habitantes de Berlim Oeste. A fronteira mais utilizada fica na estação de trens de Friedrichstrasse. Você toma o trem S-Bahn na estação do Zoo, a principal de Berlim, ainda que pareça subúrbio paulistano ou carioca. Perto de estações como Munique, Frankfurt, Colônia, que possuem trinta plataformas e um movimento de quinhentos trens diários, a de Berlim, triste e cinza com suas quatro plataformas, é arremedo do que foi em outros tempos. Pode-se também tomar o metrô (U-Bahn), linha Tegel-Alt Mariendorf. O S-Bahn te deixa em cima, o U-Bahn embaixo. Um par de escadas e se atinge um grande hall, com divisões de fórmica cor de marfim. Os letreiros indicam: Diplomatas, Cidadãos de Berlim, Cidadãos da RFA, Estrangeiros. Há sempre fila diante da barreira para estrangeiros. Ali os serviços se processam vagarosamente. Penetra-se num estreito corredor e estamos diante do funcionário. Atrás de você, no alto, um espelho permite ao homem te ver pelas costas. Um vidro entre você e ele. Minha amiga Imara Reis disse, um dia, ao me ver tenso e crispado dentro do cubículo:

– Tua neurose é a de contraventor. Você chega diante do policial com tremendo complexo de culpa, pedindo desculpas por estar perturbando o serviço e ansioso por se mostrar "limpo". Seria um péssimo espião.

Será que ainda carrego o peso dos anos em que fomos todos culpados, ainda que não tivéssemos culpa alguma? Anos de medo em que tremíamos diante do policial, do praça do exército, em que nos apavorávamos ao ver, longe, na esquina, uma farda do exército, cheia de galões? Esses anos pós-64 acaso não destruíram a imagem e a sensação de segurança que tínhamos diante daqueles encarregados de defender "a soberania e alienar os perigos que ameaçassem a pátria"?

Imara era sarcástica:

– Esses guarda-fronteiras da RDA devem ser agentes da CIA. Porque você sai daqui com ódio do socialismo. Já entra em Berlim Oriental com raiva. E só então vê que é diferente.

Peter Schneider, escritor alemão, tem versão diferente: "Alguns guardas odeiam o regime e fazem tudo para que você também assuma o mesmo ódio. Essa antipatia faz parte de uma sabotagem".

O funcionário apanha seu passaporte. Consulta listas ou o computador para saber se você é persona grata ou não grata. Compara a foto. Se o cabelo da mulher está atrás da orelha, na foto, ele pede que a pessoa afaste o cabelo. Se a foto está sem óculos, ele diz para tirar o óculos. Barbas e bigodes complicam. A foto deve reproduzir fielmente o rosto. Diferenças levam a recusas ou demoras intermináveis. Tudo muito lento, devagar, quase parando. Constatei pessoalmente, por diversas vezes: se o sujeito for árabe, negro ou tiver uma cor diferente, complica o processo. Burocracia socialista misturada ao espírito prussiano produz estranha alquimia.

O muro. Surpresa, porque não era tão alto como eu esperava. Parece até ridícula parede cinza. No entanto, objeto de contínuo espanto. Passava horas a contemplá-lo e nunca me acostumei. O muro na verdade são dois, a limitar uma faixa de terra nunca inferior a cem metros (em certos pontos, se alarga). Nesta faixa, camas de pontas afiadas, obstáculos de ferro e concreto, areia fina encobrindo fios invisíveis que acionam alarmes, guaritas estrategicamente dispostas, cada uma com dois guardas e muita iluminação. Dizem que esta faixa iluminada pode ser vista da Lua, como a muralha da China. As quatro faixas brancas, no lado ocidental, são homenagens de artistas plásticos aos que morreram tentando saltar o muro.

Desmonte no Leste

O que produziu este muro tão controvertido? Quando começa a história toda? As acusações partem dos dois lados, Estados Unidos e Rússia. Em Yalta, 1945, os quatro aliados decidiram de comum acordo a divisão quadripartida de Berlim, levando em conta sua importância histórica e o símbolo que representava para o povo alemão. Afirma-se que os soviéticos não assinaram os acordos muito a gosto. Afinal, Berlim estava inteiramente dentro do seu território, deveria ser deles sem maiores discussões. Os ajustes nunca foram fáceis, as arestas sempre existiram, e à medida que os norte-americanos começaram a se distanciar, as coisas se complicaram.

Logo em seguida à vitória, os russos procederam ao desmonte de mais de quatrocentas usinas, procurando reconstituir em seu país o potencial industrial, danificado com a guerra. Setenta por cento das empresas localizadas em Berlim foram "exportadas", ocasionando um primeiro atrito entre EUA e URSS. Esta, por sua vez, acusou seu aliado de não cumprir com rigor o acordo de desmilitarização da Alemanha, o que também era verdade. Norte-americanos não andavam interessados nisso, com o olho no futuro. Com Truman, em 1947, delineiam-se fortemente os contornos da Guerra Fria. O esquema era: as potências ocidentais tinham medo da crescente influência soviética na Europa e necessitavam de um aliado leal para se opor a isso. Uma troca: a América ajuda a Alemanha a se reconstruir, a Alemanha auxilia a América a conter o comunismo. O Plano Marshall derramou milhões de dólares nas zonas de ocupação inglesa, francesa e norte-americana, mais tarde território da RFA.

Ponte aérea da comida

Em 1948, os três aliados fizeram uma reforma monetária em seus territórios, visando incluir a Alemanha no sistema econômico ocidental. Era a separação. A reação soviética não se fez esperar. Retiraram-se do comando aliado de Berlim e bloquearam a cidade por terra, além de cortarem todo o suprimento de eletricidade. Única ligação possível: via aérea. Os historiadores acreditam que a partir desse instante Berlim se tornou definitivamente dividida. Até então, essa divisão era, vamos dizer, abstrata. Sabia-se que estava passando de um setor para outro, do mesmo modo que, no Rio de Janeiro, percebemos as diferenças entre Zona Norte e Zona Sul. A tensão cresceu.

Com o bloqueio, os Aliados ocidentais tiveram de estabelecer uma ponte aérea para abastecer a cidade. Operação fantástica: durante 322 dias foram realizados 277.728 vôos, que transportaram 1,6 milhão de toneladas de alimentos. A cada 24 horas, subiam ou aterrissavam 1.344 aviões, à base de um por minuto. Perto de Tempelhof existe um monumento em homenagem à Ponte Aérea. Foi apelidado o garfo da fome (*Die Hungerharke*). Um dos reflexos desse bloqueio é que até hoje existe em Berlim Oeste um estoque permanente de alimentos, para serem utilizados em situação de emergência. O estoque é renovado de tempos em tempos e o velho é vendido à população a preços de saldo.

Levantado o bloqueio, quase um ano depois, já havia duas cidades. As ligações telefônicas foram cortadas. Em 1953, as linhas de bondes e ônibus mudaram. Os passageiros iam até os limites das zonas de ocupação, desciam, tomavam outra condução, algumas quadras além. Os veículos particulares viviam sob intensa regulamentação. Só quem andava a pé podia circular livremente. Os problemas se agravaram com a revolta de 17 de junho de 1953. Insatisfeitos com o aumento excessivo das normas de produção para os trabalhadores, os operários se levantaram em protesto. Manifestação reprimida brutalmente pelos tanques soviéticos, o que gerou revolta e protestos em toda a Alemanha.

Problemas insolúveis

Em 1958, Kruchev faz uma tentativa no sentido de tornar Berlim uma *cidade livre*, com os Aliados abandonando o lugar. Três anos depois, Kennedy reafirmou as condições fundamentais que regem a atitude ocidental em relação a Berlim: direito da presença aliada, direito de acesso e direito de os berlinenses decidirem o próprio destino.

O desencontro dos pontos de vista era cada vez mais agudo. A situação complicava-se, o êxodo de habitantes da RDA era cada dia maior. Entre 1949 e 1961, dois milhões e meio de pessoas tinham passado para Berlim Oeste e para a RFA. Havia problemas insolúveis: pessoas que tinham crescido e estudado (a escola é grátis no regime socialista) no lado oriental, que ali moravam e gozavam dos benefícios de casa e alimentação mais barata, da assistência social (medicina gratuita), e que, no entanto, iam trabalhar no lado ocidental e ali gastar. Ou seja, o lado oriental formava gente que terminava se constituindo em mão-de-obra para o Ocidente, enquanto a RDA padecia sua falta.

Para não se falar no "contrabando". Os que compravam comida do lado oriental e iam vender no ocidental. A situação chegou a um ponto insustentável, agravado pela hostilidade franca entre norte-americanos e soviéticos. Em agosto de 1961, na noite de 12 para 13, a *Polícia do Povo* se postou na linha que marcava a fronteira entre as duas Berlins, enquanto cercas de arame farpado e muros eram erguidos às pressas por milhares de operários. Consumava-se a divisão. Surgia o muro. A Alemanha foi traumatizada, o mundo recebeu com impacto a notícia.

Durante dois anos e meio o muro se conservou fechado, ninguém atravessava. A partir de 1963, a Guerra Fria se atenuou, era o começo da *détente*. O muro se abriu. Novas negociações. Concessão aqui, ganho ali. O telefone foi religado entre os dois lados. Conversações se ampliaram, chegando à década de 70 com uma decisão que é a de hoje: Berlim funcionando como entidade autônoma. Tipo principado. Desligado da RFA. Ao mesmo tempo, dependendo dela em subvenções, subsídios, financiamentos. Outra de minhas perplexidades. Mas lembrem-se, aqui o anormal é normal. Os berlinenses não têm direito a passaporte da RFA. Viajam pelo mundo apenas com sua identidade pessoal, que é especial. O jovem berlinense é isento do serviço militar. Não há exército alemão em Berlim, o que torna a cidade atrativa aos jovens. E ela precisa disso, porque sua população é eminentemente velha. Berlim elege deputados ao Parlamento, mas seus votos não podem ser computados para a adoção de leis federais ou para a escolha de chanceler.

Uns o chamam de "o muro da vergonha". Muito utilizado para a propaganda do sistema capitalista. Tenho a sensação de que, se os russos não erguessem o muro, os norte-americanos dariam um jeito de fazê-lo. Convém. Basta dar uma espiada no Museu do Muro à saída do *Checkpoint Charlie*. Está tudo lá, conservado: os balões, os minissubmarinos, os carros adaptados, as ferramentas com que abriram túneis, enfim as centenas de expedientes usados pelos que atravessaram o muro, por cima ou por baixo. Para mim, o museu é apenas amostra da criatividade humana em qualquer circunstância. O homem inventa, se arranja, escapa. Quem não está contente e atingiu limites insuportáveis, dá um jeito. Daí a surpresa, às vezes, dos sistemas totalitários quando vão além da tensão suportável.

Mural de grafites

Hoje o muro é também chamado de "o maior mural para grafites do mundo". Ao longo dos seus cento e sessenta e cinco quilômetros de extensão (sendo quarenta e seis diretamente com Berlim Leste), podemos encontrar todo tipo de inscrições, desde as políticas até as poéticas, declarações líricas de amor, até o concretismo (na Bernauer Strasse, frente à Wolgaster, está escrito

METAMURO e METÁFORA). Há desenhos, flores, rostos, muitas portas falsas, escadas. Ali estão os símbolos dos anarquistas (um A dentro de um círculo, com a perna direita do A em forma de flecha e saindo para fora do círculo), a suástica nazista, ou o círculo com um raio atravessando para cima, logotipo usado pelo pessoal que ocupa casas (Squatters). Há inscrições em turco, inglês, italiano (*Un muro è bello quàndo dura pòco*), espanhol.

Na verdade existem dois muros. Entre os dois, um espaço estéril, plantado por obstáculos de concreto, esteiras de pregos pontiagudos, um sistema de filamentos que aciona foguetes de alarme, uma via afastada para os veículos de segurança, e as guaritas, a cada cem metros, de onde os soldados vigiam constantemente com os binóculos assestados para o lado ocidental. Em Berlim vão te dizer que naqueles binóculos existem câmeras fotográficas. Fosse assim, a RDA seria a maior consumidora de filmes do mundo. Também vão te dizer que neste espaço o campo é minado. O escritor Peter Schneider, que estudou por anos o assunto para poder documentar ao escrever o romance *Der Mauerspringer* (*O saltador do muro*, lançado no Brasil pela Marco Zero, a editora de Márcio Souza), garante de pés juntos que não há minas.

Pesadelo petrificado

Anos atrás, as pessoas que saltavam o muro tinham garantidos, do lado ocidental, uma identidade, uma casa e um emprego. Com os problemas econômicos crescendo gradativamente na RFA, a situação ficou delicada. Os que saltam o muro, antigamente bem-vindos e fartamente utilizados na propaganda, hoje não são mais recebidos com tanta simpatia, porque vêm agravar problemas. Não há casas para dar e muito menos empregos para oferecer. Em setembro de 83 os jornais anunciaram que foram devolvidos à RDA elementos que conseguiram atravessar o muro.

Hans Christoph Buch, autor de *Viagem ao centro da desordem* (sem versão em português), escreveu em 1982: "O muro é um pesadelo petrificado que tomou conta de nós há vinte anos. Ele atingiu a sua maioridade. O que começou como provocação militar, o que era considerado com repugnância como solução política provisória, se estende, cinza, por Berlim e adjacências: muro de cimento com o qual temos de conviver, mesmo que se tenha morrido e se continue a morrer aos seus pés. Um armistício protegido por minas e arames farpados. Não é paz; isto, todavia, é pior que a guerra. Os argumentos que se apresentam para justificar esta construção, a mais imunda das construções: que ele assegura a paz, que é mais permeável e menos assassino que as fronteiras que separam o Vietnã e a China, Beirute Leste e Oeste, Coréia do Norte e Coréia do Sul – todos esses argumentos nada mais são que álibis diante da realidade berlinense. Realidade de detalhes tão fantásticos que se torna difícil explicá-los a um não-berlinense. Os habitantes da cidade não se acostumaram com o muro, ainda que pareçam ignorá-lo. Eu mesmo só tomo consciência dele por acaso, quando mostro a cidade a visitantes estrangeiros ou quando me perco, de carro, à noite, e reencontro o cimento e os cartazes: *Perigo, você deixa o setor americano...* Regularmente, antes da visita de um presidente norte-americano, uma colônia de pioneiros, vindos de Berlim Leste, vem recobrir os slogans anti-soviéticos e antiamericanos, os desenhos e as obscenidades escritas sobre o muro, para que a aparência de paz brilhe em todo seu esplendor...".

A publicação francesa *Autrement*, especializada na discussão de problemas "não-normais", lançou um número especial sobre Berlim. Promoveu uma mesa-redonda entre escritores do Leste e do Oeste. Participaram, pelo Oeste, Peter Schneider, Hans Christoph Buch e, pelo Leste, Hans-Joachim Schädlich e Klaus Schlesinger. O debate teve como ponto de referência o último livro de Peter Schneider, escritor de quarenta anos, figura inquieta que, tendo agitado em 1968, questiona hoje, através de livros e artigos, a nova sociedade alemã. Seu romance *Der Mauerspringer* mostra um personagem curioso que tem a neurose de pular o muro. Vai para o Leste, não pelos meios normais, atravessando a fronteira, mas saltando o muro. Volta da mesma forma. Fica num ir e vir contínuo, sem que as autoridades dos dois lados saibam o que fazer para contê-lo. Dessa mesa-redonda, extraí fragmentos:

Peter Schneider: 1. "Acho que é uma reação normal, diante de um muro (de qualquer espécie), tentar subir para ver o que há do outro lado. Ou então saltar sobre ele. Qualquer criança e até os gatos têm esse impulso. E justamente as pessoas do Oeste foram treinadas para perder esse reflexo. Esse hábito ao muro, que é bem mais forte no Leste, eu considero como o segundo recalque histórico, após aquele do fascismo e dos campos de concentração. Esses 'saltadores de muros' então enfrentam inconscientemente as proibições da sociedade normalizada. Eles nos obrigam a pensar naquilo que os outros recalcaram". 2. "O muro foi construído muito mais pelas potências ocidentais que pelas orientais, no sentido de que o rompimento foi iniciativa do Leste. O muro nada mais é que a consequência visível do percurso de separação".

Hans Christoph Buch: "O muro não foi construído apenas pelo Ocidente, Peter, mesmo se Adenauer sem dúvida tenha contribuído para estabelecer a constelação política que o engendrou. Mas ele foi realmente construído por Ulbricht, e mais ninguém. Ele é a materialização de uma divisão que não atravessa apenas a Alemanha, mas o mundo inteiro".

Peter Schneider: "É preciso dizer, claramente. As primeiras demarches em direção ao rompimento foram feitas pelas potências ocidentais, o Leste sempre se contentou em segurar o passo. A parte mais pobre da Alemanha, a RDA, que foi ocupada pela Rússia, o mais pobre dos Aliados e aquele que sofreu mais com a guerra, se viu confrontada com a Alemanha Ocidental, a quem o dinheiro do Plano Marshall permitiu realizar o milagre econômico. Mais: dos dezoito milhões de pessoas que habitavam a RDA naquele tempo, quatro milhões passaram para o Oeste. O que

Na Kiehlufer, no bairro de Neukölln, um dos mais populosos da antiga Berlim Ocidental, restou o espaço apenas para uma pessoa entre as casas e o muro.

restava à RDA fazer para sobreviver? O tampão que representou o muro não podia ser surpresa para ninguém. Por outro lado, o que se passaria hoje se a RDA abrisse as fronteiras? Sabe-se que pelo direito do Oeste alemão, todo cidadão da RDA se beneficia automaticamente com um passaporte, uma casa, direito de trabalho. Como poderíamos suportar esta abertura se temos dois milhões de desempregados? Não seríamos obrigados a agir com os alemães da RDA do mesmo modo como fazemos com os turcos, os argelinos e outros trabalhadores estrangeiros, isto é, enviá-los de volta aos seus países? Para falar claro, aproveitamos a existência do muro. Se este muro de cimento não existisse, seria necessário inventar outros, imaginários".

H. J. Schädlich: "Como é possível manter relações pessoais, como se manter ligado a um passado histórico e cultural cujas lembranças estão de um outro lado?"

Peter Schneider: "Este muro não é senão o resultado de uma demência histórica que nós, alemães, produzimos pelo e com o fascismo... É impossível fazer uma criança entender a coisa absurda que é este muro. Posso explicar a ela por que o muro nasceu. Mas aceitá-lo é toda outra história. Há muito que nos acostumamos. Os alemães do Oeste não sofrem tanto com este muro. Se existe alguém interessado na sua supressão, são os alemães do Leste".

K. Schlesinger: "Encontrei, numa conferência na RDA, um homem de idade madura. Ele tinha aceito o muro, a princípio, como símbolo de uma luta antifascista, via no muro uma legitimidade histórica. Porém, acrescentou: 'Quanto mais isto dura, todavia, menos admito...' Quando a história de um país se cristaliza num muro, numa construção tão aberrante, é preciso que alguma parte da história seja demente".

Quem entra, quer sair

Isolada dentro da RDA, cercada pelo muro, Berlim tem alguns respiradouros de comunicação com a RFA e o mundo: são os corredores aéreos, as ferrovias e as rodovias. Tudo regulamentado por acordos internacionais. Nunca atravessei de automóvel, através das free-ways autorizadas. Sei que os limites de velocidade são fiscalizadíssimos. Não se pode parar na estrada, sair dela e entrar numa cidade qualquer. Não se pode manter contato com cidadãos da RDA. O abastecimento é feito em locais determinados que recebem em marcos ocidentais. A RDA tem necessidade de divisas.

Quando o carro deixa Berlim e penetra na RDA, é submetido a revista cuidadosa. Se desconfiarem levemente, são capazes de desmontar tudo. E quem monta é você. Há um método usual, não sei se psicológico. Qualquer um que reclame da espera fica no gelo. Um tempão. Ao sair da RDA, nova revista para saber se alguém não está fugindo escondido. A técnica é sofisticada. Um aparelho eletrônico indica quantos corações estão batendo no interior do auto. Basta contar os ocupantes e conferir. Se o aparelho registrou um coração a mais, alguém está se mandando. Rasga coração! (Isso me contaram. Verdade? Ou faz parte daquele inumerável ciclo de histórias, mitos, lendas, impossíveis de serem avaliadas? Vivendo em Berlim Oeste por um ano e meio, ouvi de tudo, percebi a diferença existente, a Guerra Fria, a pressão psicológica, o clima inamistoso, as provocações, os boatos circulando.)

Fui e voltei por estrada de ferro muitas vezes. Por força dos acordos, os trens que entram e saem de Berlim Oeste pertencem aos russos. Acontece que foram eles que reorganizaram o sistema de transporte da cidade arrasada em 1945. Quando das negociações de divisão e ocupação, ainda aliados amistosos, os soviéticos insistiram em manter o controle das ferrovias em Berlim. E elas ficaram sob jurisdição da *Reichsbahn* (RB), ferrovias estatais da RDA. Os russos ganharam também a administração do S-Bahn, rede de subúrbio, de superfície, que servia toda a Grande Berlim, transportando milhões de passageiros anualmente. Grande fonte de divisas. O S-Bahn, antes da guerra, era um dos mais perfeitos sistemas de transporte urbano do mundo. Isso gerou outra situação curiosa, depois do muro, objeto de minha constante perplexidade. Falo disso no item *Estou, mas não estou*.

Papel pela janela

A viagem de trem é menos complicada. Ao penetrar na RDA deixando Berlim, a composição inicia uma trajetória de pouquíssimas paradas, onde se troca a locomotiva ou se manobram os vagões que tomam diferentes direções. Mas ninguém sobe, ninguém desce. Vigilância contínua. Ao deixar a RDA para entrar na RFA ou em Berlim Oeste, há uma revista debaixo do trem, auxiliada por cães pastores afiadíssimos. Os policiais que cuidam dos passaportes, em geral, são gentis e possuem uma espécie de maleta-escritório, que pendurada no pescoço se transforma numa mesinha portátil. A obsessão deles é fotografia. Olham seu rosto, olham a foto, te observam outra vez, comparam. Finalmente, carimbam um papel e te entregam, desejando boa viagem. Sempre me intrigou uma pergunta que fazem, todas as vezes que voltei a Berlim:

– O senhor está indo para Berlim Oeste?

Por que a pergunta, se o trem não pára em parte alguma, senão em Berlim Oeste? Outro espanto.

Os policiais encarregados da vigilância são menos simpáticos. Grosseiros, chatos. Uma vez, tinha acabado de tomar café e tinha nas mãos aquele minúsculo papelzinho que envolve os torrões de açúcar. O trem parou, abri a janela, observei o movimento. Quando o trem partiu, deixei cair o papelzinho amassado, antes de fechar a janela, dois minutos depois, os guardas estavam à minha porta, falando aceleradamente. Três palavras consegui entender: Papier, Fenster, Verboten. Concluí: proibido jogar papel pela janela. Murmurei um *desculpe* e fiquei nisso. Depois, acrescentei em inglês que não entendia alemão. Eles ignoraram, continuaram a falar, pediram meu passaporte, conferiram os dados, observaram a foto, meu rosto, a foto, meu rosto, a foto, meu rosto e a foto. E se foram. Fiquei ali, o trem rodando, eu sem passaporte, sem saber o que eles iam fazer, o que podia me acontecer. Multa? Prisão? Degredo? Depois de meia hora, falaram, me entregaram o passaporte de volta, falaram de novo.

Aliados no ar

Mais rápida, fácil (exibe-se o passaporte apenas na saída e pronto) e também mais cara é a viagem por avião, Berlim se liga à RFA através de corredores aéreos, com espaço e altura fixados por acordos. Cada corredor tem trinta e dois quilômetros de largura. Sobre a RDA o aparelho é obrigado a voar a dez mil pés, pouco acima de três mil metros. Somente companhias aliadas entram em Berlim Oeste, as alemãs são proibidas. Pan Am, British e Air-France detêm praticamente todos os vôos. Algumas linhas internacionais partem diretamente de Berlim, mas as grandes conexões são estabelecidas a partir de Frankfurt, onde funciona uma ponte aérea (Pan Am) de hora em hora. Só te dão um cafezinho ou suco de laranja. Segundo estatística de 1980, o Aeroporto de Tegel registrou um movimento de quase cinco milhões de passageiros. Por ferrovia e rodovia, no mesmo ano, circularam, para dentro e para fora da cidade, vinte milhões de pessoas.

Não foram apenas turistas em visita a Berlim, cidade-mito dentro da Alemanha. Boa maioria é de berlinenses, que dizem sofrer de síndrome do muro, necessitando uma saidinha, de tempos em tempos. Daí as passagens custarem mais barato que no resto do país desde que se compre ida e volta. Oficialmente, se tem desconto de trinta por cento para qualquer lugar. Se pode vir ao Brasil, por exemplo, por oitocentos dólares, enquanto que daqui para lá custa dois mil e quinhentos. É necessário vantagens para se morar em Berlim, e o governo arca com isso, subsidiando bilhetes.

Mas se é assim, por que Berlim atrai e é cidade tão fascinante? É preciso estar aqui para descobrir.

Arrepio

Inverno ainda, tudo gelado. Adolescentes lambendo alegremente sorvetes atraentes.

Siga o guarda-chuva

Grupo de turistas em fila indiana. Alemães do interior em visita de fim de semana a Berlim. À frente, o líder, preocupado com a perda de alguém, abriu um guarda-chuva colorido. Os turistas da cauda se orientavam pelo guarda-chuva em meio à multidão do sábado de manhã.

Auto de fé

Comecei a ler *Auto da fé*, o livro de Canetti no Brasil. Levei. Em Berlim, dentro deste prédio sombrio do início do século, o inverno penetrando pela janela, recomeço a leitura. O romance transformado, a atmosfera em volta, outra. Não precisava mais tentar imaginar como era o prédio em que o personagem morava. Podia ser igual ao meu. Inclusive o meu tem aquela abertura, ao pé da escada, através da qual o porteiro vigiava a entrada das pessoas. Antes não tinha entendido como era a tal abertura, sua posição estratégica. Ela existe na maioria dos edifícios antigos desta cidade. Também vi em Praga, mais tarde. Mais do que isso, havia ainda as caras das pessoas na rua. Saídas de dentro do livro. Lendo o *Auto da fé*, seguindo este personagem fanático, eu voltava à minha adolescência, quando devorei *Um homem acabado*, de Papini. Claro que há diferenças vitais. Mas intelectuais radicais, depressivos, rodeados de livros, a vida sendo vivida através das páginas e não das emoções e impressões do cotidiano, do relacionamento entre pessoas, me incomodam muito.

Quer comprar um alemão?

Assistindo ao filme *Der Mauerspringer* (O saltador do muro), baseado no romance de Peter Schneider, fiquei atordoado. Porque o personagem que se encontrava preso em Berlim Oriental é comprado pela RFA e liberado. Como é isso? Ficção? Perguntei ao próprio Peter, que escreveu um livro incômodo para as duas Alemanhas. Existe um acordo entre os dois países. Alemão compra alemão. De tempos em tempos, a República Federal injeta enormes quantias de dinheiro na Oriental, recebendo em troca facilidades. Como a não-colocação de obstáculos ao livre trânsito dos trens, dos carros nas free-ways, dos ocidentais em Berlim Leste. E até mesmo para o escoamento do lixo de Berlim Oeste, que é descarregado em terrenos da RDA, mediante pagamento de uma taxa por caminhão. Nessa "troca de favores", anos atrás foi instituída a "compra". A Federal adquire pessoas descontentes, presos políticos e parte daqueles que na Alemanha Oriental solicitam o que se chama "dispensa de nacionalidade". Que, aliás, é um processo complicado. Além da "compra", outro dos meios de sair é casando-se com alguém do lado ocidental. Casamentos que geralmente são desfeitos nos tribunais do Oeste. No sistema de compra, há preços e prioridades. Os mais baratos são as donas de casa e os trabalhadores comuns. Um operário com qualificação está orçado entre trinta e trinta e cinco mil marcos (doze a quatorze mil dólares). Técnicos sofisticados (são bem bons na Oriental), como médicos, engenheiros e físicos, custam caro: cento e cinqüenta mil marcos. Sociólogo têm cotação mediana: cinqüenta mil marcos.

O medo de viver

Ultrapassar o muro e entrar no "ocidente" não significa certamente o paraíso, principalmente (já disse) na atual situação econômica do país. Um dos primeiros problemas: os "fugitivos" não estão acostumados a uma sociedade competitiva, onde tudo se baseia na concorrência, que é brutal e por todos os meios. Ricardo Arnt escreveu para a *Folha de S.Paulo* uma boa matéria sobre o assunto. Ele resumiu, através de uma entrevista com um expatriado, a situação criada: "No Oeste, todos parecem ter medo uns dos outros. E têm razão para ter. Procurei pessoas da RDA e fiquei chocado de ver como elas mudaram, se desumanizaram. Antes eram amigáveis, exuberantes e francas. Na RDA o medo vinha de fora. Aqui vem de dentro, do interior das pessoas, é um medo de viver. Aqui, o cinismo virou virtude. Eu valho uma cifra. Talvez o preço que a RFA pagou por nós esteja tatuado em nossas costas. Penso comigo: este é um mundo de alienação, de mercadorias e do consumo. Parece um mundo para objetos. [...] Entre os expatriados e fugitivos, os índices de alcoolismo e demanda de assistência psíquica são muito mais altos que entre os alemães ocidentais. As taxas de suicídio são alarmantes. Em Berlim, um quinto dos 'mendigos' (e Arnt colocou entre aspas, porque mendigo é um modo de dizer; quem conhece nossos mendigos, considera os da Alemanha classe média) da cidade é da RDA. Porque o grande problema é: não há volta".

O medo que vem de fora. Acaso no Brasil o medo está vindo de fora, do envolvimento nos acontecimentos, da evolução de uma situação?

Há refúgio no mundo?

Fácil entender o muro

Enquanto vivia na Alemanha, tentava, todos os dias, encontrar um modo de explicar concretamente a um brasileiro a situação insólita do muro. Da cidade fechada, isolada, sem no entanto estar.

Cidade alemã, onde alemães não podem se comunicar uns com os outros, senão superando barreiras incríveis. A resposta veio do Brasil, foi meu país quem deu, tornou fácil. Abril de 1984. Estado de emergência em Brasília para pressionar o Congresso na votação das Diretas. De repente, ali estava a imagem ideal, exata. Por uma semana os brasileiros se viram desligados de sua capital (como se não estivessem há vinte anos). Brasília se tornou uma ilha no planalto goiano. Principado de uma casta militar enrijecida. Dificuldades para se chegar lá, a cidade se viu fechada por barreiras nas estradas. Acessos aéreos e ferroviários estrangulados. Pessoas e carros revistados. Pedia-se documento, exigia-se o porquê da visita. Alguns foram presos, outros tiveram de voltar. Humilhações e vexames. Isso é o muro. Não de concreto, nem prerrogativa de um regime socialista.

Afinal

Começo novo livro, história de amor, o personagem está no *Café Einstein*, conversando com a mulher a quem acabou de deixar, e ela quer saber: afinal o que fazemos aqui? O que tem um brasileiro a ver com isso, com a Alemanha, com a Europa? O que é um brasileiro? O que é um brasileiro fechado por um muro, perplexo diante desse mito (mas o muro é deles! é?), por dias e dias.

Mulheres dos escombros

Impossível circular, ao menos no início, sem a lembrança contínua da guerra. Esta guerra que minha geração, criança, seguiu de longe, principalmente através das revistas de propaganda aliada, *Em Guarda, Netuno* e *A Voz do Mundo*. Havia racionamento de pão e meu pai era obrigado a ir para a fila da padaria em plena madrugada. Uma coisa nós, moleques, nunca entendemos. Os blecautes. Por que Araraquara ficava às escuras, se a guerra era tão longe da gente? Quando ela terminou em maio de 1945,

Terminada a guerra, foi preciso limpar e reconstruir a cidade, organizar a vida. Os homens estavam presos ou mortos, o que restara eram velhos e crianças. O trabalho pesado ficou para as Trummerfrauen (mulheres dos escombros). Demoliram ruínas, limparam tijolos aproveitáveis. Tudo com as próprias mãos. Não havia instrumentos para todas. Os escombros foram levados para fora da cidade e deram origem a uma colina, a Teufelsberg, montanha do diabo.

Berlim estava arrasada. No centro, de cada cinco prédios, quatro eram ruínas totais. Na batalha final, até que os russos tomassem a cidade, foram despejadas setenta e cinco mil toneladas de bombas. A população caiu de 4,5 milhões de habitantes para 2,8, constituídos por mulheres, crianças e velhos. A reorganização dos serviços essenciais (o metrô, inundado por Hitler, estava parado e não havia água, nem eletricidade) começou pela remoção dos escombros. Havia que se limpar tijolos aproveitáveis e atirar fora o resto. Quarenta milhões de metros cúbicos de detritos foram transportados para um terreno nas vizinhanças do Estádio Olímpico, formando hoje uma das maiores elevações de Berlim, *Teufelsberg*, ou montanha do diabo. Trabalho feito pelas mulheres. William Shirer, no seu *Fim do diário de Berlim*, recorda:

"Diante da fachada da igreja (do Kaiser Wilhelm), o Gloria-Palast, cinema popular, não era mais do que um monte de tijolos e pedras. Mulheres alemãs, algumas parecendo – a julgar por seus casacos de pele – terem sido antigamente membros firmes e satisfeitos da classe média (adeptos mais fanáticos de Hitler), formavam uma cadeia, passando os tijolos quebrados de uma para outra, com suas mãozinhas delicadas".

Hoje o Gloria, reconstruído, exibe, às onze da manhã, todo domingo, o mesmo documentário. Mostra Berlim dos anos 20, a Berlim atual e o final da guerra, a ocupação russa, a chegada dos americanos, a remoção dos escombros, com as filas de mulheres a limpar tijolos e a empurrar carrinhos.

Nariz

Onde estão os cheiros? Folhagens, árvores, ruas molhadas, lixo, casas. Aquele cheiro particular que toda cidade tem (em Madri é o de comida, em São Paulo é o metálico-poluição). O cheiro de Berlim. Não encontro.

Trem

Para cima-para baixo, de trem. Procuro ver à minha volta, sentir a terra. Cabines, seis pessoas. Alemão gosta de levar o próprio lanche. Não freqüenta o restaurante de trem. A qualidade da comida é baixa, preços altos. As pessoas costumam abrir um saco plástico, retiram sanduíches acondicionados em papel alumínio. Não oferecem. Cada pessoa isolada, no momento de comer. Fui a Colônia, Munique, Mainz, Frankfurt, Salzburgo, Mannheim, Nurembergue, Heidelberg, Hamburgo, tantos lugares mais, vendo pessoas abrirem o farnel e comerem silenciosamente, sem oferecer. Os outros desviam a vista.

Velhos

Se os velhos brasileiros tivessem essa vitalidade, disposição. Os velhos alemães vão para as ruas, parques, se encontram em cinemas (*Urania*, fim de tarde), vão aos cafés, saem com os cachorros. Sei que vivem muito sós, que vivem quase segregados. No Brasil o velho fica em casa. Se sai, a família se preocupa, manda alguém atrás, passa descomposturas: "Depois de velho, ficou louco". Se o velho está sozinho, é colocado num asilo. Velho no Brasil fica sentado, vendo televisão. Ou à janela, olhando o mundo passar.

Segunda perplexidade

Quando cheguei, os jornais se ocupavam de um grande escândalo no *Neue Heimat*, correspondente ao nosso BNH. Um conhecido arquiteto alemão, Garski, havia dado um golpe, efetuado uma altíssima negociata envolvendo milhões e milhões de marcos. Descoberto o rombo, Garski fugiu. Igual no Brasil, pensei. Meu segundo espanto: por que fugir? No Brasil, os golpistas de alto porte não fogem, e ainda são premiados com belos cargos. Ueki comprou a Light que ia ser nossa, e ganhou a presidência da Petrobrás. Depois do escândalo do Banco Econômico, Calmon de Sá foi ministro. Terminando uma gestão calamitosa à frente da Previdência, quando ela foi para o buraco, Jair Soares tornou-se governador do Rio Grande do Sul. Envolvido em negociatas no

BNCC, em conluio com o ministro da Agricultura, um funcionário de sobrenome Timm foi agraciado com a presidência da Sudepe. Pois bem. Na Alemanha, Garski se mandou, e jornais e povo botaram a boca no mundo. Em seguida, formidável surpresa. Completa perplexidade para um brasileiro: caiu o prefeito, caiu o senador ligado ao setor de construções e habitações. Caíram todos que possibilitaram o golpe. Saíram atrás do golpista. Pouco antes de eu deixar a Alemanha, em meados de 1983, ele tinha sido localizado, nas Bahamas, preso e o governo conseguiu sua extradição.

Bandeira branca

Passo por um prédio carcomido. Paredes descascadas, repletas de inscrições indecifráveis. Uma bandeira que foi branca tremula no alto. Tem um círculo e uma espécie de raio apontado

Fui encontrando aquele símbolo tremulando em bandeiras no alto dos prédios. Pintado nas portas, janelas. Via cartões-postais. Que tipo de coisa podia ser esta? Uma brincadeira, organização estudantil, sociedade secreta? Um mistério que me envolveu, deixei alimentar por um tempo. É bom se rodear de um enigma, pensar nele, sonhar loucuras. Aquele sinal seria um código, elemento de identificação, senha? Era tão constante, tão recorrente na paisagem berlinense. Depois de algum tempo, descobri. O sinal nada mais era que a representação de um movimento importante na nova Alemanha.

para cima. Na Kaiser-Wilhelm-Platz. A bandeira me chamou a atenção, porque vi outras iguais, em dois ou três edifícios diferentes, todos decrépitos. Uma dessas habitações trazia um mural imenso, pintado de alto a baixo, coloridíssimo, repleto de elementos, a me lembrar os painéis de Siqueiros, Orosco, Rivera, Portinari, na aglutinação coletiva de temas.

Já?

Probleminha prático. O que fazer com os *pfennige*, moedas minúsculas de cobre, de valores baixíssimos: 1, 2 e 5? O *pfennig* é uma subdivisão do marco, a moeda alemã. 1 marco = 100 *pfennige*. Na Alemanha, como no Brasil, existem aqueles preços pitorescos: 2,98 ou 1,79. E você recebe de troco a moedinha. Às vezes, eu não esperava 1 ou 2 *pfennige*, me mandava. No dia seguinte, o caixa do supermercadinho em frente à minha casa me dava o troco "esquecido", eu agradecia. E via meus bolsos enchendo. Deixava sobre a mesa; quando percebia, era um montão. Subitamente, me senti brasileiro em Berlim, com hábitos precisos. Como o de colecionar *pfennige* em vidros compridos. Não há casa de brasileiro sem um vidro daqueles na estante. Decorativo. Os alemães não compreendem esse ritual. Por que eles não perdem nada. Vi gente soltar punhados de *pfennige* para as caixas, na maior tranqüilidade. Descobri: o brasileiro tem preconceito. Ou então, os nossos centavos estão de tal modo desmoralizados que nos acostumamos a "jogá-los" fora, deixá-los em cofres de poupança. Alemão, não. Usa, põe em circulação. Vez ou outra, eles juntam um montão, correm ao banco, preenchem uma ficha de depósito. O caixa não conta na hora, fica em suspenso. Dias depois te avisam: seu extrato registra quatro ou cinco marcos a mais. Por baixo, são dois dólares economizados.

As coxas no trem

"Venha, vamos começar a (des)conhecer Berlim", disse Ute Hermanns, enquanto comprava bilhetes num guichê arruinado em Yorckstrasse. A rua era curiosa, passava por baixo de vinte viadutos de ferro carcomidos de ferrugem.

Trens sempre foram minha paixão, venho de família de ferroviários. Minhas férias eram passadas na casa de um tio, José, que foi chefe de estação em cidades como Votuporanga, Balduíno, Estrela do Oeste, Tutóia, pontos-chaves da antiga Estrada de Ferro Araraquara. Meu quarto ficava junto à plataforma, eu era acordado pelos trens noturnos, abria a janela. Dava de cara com os vagões iluminados, pessoas a dormir, cabeças encostadas no vidro, rostos se erguiam surpresos a me contemplar. Às vezes, o vagão leito parava à minha frente. Esperança que uma janela se abrisse, alguma mulher a trocar de roupa, ou um casal se acariciando. Para mim, essas coisas só aconteceram no cinema.

Uma única vez, e eu estava viajando, fiquei sentado de frente para uma mulher bonita, rechonchuda. Cruzava as pernas, mostrava as coxas deliberadamente. Estava com o marido ao lado e quanto mais me observava com os olhos nas pernas dela, mais as entreabria, fazendo saber que era de propósito. Depois, passou a sacudir o pé, como fazia um velho parente meu que sofria dos nervos. Aquela coisa me incomodou, parecia aquele tio maluco que me dava um pouco de medo e sempre aparecia com plantas arrancadas dos matos que ele conhecia tão bem. Essa cena de infância transformei num conto chamado "Coxas brancas no trem da tarde," que faz parte do livro *Cabeças de segunda-feira*. Além desse, meu outro único conto em que aparece a estrada de ferro é "O menino que aprendeu a dirigir a locomotiva," publicado num álbum de criatividade organizado pelo Samir Meserani.

O S-Bahn delirante

Entrando na estação da Yorckstrasse, aprendi a primeira palavra ligada a trens: *Bahnhof* = estação. A segunda seria *Fahrkarten* = bilhetes. A terceira *Gleis* = plataforma. Outra palavra muito utilizada seria *Richtung* = direção. A Yorckstrasse é uma parada do S-Bahn na linha Lichterfelde-Frohnau (ou Lichtenrade-Frohnau). Também passam por ali os trens que vão de Lichterfelde ou Lichtenrade para Heiligensee. Estas estações, Frohnau e Heiligensee, ficam no extremo norte da cidade e entre as duas se situa a imensa Floresta de Berlim. Além dessas linhas, existe hoje em funcionamento somente outra do célebre trem S-Bahn: Wannsee, a sudoeste, às margens do maior lago da cidade (à beira dele, numa mansão, se decidiu a Solução Final, o extermínio total dos judeus) até a Friedrichstrasse, em pleno centro de Berlim Leste, onde se faz a passagem de um lado para outro.

Penetrar no S-Bahn foi minha primeira viagem dentro deste fantástico de que falou Christoph Buch. Rodar através do surreal. Roteiro do delírio, vadiagem na alucinação. O S-Bahn, com suas composições vermelho-creme, foi o mais utilizado transporte de passageiros de Berlim, como trem de superfície. Construído antes do final do século (1872), cortava Berlim em todas as direções. Em 1927 conduziu 358 milhões de passageiros. Dez anos depois atingiu 512 milhões, logrando alcançar o recorde em 1943 com 743 milhões. Dali para a frente, a média normal era de 420 milhões. Bastante avariado ao final da guerra, devido ao intenso bombardeamento da cidade, o S-Bahn foi restaurado em suas linhas principais. O S-Bahn, assim como as ferrovias em geral, ficaram, por força do acordo, sob jurisdição soviética, o que criou estranha situação quando a Guerra Fria provocou o distanciamento entre os Aliados. Os terrenos através dos quais circula o S-Bahn estão sob administração de Berlim Leste, mesmo estando inteiramente dentro de Berlim Oeste. Os funcionários que ali trabalham estão regidos pelas leis socialistas. Toda assistência social, por exemplo, é dada pelo outro lado. Se alguém fica doente, vai ser hospitalizado em Berlim Leste. A maioria dos ferroviários nestas linhas é constituída por mulheres.

Belas estações

A construção do muro provocou uma reação imediata entre berlinenses ocidentais. Uma delas foi o boicote total do S-Bahn. A circulação através desses trens caiu a zero. Há vinte e poucos anos as composições (quatro vagões, bancos de madeira clara, envernizados) andam vazias. Uns poucos velhos, alguns bêbados que vão buscar bebidas no Intershop, espécie de *duty-free* (livre de impostos) mantido na Friedrichstrasse, e escassos turistas. Esses trens são mantidos com alto déficit. Espinho incômodo para Berlim Leste, que já tentou entrar em negociação, passando a administração para o Ocidente. No entanto, isso significa reabrir tratados, transformar acordos, fazer ajustes, e norte-americanos, ingleses e franceses nem querem ouvir falar nisso no momento. Há um interesse do Senado de Berlim Oeste. São muitos os terrenos em que corre o S-Bahn e a cidade precisa deles. Lembrem-se que Berlim, fechada pelo muro, não tem para onde se expandir, não "pode crescer mais" a não ser para cima. Isso horroriza as pessoas. Alguém imaginou uma batelada de arranha-céus isolada por um muro? Parte do S-Bahn seria aliado ao sistema de transportes urbanos, completando as necessidades de determinadas regiões. Ainda que o sistema de ônibus, integrado com o U-Bahn, o trem subterrâneo, constitua uma rede das mais perfeitas do mundo. Qualquer ponto de Berlim pode ser atingido pelo transporte público. Há no ar ainda uma idéia: o reaproveitamento de algumas linhas e estações com objetivos turísticos. As estações vêm todas do fim ou do princípio do século e foram belíssimas, barrocas, rococós, com muito ferro e vidro, colunas trabalhadas, rendilhadas, bilheterias, halls, acessos, plataformas, tudo dentro do bom gosto. Centros, organizações jovens, recintos para exposições, cafés, fariam novamente a vida dessas estações, numa cidade que tem programação cultural e noturna intensíssima.

Peregrinar na insanidade

Em 1980, houve uma greve de ferroviários no lado ocidental. Exigiam melhores salários e direito a escolher a filiação sindical. Muitos não queriam mais pertencer aos sindicatos do Leste, pois para eles isto parecia aberração. O Senado de Berlim Oeste lavou as mãos, disse nada ter a ver com o assunto. Os sindicatos de Berlim Leste deixaram os ferroviários ao abandono. Os Aliados se mantiveram fora do assunto. A polícia das estradas de ferro do Leste expulsou os grevistas das estações. Logo a seguir, grande parte das linhas do S-Bahn no Oeste foram fechadas inteiramente. Era o início da ruína que se vê hoje em dia.

Vagar dentro desses vagões creme-vermelhos, cheirando a desinfetante, é peregrinar na insanidade. Passar de ônibus à margem desses terrenos carcomidos que serpenteiam junto a avenidas limpíssimas, ajardinadas, organizadas, é ter consciência do surreal que a todo instante nos cutuca em Berlim. De um lado, a ordem, a cidade restaurada, o novo, o velho reconstruído. Do outro, manchas de desolação. Trilhos enferrujados, tomados pelo mato. Árvores crescendo entre os trilhos. Plataformas sem piso, telhados caindo, esqueletos de casas, janelas sem caixilhos, mato por toda parte, abandono, silêncio, calafrios (a estação da Anhalter parece uma gruta, paredes úmidas e manchadas de bolor perdendo os azulejos, tudo vazio e cheirando a mofo misturado ao óleo de máquina). Apenas o solitário trilho por onde circula, a cada quinze ou vinte minutos, uma composição, mostra alguma vida, o brilho de coisa utilizada. O resto é marrom, cinza, bege-escuro, com tons verdes do mato selvagem que vai comendo tudo. Às vezes, a sensação é do Nordeste. Ou aquelas vilas fantasmas que nos acostumamos a ver nos filmes de far-west. A impressão contínua é a de deslocamento no tempo e no espaço. Aqui não estamos. A época é outra. Um botão não funcionou e fomos atirados a um momento da história que não existe, ainda que insista em permanecer. Por um instante, imagino que estes trilhos que rasgam Berlim Oeste, inúteis, funcionam como consciência de um esplendor perdido, aguilhão a espicaçar um povo que foi ocupado e dividido e se habituou com isso. Ou se não se habituou, somente finge. Para doer menos, machucar o mínimo.[*]

Nossos lugares

Descubro minhas livrarias. A francesa no Ku'damm é uma delas. A Romanische, na Knesebeckstrasse, outra. Ou a Wolff's Bücherei, onde fiz minha primeira leitura. A Autoren Buchhandlung, onde tomo café ou champanha em tardes de sábado. Encontro um livro curto, *Les Lieux de Marguerite Duras*, conversação entre Duras e Michele Forte. Lugares sempre me interessam, preciso deles, tenho os meus, particulares, secretos. A casa de Duras, junto a um bosque. "Cada vez que estou aqui tenho vontade de filmar. Isto pode acontecer, lugares que me dão vontade de filmar." Transponho: há lugares onde tenho vontade de escrever. E esta foi a minha identificação com Berlim. Uma química entre luz-árvores-ruas largas-sol-silêncio provincial-possibilidade de isolamento-participação total: pronto, a cabeça transformada, o clima propício. Escrever, andar, ler, não fazer nada: é Berlim. Reencontro Duras: "Se eu fosse suficientemente forte para não fazer coisa alguma, não faria. Justamente por não possuir esta força de não fazer nada

---

[*] Visitando Berlim Oeste em novembro de 1984, fiquei sabendo que houve acordo entre as duas Alemanhas e o S-Bahn passou para a jurisdição da Federal. As linhas serão restauradas, reformuladas e reativadas em todas as extensões.

é que faço filmes". Ainda: "O que de mais importante já me aconteceu foi escrever. O que me espanta é que nem todo mundo escreva. Tenho uma admiração secreta pelas pessoas que não escrevem, e também, bem entendido, pelos que não fazem filmes".

Logro

Percebo que essa língua é cheia de armadilhas. Falsch pode ser *erro* e pode ser igualmente *falso*. Erro e falsidade não são as mesmas coisas. O falso geralmente é uma dissimulação, quase sempre intencional, manipulação. O erro é inadvertência, incompetência. O falso exige manobra, portanto raciocínio, inteligência. O erro é a negação de inteligência.

Ocupação

Aprenda logo três palavras e não morrerá de fome, me aconselharam humanamente.
Brot é pão. Wurst é salsicha. Kartoffel é batata.
Rapidamente o termo Imbiss entrou no meu vocabulário nascente. Significa pequenas lanchonetes, quiosques espalhados pelas esquinas. Vendem batatas fritas (pommes frites), salsichas grelhadas, salsichas com molhos de ketchup e curry, refrigerantes. Na trilha da comida, descobri que a comida alemã não é fácil de se encontrar em Berlim. Contam-se nos dedos lugares bons para o Kassler, o Eisbein ou Leberkäse. Comida "típica" é a pizza, a massa italiana. A cadeia Mantovani está sempre cheia. Um marco e meio o pedaço de pizza de queijo e salame. Cinco marcos uma pizza brotinho. Inexistem as pizzas gigantes, o que vale é a individual com vinte centímetros de diâmetro. Depois dos italianos, vêm os gregos com as musakas e em seguida os iugoslavos com suas

paprikas. As redes Burger-King e McDonald's infestam tudo. É ocupação mundial. Um dos prédios mais antigos e bonitos da Hauptstrasse, em Heidelberg, rua conservada como era há séculos, hoje é o reino do Big-Mac. O M em néon vermelho contrasta e agride uma fachada de requintes barrocos.

Se descobrem

A maioria dos prédios em Berlim não tem garagens. As ruas vivem cheias de carros estacionados. Automóveis dormem ao relento, sem perigo de serem depenados. Não quer dizer que não haja roubos. Porém, não existe a neurose brasileira de cada vez que se estaciona o carro, sair de gravador na mão e acionar uma série de travas. O que se costuma ver em edifícios novos são as garagens separadas. O prédio de um lado e do outro, ocupando espaço que seria chorado pelos nossos especuladores, as garagens individuais, térreas, fileiras e fileiras delas. Ah, se nossas imobiliárias descobrem a jogada, mudam para a Alemanha, invertem tudo. Quando se atravessa a RDA também se vê bastante: o prédio com seu apêndice, o conjunto de garagens. Me lembrei das casas no interior do Brasil com as fossas sanitárias no fundo do quintal.

Steglitz, quase

Por um instante, a descoberta esteve na ponta da língua. O que aconteceu em Steglitz? Onde li? Foi importante, não sou de ficar obcecado à toa.

Ônibus 89

O motorista lê o *Bild*, espécie de *O Dia* ou *Notícias Populares* berlinense. Escandaloso, sensacionalista. Adora o vermelho na primeira página. Quase noventa por cento das pessoas lêem o *Bild*. Do ponto inicial na Bornholmer Strasse, o ônibus segue, passa por Osloer, movimentadíssima, em todas as transversais. Mictório verde, antigo, ferro rendilhado. Grama selvagem na ilha, entre as pistas. Berlim é menos cuidada, tudo relaxado, por este lado. Ganha com isso impressão de mais vida, menos assepsia. No meio de todo esse descuido, as pessoas parecem se integrar à paisagem, fazer parte dela, não são bonecos com gestos *stacatos* (como dizia minha amiga de rosto hipnótico), que andam soltos nas ruas limpas, higienizadas.

Numa janela, um homem com gestos de débil mental apóia-se em almofadas imundas e contempla a rua, como os velhos no interior brasileiro. O prédio tem a fachada descascada.

Soldadinhos de chumbo

Gastava horas observando os soldados que montavam guarda no monumento em homenagem ao soldado russo. Espantado, entendia (entendo) cada vez menos a necessidade de certas disciplinas, usos e comportamentos militares. Tinha lido sobre o monumento no *Fim do diário de Berlim* (End of a Berlin diary), de William Shirer. Em outubro de 1945, vagando pela cidade destroçada, ele notou que "a dois terços do caminho, no eixo em direção ao Portão de Brandemburgo, do lado esquerdo, centenas de operários trabalhavam como castores por trás de um imenso andaime". Construía-se o Monumento ao Soldado Vermelho, "em homenagem aos soldados mortos na Batalha de Berlim. Seria inaugurado no dia 7 de novembro, aniversário da revolução bolchevista". Shirer comentou: "Meu Deus, se Hitler está morto, como acreditam os ingleses e americanos (os russos não têm muita certeza), ele deve estar se remexendo na cova, seja onde for! Pois nem ele, nem o povo alemão, aliás, jamais sonharam que chegaria o dia em que um monumento ao Exército Vermelho se ergueria no

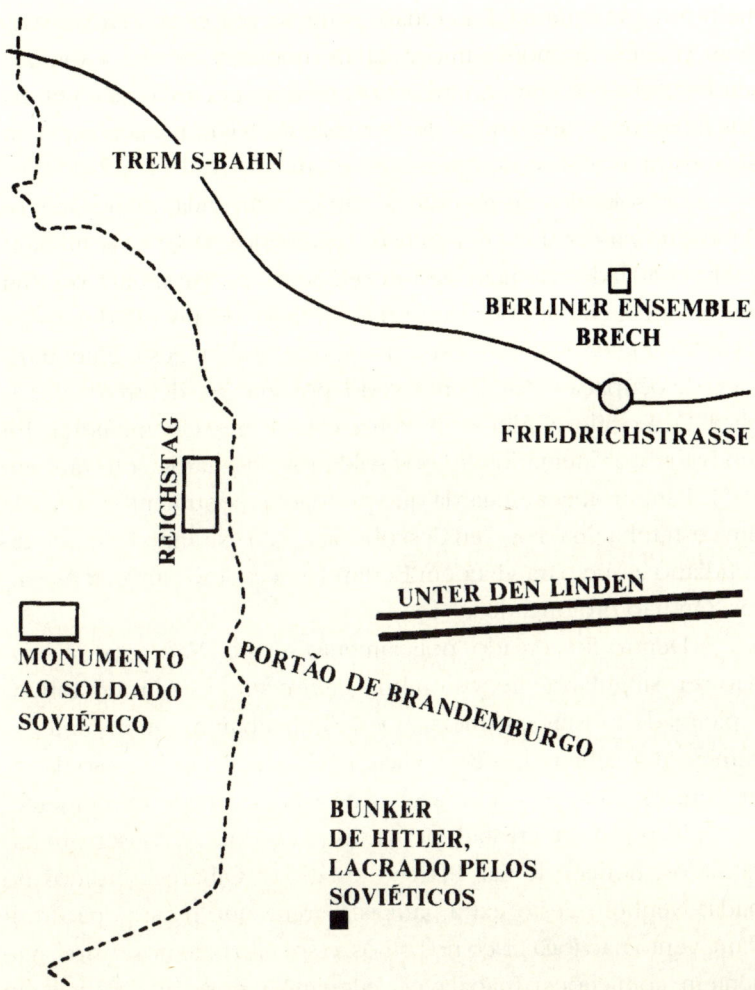

```
                TREM S-BAHN

                                    □
                                    BERLINER ENSEMBLE
                                    BRECH
                                        ○
   REICHSTAG                        FRIEDRICHSTRASSE
              □
                                UNTER DEN LINDEN
   □
   MONUMENTO        PORTÃO DE BRANDEMBURGO
   AO SOLDADO
   SOVIÉTICO

                    BUNKER
                    DE HITLER,
                    LACRADO PELOS
                    SOVIÉTICOS
                    ■
```

O Portão de Brandemburgo era para Berlim o que o Arco do Triunfo é para Paris. Marco, monumento. A Unter den Linden termina a cem metros dele, em seguida vem uma terra de ninguém, onde só a polícia circula. Veja a localização do monumento ao soldado soviético, território russo, dentro do território inglês, no que era território alemão. Atenção ao *S-Bahn*, o trem. Ele atravessa de *Berlim Oeste* por cima do muro, caminha um bom pedaço e chega a Friedrichstrasse. Veja a localização da estação, completamente dentro de *Berlim Leste*. Só que você ainda não está no Leste, porque não atravessou uma porta. A *Unter den Linden* é a grande avenida central; antigamente era imponente e majestosa, hoje é apenas um trecho de quinhentos metros, mas conserva o antigo esplendor. O teatro e museu de Brecht ficam a poucos metros de *Friedrichstrasse*. O *bunker* dos últimos dias de Hitler foi lacrado pelos soviéticos. Tentaram dinamitar, o concreto resistiu. Inundaram e fecharam. Assim se elimina a história?

meio da capital alemã. Na verdade, num local à vista do Reichstag, onde Hitler se pronunciara com tanta veemência contra a Rússia e seu bolchevismo. Sim, no mesmo lugar em que, no auge da glória dos nazistas, os arrogantes mercenários de Hitler tinham executado seus mais fantasiosos passos de ganso".

Os soldados da guarda são atração turística, as pessoas se debruçam na cerca, a cem metros, para vê-los. Hoje o monumento ficou isolado no meio de um retângulo de cinqüenta por mil metros, pedaço considerado território russo, encravado dentro do território inglês. Não se esqueçam de que Berlim Oeste é um território de ocupação aliada, encravado, por sua vez, dentro da República Democrática Alemã. A cerca que segrega o memorial foi motivada por atentados que os soldados da guarda sofreram em 1971. Para proteger a guarda que protege o monumento foi criada uma estranha ilha. Logo eu descobriria que o estranho faz parte do cotidiano e que para viver em Berlim é necessário cancelar espantos. Ou não prolongá-los.

Dentro do cercado, policiamento severo. Não se penetra. A não ser, singularmente, os ônibus *sightseeings* (Stadtrundfahrten) repletos de turistas e câmeras. Os veículos param um instante, as câmeras trabalham depressa, clic-clic-clic, registrando os soldados de chumbo, que parecem fazer parte das pedras do monumento, esculpidos por um artista hiper-realista. Os dois se conservam paralisados, horas e horas. Pétreos, estáticos. Olhares perdidos no nada. Nenhum gesto extra, jamais. Parece que moscas não rondam, vento não joga cisco nos olhos, o sol não bate nos rostos, não sentem comichões. Inabaláveis, alteram a posição do fuzil em horários regulados eletronicamente. Nada consegue desviá-los do dever. A ordem é se imobilizar por horas ao pé da estátua. Exercício de paciência, obediência, obstinação cega, prova do absurdo militarista. Soldados não podem ter questionamentos: O que faço aqui? Por que ficar horas imóvel guardando um amontoado de pedras ladeado por dois tanques de guerra? Para que me conservo assim? O que significa me identificar com esta pedra? Alguma utilidade neste costume?

Qualquer reflexão mínima faria esses soldados jogarem os fuzis para o alto e correrem. Aturdido, contemplei os dois, dias e dias seguidos. Sem compreender esses homens-objetos, inalteráveis, sólidos. Uma tarde, me ocorreu a idéia para uma história. Um soldado que sai de casa pela manhã, depois de beijar a mulher e o filho (lugar-comum, por que tem de beijar?). Vai para o serviço que é o de prestar guarda ao monumento. No seu turno, apanha o fuzil e se coloca imobilizado. Vazio diante do nada, emperrado. Terminado o plantão, recuperados os movimentos (imagino que depois de um período destes o homem precise de certa recuperação dos músculos, alongamentos etc.), o soldado volta para casa. Senta-se à mesa de jantar e a mulher pergunta, como qualquer mulher do mundo:

– Bem, querido. Conta! Como foi teu dia hoje? Movimentado?

Bilhete brasileiro

Na minha porta, um buraco retangular, exíguo, coberto por tampa de ferro floreada onde estão as palavras *Briefe-Zeitung* = cartas-jornais. O carteiro chega pontual, todos os dias: 8:15. Tem vez que acordo com o barulho que faz a tampa de ferro ao bater na porta, depois que o homem joga as cartas no meu hall. Hoje, postal da velha amiga, um pouco angustiada: "Ando jururu. Passo madrugadas na farra e as manhãs na cama. Minha consciência militar me pune. Balanço entre o junkie e a saúde. Eu quero é mais! Como? Morrem líderes em El Salvador e eu aqui neste labirinto existencial. Pode? Os aviões líbios traziam armas russas mesmo? Adoniran Barbosa vai ter um museu. Choravam a morte de Getúlio... liberdade faz sentido para o desempregado? Que mundo besta, só!".

Correspondência

Fico entusiasmado com livros de correspondências, com diários. Compro aos montes, de todo mundo. No fundo, quem escreve cartas sabe que vai ser publicado um dia e se ajeita um pouco. Ou então faz logo como García Márquez, que declarou à *Playboy*: "Não escrevo cartas, pois tenho medo depois que as vendam". Aviso: não leiam as cartas de Baudelaire. Falam pouco de poesia e muito da necessidade que ele sempre teve: dinheiro. Suas cartas são pedidos, formas, formulários, recursos, truques, tudo que é possível fazer para arrancar algum de alguém.

Tanto Schiller

Há paixão por Schiller, confessada no número de ruas, praças, alamedas. Não entendo conhecer uma cidade sem andar, andar. Cortando ruas, olhando para as casas, vitrines, supermercados, lojas. Tudo. Observando. Tem lugares em que adoro chegar à janela, espiar o interior, ver como é a decoração, o tipo de móvel, os quadros, as lâmpadas. Difícil fazer isso em Berlim, as janelas ou não estão na altura acessível, ou estão vedadas por cortinas de rendas ou plantas. Uma e outra permite a devassa. E que não te apanhem espiando! Atrás de olhares severos e indignados, surge a possibilidade de se chamar a polícia, pois alguém está invadindo a privacidade. Sim, comecei por Schiller. Ele comparece bastante no mapa da cidade. Há Schillerstrasse, Schillerweg, Schillerpromenade, -platz, -park, até mesmo Schillerhof. Schiller caminha paralelo a Kant em Charlottenburg. Cruza com Leibniz (quem diria) e com Humboldt (entre Lichtenrade e Marienfeld) e se encontra nada menos que três vezes com Goethe. Em Dahlem, Lichterfelde e Lichtenrade.

Cruzamentos de Goethe

Goethe, glória máxima alemã, surge onze vezes. Três em Berlim Oriental. Em Oberschoneweide e em Wilhelmsruh cruza com Schiller e em Weissensee está paralelo. No lado ocidental, cruza com o poeta em Lichterfeld e está paralelo a ele, Kant e Pestalozzi em Charlottenburg. Assim como se encontra paralelo a Kleist em Zehlendorf. Em Lichtenrade está próximo a Grimm, Fontane, Lessing e cruza com Schiller. Em Wedding estreita relações com os africanos. O parque que leva seu nome limita-se com as ruas Afrikanische e Transval, e é cortado pelas ruas Zambesi, Uganda, Senegal, Tanganica e Camarões.

O vermelho e o punk

Meia-noite, rua deserta. Farol vermelho para pedestre. Nenhum carro à esquerda, rua vazia ao infinito. Diante do farol, o punk de cabelos à la índio iroquês, tintas por toda a parte, cinturão com tachas prateadas. O punk espera o sinal verde na rua deserta.

Quem?

Na Schlüterstrasse, domingo de chuva, o casal procura um endereço. O homem tinha o rosto inteiramente queimado. Só se viam os olhos, o nariz, a boca. Sem idade. A mulher apoiava-se carinhosamente em seu braço.

O quê?

Faltou gás no prédio. De repente. O inesperado perturba o alemão. Reuniram-se quase todos os moradores no hall, diante de minha porta. Avisaram? Não avisaram? É o cúmulo. Indignação.

Tocam minha campainha, querem saber se também não tenho gás. A amiga alemã que me visitava traduzia a conversação. Até que uma velha, espantada, perguntou:
– Por que você traduz tudo? Ele não fala alemão?
– Não.
– Se não fala, por que está morando na Alemanha?

Ônibus

Duplos, cor creme. Exatos em seus horários. O motorista dirige, cobra, anuncia as ruas. Para um latino, os motoristas são pacientes. Às vezes, entram vinte, trinta pessoas. Ele controla passes, recebe dinheiro, dá troco, informa. Tem vez que a pessoa, no ponto, nada mais quer senão informação. Perplexo, ouço ele responder, fechar a porta, ir embora. Perplexo, admiro a paciência de quem viaja. E o ônibus prossegue, chega no horário ao outro ponto. Os horários são milagres. Como foram determinados? Levando em conta os congestionamentos? Pensando que em alguns trechos se possa demorar mais, por alguma razão? Contando que em certos pontos sempre há mais passageiros para subir e demora-se para cobrar, já que é o motorista que faz o serviço? E os que pedem informações? Os que demoram a descer? E se acontece um acidente?

Ônibus-impaciência

Observem as pessoas que bufam e consultam os relógios e verificam pela décima vez a tabela de horário. Ônibus atrasado. Não é possível, esse país não anda, precisamos reclamar na BVG, a companhia. O ônibus chega, olho o relógio. Apenas dois minutos atrasado.

Aqui e lá

Se esses alemães conhecessem, utilizassem os ônibus brasileiros. Pensando nisso, compreendi diferenças fundamentais. O motorista alemão ganha bem, veste-se bem, seu carro é limpo, as pessoas que entram estão bem-vestidas, é gente que teve escola, educação, mora com nível. E no Brasil? O motorista acorda às três e meia, quatro horas. Toma o trem de subúrbio atrasado. Outro ônibus, atrasado. Deixou a mulher sem dinheiro, ela que se arranje para a comida. No primeiro ponto o ônibus lota. No segundo superlota. No terceiro enfrenta a ira dos que não conseguem entrar. Não existem limites. Enquanto houver um milímetro ocupável, entra gente. Brigas com o cobrador pelo troco. Quem viaja também acordou cedo, a maioria tem somente um café no estômago. O trânsito é lento, as ruas esburacadas, calor. Parte dessa gente nem sabe se terá o emprego no fim do dia. Pensa-se nos preços das coisas. Subiram ontem, amanhã vão subir de novo. No Brasil, pega-se o ônibus quando se pode, quando ele passa, quando tem lugar.

Vazios

Da minha janela na Keithstrasse tenho plena visão sobre três lojas de antiquários. Sempre vazias. Costumo percorrer a rua, olhando os objetos. Gosto de uma vitrine de relógios, a maioria de A. Lange & Söhne, Glashütte, segundo as etiquetas. Ao lado de minha casa, a Büchen. Pai e filha, ela é Alix, pintora. Foram os primeiros a me cumprimentar, a falar comigo. Como vivem esses negociantes, se nunca há ninguém? A menos que funcionem em sistemas diferentes, tenham outros códigos, encontros fora das lojas, telefonemas, malas-diretas, catálogos. Sei lá! Nos fins de tarde, no verão, alguns deles se reúnem à sombra das árvores. Abrem mesas, tomam cerveja, chá, jogam cartas. Como se fossem tranqüilas famílias do interior brasileiro, do tempo em que a televisão não existia para amarrar as pessoas na sala.

Eficiência

Os ônibus derrotam a eficiência alemã no verão. Saunas ambulantes que despejam nos pontos pessoas suadas, sufocadas, semidesmaiadas. Feitos para o inverno, os carros são fechados, com aberturas janela sim, janela não. O sol aquece por fora, o motor e os corpos por dentro. Os eficientes se esqueceram que tudo ferve no verão, a temperatura é alta de julho a setembro.

Es zieht

Talvez os técnicos simplesmente conheçam muito bem os alemães. Porque basta a expressão *es zieht* para provocar pânico. *Es zieht*. Todos se precipitam a fechar portas e janelas. De onde vem essa corrente de ar? *Es zieht*, fatal. Pode ser o início de uma gripe, pneumonia, um indício no caminho para sua morte. *Es zieht*, corrente de ar. O velho golpe de ar brasileiro. Pavor generalizado, todos temem. Na rua, enfrentam o maior vento. Não se amedrontam com o brutal e gelado vento que atravessa a Ku'damm no inverno. Mas dentro de casa se apavoram com frestas, buracos, janelas abertas. Tudo é fechado nessa terra.

Fechado (I)

Até mesmo as pessoas. Transferência de comportamentos?

Fechado (II)

Me surpreendo com as pessoas agasalhadas debaixo de trinta graus. Acima de zero, olhe lá. Os mais velhos adoram uma camiseta sob a camisa, muitos não dispensam o paletó preto. Não me assusto ao ver gente desfilar no verão com suéter de lã. Crianças de colo são protegidas nos carrinhos por pesadas mantas, debaixo de sol, inclemente. Não existe desidratação? Parece que não. É fenômeno de lugares onde se come mal, se é subnutrido, faltam vitaminas. *Es zieht*, venta. A neurose é geral. Viajei de Colônia a Berlim em agosto, oito horas de trem, cabine fechada, lacrada. Cada vez que abria um milímetro de janela, alguém se levantava pressuroso, *es zieht*, e fechava, sem pedir licença. Nem justificar. E ali ficávamos a derreter e a beber cervejas mornas.

Razão (I)

A cerveja alemã é mais suave, porém mais amarga que a brasileira. Mais cremosa, mais densa. Impossível encontrar aqui o que se chama no Brasil "estupidamente gelada". Ou aquela que se tem de pedir ao garçom (se for íntimo da casa) "Me traz a que o dono guarda para ele!". Descobri que beber cerveja estupidamente gelada é estúpido, mesmo ao calor de quarenta graus. Somente na Alemanha passei a sentir o sabor da cerveja, o gosto, o cheiro, a perceber diferenças de paladar que o gelo anula.

Razão (II)

Os copos de cerveja têm um pé e em torno dele vem uma saia de papel recortado, em branco ou com publicidade. Bonito. Não fiquei sabendo se é enfeite ou se tem utilidade. Imaginei que fosse para aparar a espuma, não molhar a minha mão. Será?

Coleção

Encontrei no restaurante *Exil* um jornalista que colecionava bolachas de cartão que se colocam embaixo dos copos. Tinha duas mil, todas alemãs, me garantiu. O *Exil* é um restaurante singular. Apontado como dos mais requintados, das melhores cozinhas de Berlim, encontra-se em pleno coração de Kreuzberg, o bairro popular, gueto turco, quente, de agitados problemas sociais. O *Exil* foi fundado no começo do século 20 (ou antes até, não sei a data) por exilados austríacos que montaram uma casa sofisticada. Atende-se apenas com reservas e é necessário ir preparado, porque demora como quê. Às vezes, os clientes se assustam. A porta se abre e um grupo local de protestadores penetra gritando: *Comam bem, por enquanto, porque um dia essa mordomia vai se acabar.* Claro, a palavra não é mordomia, mas o significado é o mesmo.

Tantas?

Me contam que na Baviera existem nada menos que mil e trezentas fábricas de cerveja.

Cafezeiros

Uma velha tia de Araraquara costumava dizer: "Lá vem vindo o cafezeiro", referindo-se a um parente que bebia café demais. Alemão é cafezeiro. Uma pesquisa mostrou que o café superou a cerveja como bebida nacional. Em 1980, cada alemão bebeu cento e noventa e um litros de café contra cento e quarenta e oito de cerveja.

Acredite

Criança e também adolescente, eu curtia uma seção que aparecia nos jornais e em algumas revistas: *Acredite se quiser*, assinada por Ripley. Ela reunia fatos pitorescos, aberrações, curiosidades, informações inúteis em geral. Um texto curto e um desenho. Hoje em dia, o *Fantástico* dominical da Globo se transformou num *Acredite se quiser* avantajado e em movimento. Vou dar uma informação tipo Ripley. Sabiam que o coador de papel Melitta foi inventado na Alemanha? E pela própria dona Melitta? Era uma senhora do Dresden, sobrenome Bentz, que se chateava com as reclamações do marido de que o café era amargo por causa do coador de pano, além de estar sempre cheio de resíduos. Deu um estalo, dona Melitta furou uma lata, apanhou um papel mata-borrão e improvisou o coador. Que satisfez ao marido e criou uma das maiores indústrias no gênero, em todo o mundo. Descontentamento gera criatividade, estimula a mudança e, no sistema capitalista, produz lucro.

Morar

Os bairros mais baratos de Berlim são: Kreuzberg, Moabit, Wedding, Reinickendorf e Wittenau. Por três peças, sem calefação, paga-se de cento e cinqüenta a duzentos marcos. Em geral, não tem banheiro. Chama-se aluguel *frio* aquele que não inclui aquecimento nem eletricidade. Durante o inverno, o consumo com carvão ou gás, para a calefação, cresce brutalmente. Os bairros médios são: Schöneberg, Neukölln, Tempelhof e Tiergarten. Charlottenburg era barato, mas entrou em moda e encareceu. Wilmersdorf, Steglitz e Friedenau estão também entre os acessíveis. Boa parte dos professores que conheci se situam na região Steglitz-Friedenau. Os mais caros: Wannsee, às margens de um belíssimo lago, junto à floresta Grunewald, Zehlendorf e Dahlem. Aqui, as casas chegam a custar um milhão de marcos (quatrocentos mil dólares), com muita facilidade.

Bilhetes brasileiros

O carteiro despeja no meu hall, diariamente, fragmentos do Brasil. Cada pessoa me envia recortes dos jornais, segundo critérios subjetivos que nem chego a compreender, mesmo conhecendo a maioria que me escreve, alguns intimamente. Uma senhora manda tudo que o Paulo Francis escreve. Outra, os resumos da *Folha*. Vêm informações só sobre Figueiredo ou Delfim. Uma se especializou na violência: roubos, assaltos, mortes por assassinato ou acidentes de trânsito. Comparando datas, percebo um aumento gradual de intensidade. Um desconhecido me envia tudo sobre desemprego. Cifras, estatísticas, prognósticos. Recebo a página Dinheiro do *Jornal da Tarde*. Listas de preços semanais dos supermercados. Penso que me mantenho atualizado em relação ao país. Um dia, um recorte me chamou a atenção. Firma paulista colocou anúncio. Vagas para motoristas. Pela manhã, três mil candidatos. Havia engenheiros, advogados, professores, jornalistas e até motoristas profissionais na disputa de vinte lugares.

Saiba logo

Duas revistas dominam, em Berlim, a informação sobre programas na área de shows: *Zitty* e *Tip*. A primeira é mais aberta, desbundada, curiosa, divertida, abre espaço para experimentações, loucuras, criatividade. Sem deixar de trazer o que vai se passar na próxima quinzena. *Tip*, também quinzenal, é mais comportada, burguesa, não tem tanta audácia. As duas, além da programação, são procuradas pelos anúncios classificados, onde se vende tudo, desde aluguel e venda de imóveis, a cachorros perdidos, pessoas solitárias que querem se relacionar, venda de móveis, jóias, aulas, caronas, massagens, putas.

Caronas

Se é adepto delas, vá a uma universidade, converse com os alunos, mostre-se "pessoa de confiança". Logo te indicarão "agências" onde você se registra como *caronista*. Pequenas formalidades. Nas vésperas de grandes feriados e fins de semana, os caronistas vão aos murais das universidades, ou dirigem-se às agências, obtendo informações de quem vai para o lado que se pretende ir. A carona não é tão carona, você paga um pouco por ela. Todavia, bem menos do que custa a passagem de trem. Por exemplo, o bilhete até Munique, que sairia em cem marcos, na carona custa vinte. É o pagamento da gasolina. As caronas trazem vantagens; pessoas interessantes se dedicam a isso, alemães mais abertos. Faz-se amigos, conversa-se, vai-se conhecendo o povo.

Domingo

Manhã de domingo, dia gelado, o garoto e sua namorada, atarefados e sorridentes, em mangas de camisa, lavam a moto, na Goltzstrasse, em Schöneberg.

Sábado em Berlim

Alinhados contra o paredão, os iranianos aguardam a ordem de fogo.
Corajosos. Olhos vendados, adivinha-se que sentem a ponta do fuzil. Atiram.
Caem, são arrastados como gatos pela cauda, novo grupo se alinha para execução.
O punk joga, a garrafa explode ao pé dos condenados, esparramando cerveja.
"Aí, mijões!", povo ri.
Fogo! Os jovens caem, são arrastados. Seus companheiros estudantes solicitam assinaturas contra Khomeini, na esquina da Joachimstaler Strasse com o Ku'damm.
A representação continua diante do lençol encardido, paredão teatral manchado de tinta-sangue.
Sábado em Berlim.

Câmaras japonesas registram: a velha com o traje típico, a charrete e o burro ornamentado com flores, posando com norte-americanos de sapatos brancos ortopédicos, velhas que deixam *pfennige* na caixinha, e vão ser fotografadas com o homem do realejo, com seu chapéu-coco e sua piteira. *Temos cassetes com música folclórica alemã, minha senhora.* Sábado em Berlim.

O Marxistische Gruppe distribui jornais alternativos discutindo o fim da coesão social-democratas com liberais, o que significa direita no poder, seguindo Reagan, *Reagan Go Home* está escrito nos muros, recolhe-se dinheiro para comprar armas para os rebeldes de El Salvador, velho educado pede licença para oferecer respostas a todas as perguntas, Jesus sabe de tudo, do sexo à paz, do ocultismo à angústia, da busca interior ao feminismo, o negro passa à sua frente colocando nas mãos das pessoas propaganda da pizzaria *Il centro*, lojas atravancam calçadas com bancas de camisetas, cuecas, sutiãs, chinelos, calcinhas, liquidação, preços reduzidos, descontos. Sábado em Berlim.

Aquele homem imenso-avental-branco-imaculado-de-camponesa-de-gravura-tiradora-de-leite vende *bretzel* na porta da Ka De We. Na praça da Kaiser-Wilhelm-Gedächniskirche, as crianças ganham balões coloridos do CDU, há festa, banda no palanque. Música pop violenta a abafar o som do realejo do homem de piteira que vende também cassetes. Ele pragueja e muda de lugar. Sábado em Berlim.

Outra coleta de dinheiro para ajudar a Nicarágua que sofreu inundações e prejuízos colossais. O sargento do Exército da Salvação, que também recolhe dinheiro para redimir as almas extraviadas de Deus, dá as costas quando vê a passeata de estudantes. Sábado em Berlim.

Manifestação produzida e organizada com um grande show pictórico, semelhante a desfile de escola de samba. Carros alegóricos, fantasias, estandartes, faixas, grandes fotos pintadas à mão, carros de som com alto-falantes, tudo tecnologia a serviço do protesto. As passeatas fazem parte do dia-a-dia, tornaram-se o cotidiano desta cidade. As pessoas olham, os turistas ficam fascinados, que magnífica democracia, olhem como a polícia protege. Mais um elemento do grande baile sobre o vulcão. Os berlinenses observam uns minutos, depois entram nas lojas, na Wertheim, Ka De We, Peek & Cloppenburg, Hertie, lotam os cafés. Foi para isso que vieram ao centro. Fazer compras, se aboletar no *Kranzler*, almoçar no *Doyard* com suas flores amarelas kitsch. Sábado em Berlim.

As pessoas que vieram ao centro rodeiam o homem magro, de cabelo claro, rosto ossudo, cara de Antonio Bivar, figura obrigatória do verão, na Ku'damm. A dublar óperas, tendo um gravador e um conjunto de tapes, Maria Callas dos bulevares. As pessoas apressadas jogam um marco ou dez *pfennige* na caixinha, e correm ao *Tchibo* comprar café e ver o brinde da semana: capa, toalha, avental ou chapéu? Sábado em Berlim.

Cheiro de cebolas no ar (opa, achei outro cheiro), pizza, filas diante das sorveterias, assinaladas por bandeiras vermelha-branca-verde (monopólio italiano?). Com a palavra EIS. Pessoas de sacolas na mão, duas moças vendem livros de algo chamado Dianetik, um regime, uma seita, uma fórmula de vida? Vento fresco corta a rua, ônibus de cores berrantes (um dia o creme desaparecerá dos ônibus, e talvez um dia também o cinza desaparecerá dos prédios apagados) ostentam publicidade de cigarros, lojas, firmas. Um caminhão distribui cerveja gratuita, há fiscais para impedir que os bêbados do pedaço entrem na fila mais de uma vez. Sábado em Berlim.

Gente barulhenta consulta mapas, compra tickets, Stadtrundfahrten, *sightseeings*, viagens panorâmicas com direito a Berlim Leste, para ver como são e vivem os alemães do outro lado, *don't feed the communists, Kommunisten-Füttem verboten*. Meio-dia e meia, hora sagrada, bons berlinenses estão no sexto andar da Ka De We, paraíso dos gourmets, da lagosta ao caviar, da maçã ao exótico kiwi, lataria Fauchon, peixes vivos, lagostas, saladas, pães, crepes, cerveja da Tailândia, todo o requinte, frutas do Brasil. Sábado em Berlim.

Peep-show

O casal pára diante da porta, cortinas esvoaçam. Turcos entram. E brasileiros, italianos, alemães. *Só para adultos.* Dizem que isso vai acabar. Dizem que muita universitária se emprega para poder viver enquanto estuda. Dizem, dizem. Dizem tanto sobre essa cidade. Quanto tempo para verificar tudo? A música é violenta, o locutor anuncia agora no palco: Rita. Engraçado, que nome mais brasileiro.

Para o livro

No chão do mercado de pulgas, nas proximidades da Filarmônica, encontro velha foto 6 X 9, amarela. Imagino mais tarde um conto ou romance com fotos. O que existe na foto, o que foi o momento, o rosto, o pensamento? Fotos de pessoas comuns e de artistas, de filmes e de políticos que o personagem entrevistou, de lugares, fotos 3 X 4 de desconhecidos. As fotos foram dados da história.

Agressão? Normalidade?

Levei susto, demorei a me habituar com a forma das pessoas falarem. Nunca sabia se estavam se agredindo ou conversando normalmente. O tom normal, a meu ver, corresponde no Brasil a uma fase em que o outro está tirando o paletó e partindo para a briga. Às vezes, me desconcertava. Via, no ônibus, o motorista e uma passageira aos berros. Quando esperava que se atracassem, tudo terminava em risos.

Acho que um ano mais tarde, durante o festival de cinema, levei uma amiga, Gaby Tölcke, que fala muito bem o português, para ver *Bar Esperança*, de Hugo Carvana. Era o primeiro filme brasileiro que ela via. No final, Gaby estava espantada. Mais: assustada.

– O que foi?

– Me deu medo. Não sei se quero ir ao Brasil. Todo mundo fala aos gritos. Todo mundo excitadíssimo, o tempo inteiro. Como podem suportar?

Reaprendi o lugar-comum: tudo depende de que lado a gente está.

Para quem pode comer

Ka De We. Abreviatura de *Kaufhaus Des Westens*, nome pomposo = Empório do Ocidente. Todavia, lembrei-me de que Veneza, antigamente, era conhecida também como Empório do Levante, ou se quiserem, do Ocidente. Na verdade, o nome era mais simples. O Des Westens significava do Oeste. Quando foi aberta, em 1912, Ka De We era a maior loja no oeste de Berlim. Ela atraiu o desenvolvimento para a região. Durante o nazismo ela afixou um letreiro: "Alemães, não comprem dos judeus". Destruída na guerra foi reaberta em 1950. Considerada a loja de departamentos mais elegante da Alemanha. Pertence a um grande conglomerado, porém é única, exclusiva, o nome equivale a uma grife. Suba ao sexto andar, o paraíso dos gourmets. Centenas de metros quadrados alucinantes. Há mapas, porém você se perde em labirintos de comidas. Passei um ano e meio em Berlim, fazia visitas periódicas (era bom turismo) à Ka De We e nunca consegui me orientar direito no sexto andar. Tem do simples ao mais sofisticado. Carnes, peixes, frangos, escargots, lagostas, enguias, dezenas de tipos de peixe, bacalhau, camarões, sopas chinesas, sopas francesas, todos os tipos de comida em lata, desde a feijoada brasileira ao ratatouille francês, passando por gulash, espaguete e o imaginável e inimaginável. Caviar, queijos franceses, italianos, búlgaros, australianos, russos. Não vi o queijo-de-minas, o que há com os mineiros? Feijão, arroz, temperos, patês, frios, centenas de salsichas, presuntos, salames, copa, lingüiças de todas as regiões alemãs, do mundo. Uma seção filial do *Fauchon*, o refinado supermercado francês.

E os pães? De que tipo você gosta? Os biscoitos, tortas, bolos, pastas, massas, folheados, *vol-aux-vents*. Um bar para cerveja, outro para vinhos, outro para champanha, um balcão para ostras e frutos do mar, outro para comidas francesas, para queijo e vinho, para massas italianas, para novidades (ah, que delícia era o camarão com zuchini), para crepes, comidas chinesas. Salas para os chás. Ingleses, indianos, alemães, da Tasmânia, do Ceilão, de toda a parte. Chás com jasmim, com mel, rosa, frutas, desde a manga, a laranja, a maçã. Chá queimado. Geléias e marmeladas, feitas de frutas misturadas a conhaque ou uísque ou calvados ou cherry. Tenda de frutas exóticas, onde existem limões brasileiros, kiwi da Nova Zelândia, mangas da África, goiabas (de onde?). Cantinho da bebida latina, onde há pisco, tequila e atê a Pitu a vinte dólares a garrafa. Seção de molhos envelopados ou dentro de vidros atraentes. Pense, invente, peça. Eles têm do curry ao açafrão, da erva-doce à canela, do cominho à paprika.

Vá sábado de manhã, o espetáculo é curioso. Classes média e alta se acotovelam e entram em filas. Enfrentam aquilo por horas, sem protestos. Vendo as filas, achei curioso as críticas que costumam fazer a Berlim Leste. Uma delas diz: "Imagine, as pessoas têm que formar filas para fazer compras!". Qual a diferença entre a fila do Leste e a do Oeste? Aqui estão comprando o supérfluo. Acho mais importante a fila do essencial.

Fantasmas

Eles existem, o que se há de fazer? Andava pelo Tiergarten (Jardim das Feras), o belo parque central, quando penetrei numa região nebulosa, povoada por miasmas. Imensas mansões cinzas, vidros estourados, portas lacradas por tábuas apodrecidas, grades enferrujadas, mato bravo comendo jardins, ar de devastação por toda a parte. Não uma, duas, três dezenas de vilas imponentes, agora ruínas. Dias depois, fui ao Museu de Berlim e descobri, por acaso, que aquelas casas eram antigas embaixadas, hoje desativadas, uma vez que a capital se mudou para Bonn. Havia no museu curiosa exposição chamada *Arqueologia de Guerra*, com mostra de objetos retirados do interior ou dos quintais dessas embaixadas. Desde pregos a telefones, talheres, até papéis, documentos secretos, mensagens em código, telegramas, velhos jornais. Parte da história berlinense se deteriora, sem que se possa fazer nada. As mansões pertencem aos países estrangeiros que simplesmente se esqueceram delas. Ou é complicado retomar a posse, por causa da situação especial de Berlim. O que me tocou foi a atmosfera que flui dessas casas, indefinível, perceptível como poluição, logo absorvida e neutralizada pelo verde do parque.

Plantas

Sim, plantas às vezes não me deixam olhar para dentro das casas (será que sou muito intrometido?). No entanto, como é gostoso olhar para cada edifício e ver janelas coloridas, com arbustos, folhagens, flores. Balcões com trepadeiras que descem para o andar de baixo. Há um culto ao verde, nessa cidade. Nada mais bonito que uma trepadeira esparramada que sobe pelas paredes externas do prédio 70 na Schlüterstrasse, quase cobrindo a fachada. Coisa para se ficar horas sentado em frente.

Quantos

Li no *Berlim: Anders Reisen* (Zitty) que existem noventa mil cachorros na cidade. Mais do que a população de muita cidade desenvolvida. Imagino o que seja alimentar, lavar, pentear, passar talco contra pulgas, cuidar da saúde de tanto bicho. As estatísticas dizem que diariamente se recolhem oitocentos e cinqüenta quilos de bosta das ruas. Quem recolhe e quando? Alguém está enganando as estatísticas, nunca vi tanta bosta de cachorro junta nas calçadas.

Inteligência

Ou será apenas praticidade? Nas portas das salsicharias, há ganchos para se amarrar cachorros. Cão em salsicharia é cabra na horta?

Velho (II)

Na porta da Ka De We, a velha, muito velha, falou algo ao marido, homem seco e alto. Ele se curvou, ela deu um beijo estalado no rosto dele.

Velho (III)

No ponto de ônibus, em Potsdamer Strasse, duas velhas. Uma quase anã. A outra acariciava o rosto, os ombros, segurava na mão da anã. E se olhavam enternecidas.

Geisterbahnhöfe

Quando as duas Berlins foram definitivamente fechadas, surgiu um problema: e as linhas de metrô de Berlim Oeste que passavam por dentro de Berlim Leste? A solução foi fechar as estações todas, deixando aberta apenas a da Friedrichstrasse, o ponto principal de comunicação. Assim é que hoje, se você tomar o trem que vai de Tegel (o aeroporto) a Alt-Mariendorf, atravessa por dentro de uma série de estações fantasmas: Stadion d.Weltjugend, Oranienburger Tor, Französische Strasse e Stadtmitte. Abandonadas, mal-iluminadas, sujas, os azulejos brancos completamente enegrecidos, água pingando do teto. O trem diminui a velocidade quando passa pela estação, e você pode ver os guardas armados que vigiam o vazio, o nada. A outra linha que atravessa o Leste é Osloer Strasse e Leinestrasse. Aqui você está completamente dentro do Leste, sem estar, o trem é um território estrangeiro, móvel, espécie de embaixada.

Fogo-apagou

Uma e meia da tarde, mormaço suave. Ringstrasse, esquina da Lotze, ponto final do ônibus 84. Este mesmo ônibus que passa pela quadra onde nasceu Marlene Dietrich. Um passarinho canta. Som familiar. Não pode ser. Um pássaro tão brasileiro? Em Berlim? O som é idêntico, é o de um *Fogo-apagou*. Ninguém na Alemanha me respondeu sim ou não, a maioria não conhecia o *Fogo-apagou*.

Espermulação

Me chamam, cedinho:
– Vamos fazer espermulação?
A palavra é próxima, todavia nada a ver com esperma. Abrasileiramento de *Sperrmüll*, catar o lixo em alemão. Dia de sair a olhar lixo. Não como mendigo, e sim como classe média, universitária. Há riquezas incomparáveis no lixo berlinense. Amigos alemães e brasileiros montaram casas que são uma gracinha, catando uma cadeira, mesa, tapete, penteadeira, cama. Ute Hermanns precisava de uma banheira, eu e Nando encontramos

uma em perfeito estado, na Gosslerstrasse, perto da igreja da Friedrich-Wilhelm-Platz. Conheci gente que achou televisores, vasos, torradeiras. Basta não ser exigente e ter criatividade para juntar objetos disparatados, transformando o apartamentinho na coisa mais acolhedora. Há pessoas que vão se mudar e não pretendem levar tudo. Porque compraram novo ou estão indo para casas menores. Em lugar de pagar transporte, joga-se no lixo. Fica mais barato. Geralmente avisa-se o zelador e amontoam-se as coisas no pátio interno. É o hof. Quase todos os prédios berlinenses têm pátio interno. Ou direto para a rua, onde os lixeiros levarão. Duas vezes, em meu prédio da Keithstrasse, vi tranqueira amontoada no pátio. Se eu não tivesse casa montada, até que recolheria coisas. O divertido na espermulação é analisar o modo de vida e de desperdício numa civilização desenvolvida.

Revolta

Estação Hallesches Tor, começo de noite, sábado. Um turco coloca a moeda na máquina de doces. A máquina engole o dinheiro, nada devolve. Raivoso, o garoto sacode a máquina, explode em socos, termina em pontapés. O funcionário do metrô, cinqüentão, vem até ele e começa a gritar. Logo depois, um alemão também perde a moeda, desanda a sacudir a máquina. O funcionário do metrô fica indiferente, observado pelos jovens turcos, que decidem se postar à sua frente, aos berros. Por trás do vidro, o funcionário abre o *Bild*, e lê, sem ligar a mínima.

Nomes

Livro caminhando. Tenho o título: *O beijo não vem da boca*. Continuo em dúvida quanto ao nome dos personagens. Faço listas, vou eliminando, termino em nada, a zero. Todas as quartas-feiras, no *El Pais*, jornal de Madri, vem uma crônica do García Márquez. Um dia, ele escreveu a respeito do nome das pessoas. Falando sobre Cândida Eréndira, Márquez confessou que nunca encontrou um nome convincente para a avó da menina. Do mesmo modo, "tampouco me ocorreu um para o coronel a quem ninguém escreve, nem para o velho patriarca de mais de duzentos anos, que às vezes se fazia chamar de Nicanor e às vezes de Zacarias". Parece bobo, diz García, mas "está muito longe de ser: *se o nome não se ajusta ao personagem com precisão, acabamos criando ninguém*. Existem muitos romances neste mundo, bons romances, que terminam esquecidos, porque os personagens têm nomes equivocados". E García revela: "Juan Rulfo – cujos personagens têm os nomes mais famosos e surpreendentes de nossa literatura – me disse que encontra os nomes nas lápides dos cemitérios, misturando nomes de uns mortos com os de outros, até conseguir combinações incomparáveis: Fulgor Sedano, Matilde Arcángel, Toribio Altrete e outros".

A outra Berlim

Providência importante, ao chegar. Procure o livrinho de trezentas e vinte páginas chamado *Anders Reisen-Berlin*. Anders Reisen é uma coleção: *Viagens diferentes* pode ser a tradução. Trata-se do guia do marginal, do alternativo, do que não se encontra nos guias oficiais. O de Berlim foi organizado pelo grupo da revista *Zitty*.

Até bicicletas

Já que o assunto é guias ou manuais: se você é bicicleteiro, adquira o *Fahrradrouten in Berlin (West)*. Custa baratíssimo, três marcos, e é uma edição do Fahrradbüro, ou seja, a central que trata da circulação de bicicletas pela cidade. Detalhes sobre ciclovias, estacionamentos, consertos, vendas, lojas de reposição de peças, lojas de trocas, mapas das estradas que têm à margem o espaço para os ciclistas.

Adelita, quem diria

Por anos e anos, ela foi apenas a inspiradora da canção. Adelita. Até o Nat King Cole gravou:

Se Adelita se fuera con otro
la seguiria por tierra y por mar
si por mar en un buque de guerra
si por tierra en un tren militar

Adelita, mulher mítica da canção latino-americana. Pois não é que de repente ela está à minha frente? Numa exposição de fotos clássicas do continente latino, na *Academia de Artes*, eu via, a descer de um trem, a morena, traços fortes, olhar firme, revelava a célebre Adelita, mulher da Revolução Mexicana. Momento mágico, estranha Berlim.

Silêncio

Quando o metrô abre as portas, o funcionário da cabine na plataforma anuncia o nome da estação. Ao passar por Moritzplatz, na linha Osloer-Leinestrasse, ouvi o garotão, sorridente, gritando o nome, como se estivesse cantando. Vi o espanto dos passageiros. A linha Osloer-Leinestrasse possui o trecho mais quieto do metrô berlinense. Entre a Kotbusser Damm e Hermannplatz o silêncio é quase total.

Visões/alucinações de Berlim

No Europa-Center, a funcionária da loja Photo-Porst saiu chorando da barraca onde a cartomante lia destinos. Gêmeas vêm de bicicleta pela calçada, as duas assoando o nariz. No ponto de ônibus na Afrikanische Strasse um homem cheirava a boca de sua mulher. Grafite: *Jesus te ama*. Sonhei que estava lavando uma privada furada. Utilizava clara de ovo em lugar de sabão e detergente. Na Wittenbergplatz, todos os dias, verão ou inverno, grupo de moleques joga futebol. Sempre um magrelão despinguelado no gol. Faz pose e usa luvas, mas é ruim como ele só, a meninada marca gols facílimos. Curiosa a cara de quem está à espera nos pontos de ônibus. Expressam o quê? Notícia de um homem que pediu autorização para se casar com a sua cachorra. Os amigos desconfiavam dessa paixão quando o viam beijar a cachorra na boca. Um sujeito de terno preto e gravata, jeito executivo, sério. Só que usa peruca violeta, de cachos. Problema de meu romance: será um homem contemplando demais o umbigo? As pessoas mudam no verão. Se fosse um país de sol, talvez fosse diferente. Estar em paz. Porém como estar em paz dentro dessa guerra total em que vive o mundo? Crises econômicas, Israel-árabes, Beirute, Afeganistão, Nicarágua, Guatemala, El Salvador, minorias (maiorias) norte-americanas, nordeste brasileiro, conflitos sociais no Brasil, guerra Irã-Iraque, Filipinas, Khomeini. Velhinhas à frente de um copo imenso de cerveja, absortas.

Com a puta: Potsdamerstrasse

— Alô, sorriu a puta. Coxas de fora, saída de um filme de Fellini, instalada na porta do hotel-bar-cassino. No alto de uma escada, fliperamas lampejam sinais luminosos.
— Alô.

Ela disse qualquer coisa em alemão. Devia corresponder aos nossos: Vamos fazer nenê? Quer uma coisa diferente? Bunda e língua. Que tal um amorzinho? E daí em diante.
– Ich verstehe nicht (Não entendo), respondi.
– Let's make love?
– Wieviel? (Quanto?)
– Depende.
– Do quê?
– Do que você gosta.
– Normal.
– Não parece.
– Tenho cara de gostar do quê?
Fiquei curioso.
– Eu sei aqui comigo.
– Diz.
– Lá em cima.
– E se você não faz o que eu gosto?
– Não existe uma puta em Berlim que faça o que eu faço.
– Quanto?
– Cinqüenta marcos para você. Tem cara de bom sujeito.
– Você acabou de me dizer que não pareço normal.
– Um homem pode ser bom sujeito e não gostar de coisas normais.
– Cinqüenta marcos é muito para mim.
– Quarenta, então, mas tem de ser rápido.
– Demoro.
– Está brincando? Você é o quê? Não tem cara de turco. Francês?
– Brasileiro.
– Não são bons de cama.
– Como sabe?
– Tenho quatro clientes.
– Podem ser exceções.

— Peguei logo os quatro piores? Não! Tem umas putas brasileiras e elas dizem a mesma coisa.
— Bem, só tenho vinte e cinco marcos.
— E pensa que vai fazer o que com isso?
— Amor com você.
— Com esse dinheiro você sobe, mas faz sozinho.
— Prefiro o peep-show, é mais barato.
— Só que lá você fica fechado na cabine. Aqui é no quarto e você pode tocar em mim com uma das mãos.
— Só com uma?
— A outra está ocupada, não é?
— É.
— Vai ou não vai? Estou perdendo fregueses com toda esta conversa.

Oito da noite, terça-feira, ninguém na Potsdamerstrasse, a não ser os habituais drogados e bêbados. Na esquina, turcos tomavam sorvete de pistache com cobertura de chocolate.
— Acho que não, me desculpe.
— Me dê cinco marcos.
— Por quê?
— Para pagar a conversa.

Uma/nenhuma rua

Berlim, cidade que brinca comigo. Estou diante de uma placa: Güstener Strasse. E a rua não existe. A placa fica na confluência da Schönebergerstrasse. A rua ameaça começar e logo termina no imenso terreno vazio, atrás das ruínas da estação da Anhalter.

James Dean

Passando pela Alexandrinen em Kreuzberg olho através de uma janela (vou acabar sendo processado como *voyeur*, nessa

O mito de *James Dean* vai sendo revivido na Europa, nesta onda de nostalgia dos anos cinqüenta que invadiu, tornou-se moda. Logo os anos cinqüenta que, para quem viveu, foi um período meio cinza, estagnado na sua primeira parte? Anos cinqüenta que subitamente dariam um *Elvis Presley*, uma *Brigitte Bardot* e uma revolução cubana. Da quietude e do conformismo, se passou como que numa explosão para a transformação de moral e costumes, para a mudança das leis e das cabeças. Abriram-se perspectivas, o mundo não era mais o mesmo, o cinza foi trocado por cores violentas, vivas. Agitação. Contestação. Permissividade. Liberação sexual.

terra) e vejo um retrato do James Dean. É uma foto não usual dele, porém conheço bem. Dean está de perfil, diante da fazenda em que nasceu, em Fairmount, Indiana. Uma foto tirada por Denis Stock em 1955 e que as revistas de cinema (*Photoplay, Cinelândia*) da época publicaram largamente. A foto dele que mais gosto, um rosto fechado, triste, um homem diante de suas raízes. E o que significavam para ele? De quem será esse quarto em Kreuzberg? De um turco, de um estudante qualquer, de um intelectual? De um jovem? Deve ser, há pôsteres de Udo Lindenberg, Rolling Stones, Grace Jones, Nina Hagen. James Dean anda em moda, o cigarro

Winston fatura em suas costas, com grandes cartazes. Nas lojas há sacolas com sua efígie ou objetos: Dean segurando um espeto, Dean transformado em cinzeiro. Culto ou mero consumismo. Representar num determinado momento a rebeldia, a contestação, fazer uma geração inteira (a minha, quarenta e seis anos) erguer a cabeça e enfrentar o mundo e terminar como cinzeiro ou objeto de banheiro, não deixa de ser estranho destino. O consumo dos mitos.

Paz

Jantando com Anna Jonas, poeta e tradutora do espanhol para o alemão, no restaurante *Jolly*, em Uhlandstrasse. Na mesa ao lado, um rosto familiar.
– Conhece, Anna?
– Claro, é Horst Buchholz, o ator. Está sempre aqui.
Sim, ele fez filmes com Romy Schneider, e por isso o invejava. Mas interpretou um tipo que me impressionou muito, o homem que assassinou Gandhi, nem me lembro mais o nome da película. E Gandhi me vem à cabeça porque Richard Atenborough acabou de fazer um filme sobre sua vida, superprodução de vinte e dois milhões de dólares. Não posso compreender Gandhi numa superprodução espetaculosa, fico à espera de um filme que fale mais do homem e seu interior, e isso só me parece possível numa obra intimista. Parece que a moda Gandhi entrará em voga. William Shirer, autor de monumental história do III Reich, escreveu um livro sobre o ano de 1931, época essencial na vida do Mahatma. Também um livro de pensamentos, trechos de suas falas, fragmentos de sua filosofia pacifista, acabou de ser republicado, *Antigo como as montanhas*. Este é um instante em que se fala de paz, os movimentos se multiplicam por um mundo em guerra. Quando Gandhi morreu, Nehru declarou que "a luz se apagava". O mesmo Nehru, autor de uma célebre frase: "seguir o Mahatma é difícil, abandoná-lo é impossível". Gandhi em moda.

Necessário saber: em moda a figura? Ou em moda, com a prática, a sua filosofia?. "A única virtude que reivindico é a verdade e a não-violência. Não pretendo ter nenhum poder sobre-humano. Nem quero. Tenho a mesma carne corruptível do mais fraco de meus semelhantes e estou sujeito ao erro, como qualquer um." Em moda o homem que dizia: "Tenho certeza que sou incapaz de odiar a quem quer que seja sobre a Terra. Sei que é uma grande pretensão, mas eu a reivindico com toda humildade. Mas posso odiar e odeio o mal, onde quer que ele esteja".

Quando penso nos movimentos pacifistas, cada dia mais intensos nesta Alemanha, ninho de foguetes nucleares, me lembro de Gandhi, homem que entra em moda (Deus me livre que as lojas passem a vender camisetas-Gandhi). Ele que disse: "Quando soube que uma bomba atômica tinha destruído Hiroxima, não movi um só músculo. Ao contrário, disse a mim mesmo: 'A menos que o mundo adote agora a não-violência, isto significará certamente o suicídio da humanidade'".

Bandeira branca (II)

Penetro em alguns símbolos da vida berlinense. Ou alemã. A bandeira branca com o círculo atravessado por um raio é o símbolo dos *Squatters* locais. Define o movimento de casas ocupadas, um dos setores alternativos dessa sociedade.

Sol

Verão, quarenta graus, e o sol não queima. Bate na pele e resvala. Há um filtro no ar. Entendo agora a chamada luz européia, coada, filtrada, suave, dos filmes. Essa luz não é possível nos trópicos, onde o sol é chapado, intenso, direto. Não tem intermediários. Um sol que violenta. Dois dias bastam para enegrecer a pele. Aqui vejo mulheres nuas, inteiramente expostas, nos parques, lagos. Vejo-as diariamente no Tiergarten, freqüentamos o mesmo espaço, moramos nas redondezas. Há semanas ao sol e ainda estão brancas.

Vamos ao cinema

À noite, as portas dos cinemas são ponto de reunião dos jovens berlinenses, como eram em qualquer cidade do interiorzão brasileiro. Sede de um dos festivais (fevereiro) de cinema mais importantes da Europa, Berlim tem hoje cento e cinqüenta salas em seus doze bairros. Três vezes menos que dez anos atrás. A crise anda estacionada, porém tanto lá como aqui, muito cinema virou loja de departamento ou supermercado, na luta contra a televisão e a proliferação dos videocassetes. Apesar da tevê alemã ser ruim como divertimento (é a opinião de um brasileiro), tem a vantagem de estar dentro de casa. Num país que tem poucos meses de primavera e verão e o sol escasso, tudo que não obrigue a pessoa a sair de casa vence por larga margem. Nos meses quentes, o cinema tem a concorrência dos cafés abertos, das cervejarias e dos *Biergärten* (parques com bares onde se come e bebe). Com a entrada dos filmes em tape no mercado a crise desandou de vez. Todavia, ainda se vai ao cinema, principalmente nos fins de semana e com a programação de grandes espetáculos, os filmes populares. Para ir ao cinema em Berlim é necessário aprender umas poucas coisas. A programação se divide em:

Ku'damm
Off-Ku'damm

Ku'damm, vocês sabem, é a avenidona principal. As grandes salas da Ku'damm exibem a programação comercial. Nestes cinemas, durante o festival são projetados os filmes em competição. Funcionam à base de lugares numerados e os preços dos ingressos vão de nove a dezesseis marcos (três a sete dólares). Ali se localiza o *Zoo-Palast*, com mil lugares, em torno do qual gravitam nove cinemas, todos no mesmo edifício.

Perto, longe, caro, barato

O preço do ingresso é relativo à localização. Custa menos na frente, aumenta à medida que se afasta da tela. As sessões obedecem a um ritual. Primeira parte, publicidade com comerciais, filmes e slides. Acendem a luz, passa o baleiro, com cestinha de sorvetes, chocolates, balas e refrigerantes. Das coisas mais consumidas é um sorvete de quadradinhos de chocolate chamado *Konfekt*. Soa o gongo, pesadas cortinas se abrem pomposamente, vem o filme. Não apenas se come e se bebe, também se fuma durante a sessão. Os cinzeiros vêm acoplados às poltronas. Prepare-se, pois todos os filmes são dublados. Para mim, os dubladores são gênios, porque, mesmo numa língua prolixa como o alemão, o pessoal consegue sincronizações perfeitas. Dizem meus amigos que conhecem bem a matéria que, em virtude dessa prolixidade, muitas vezes os diálogos têm de ser sintetizados, perdendo o vigor original.

As salas mais importantes são as chamadas *Off-Ku'damm*, termo emprestado do teatro Off-Broadway. Quer dizer, cines fora do "circuito comercial". Salas menores, alternativas e que dispõem de um público grande e fiel. Quase sempre lotadas. Dedicam-se aos filmes malditos, às reprises, às boas obras recentes, retrospectivas, ciclos variados, vanguarda, experimentais, cinemas de procedências "exóticas" como Coréia, Tailândia, China, Chile ou Brasil. Dessas salas, a mais célebre é o *Arsenal*, na Welserstrasse, centro. Funciona como cinemateca e gerações de berlinenses se formaram ali vendo filmes. Representa o mesmo que o *Paissandu* para os cariocas ou o *Bijou* e *Belas Artes* para os paulistas. Pequeno, duzentos lugares, paredes pintadas de vinil-escuro, quase marrom, decorado com pôsteres de obras clássicas. A dominar, é evidente, *O encouraçado Potemkin*, de Eisenstein. Um dos conselheiros da programação é Peter Schullman, especialista em cinema latino-americano e brasileiro, autor de um bom livro sobre o assunto. Foi o organizador da retrospectiva sobre Gláuber Rocha durante o festival Horizonte.

Em segundo lugar, para mim, vem o *Kant-Kino*, na Kantstrasse. São duas salas. A outra se chama *Kid* e penso que é dos menores cinemas do mundo, doze lugares, quase uma sala privada de projeção. No *Kant* há sempre boas reprises, às vezes em versão original. Apenas três sessões por dia: 20:30, 22:30 e meia-noite e meia. Outras salas confiáveis: *Thalia*, que também exibe versões originais, sem legendas, *Bali*, *Yorck* e *New Yorck*, *Lupe 1* e *Lupe 2*, *Studio* (em 82 inteiro, só vi ali filmes experimentais de boa qualidade), *Notausgang* (o nome quer dizer Saída de Emergência), *Kurbel, Broadway*. No *Filmbühne* vi excelente retrospectiva dos filmes realizados sob o III Reich e foi possível avaliar de que modo se instilava no povo – que acorria em massa aos cinemas – a doutrina nacional socialista. No *Filmbühne*, cuja ante-sala é um dos cafés mais agradáveis de Berlim, numa esquina da Steinplatz, pode-se ver também a produção que aborda os temas homossexuais. Finalmente, o *Filmkunst 66*.

As revistas

Os cinemões fazem a publicidade normal, através de jornais, revistas e matérias pagas. Imensos outdoors, pelo centro de Berlim, anunciam os êxitos de bilheteria. Os cines *Off-Ku'damm* contam com outros meios eficientes. O primeiro é uma revistinha bem-feita, *Filmszene*, que contém reportagens rápidas, noticiário e toda a programação mensal, sessão por sessão, dos cinemas alternativos. Algumas salas imprimem volantes distribuídos nos cafés, restaurantes, *Kneipen*, principalmente as freqüentadas pelos universitários. Em todas as salas alternativas existe um balcão onde se pode apanhar, gratuitamente, o exemplar *Filmszene*. E se leva de quebra cinqüenta volantes informando o que vai acontecer nos próximos dias em cinema, teatro, shows. Há um condicionamento que funciona: apanhar revistas e volantes e saber o que vem pela frente. Porque, às vezes, conseguir bilhetes para determinados acontecimentos depende da rapidez com que você é informado. O *Arsenal* possui publicação própria: um cartaz de trinta e dois por sessenta centímetros, bonito graficamente, sempre em cores vivas, diferente a cada mês. Dia a dia, sessão por sessão. São três por dia: 18, 20, e 22:15 horas. Sábados e domingos também às 16 horas. O cartaz traz fotos e pequena ficha técnica de cada filme. O *Filmbühne* também edita um folheto de oito páginas, dobrável, em papel couchê, com a sua programação.

Cada um na sua

Existem em Berlim salas especializadas. Se você é fã de filmes históricos, tipo *Sansão e Dalila, Cleópatra, Ben-Hur, Spartacus, Macistes, El Cid,* tem à sua disposição o *Delphi.* Ali só encontra este tipo. Se o tesão for James Bond corra ao *Oscar* que há seis anos tem o 007 em cartaz, revezando-se os títulos. Se a paixão for Bruce Lee e kung-fus o endereço é o *Cine Berlin.* Os amantes de Ernest Lubitsch que fiquem com o olho no *Notausgang*, é a sala especializada.

Se você é superexigente, não pode nem ver o cinema comercial e apenas suporta o alternativo, existe outra chance. Os alternativos dos alternativos. Que podemos chamar de *Off-off-Ku'damm*. Pequenos cineclubes com 16 mm, super 8 ou videocassetes. Salas esparramadas, ocultas, quase privés, localizadas em fábricas abandonadas, em porões, áticos, apartamentos ocupados, fundos de bares. Para estes, existe a informação trazida pelo amigo ou a possibilidade de se encontrar o anúncio na seção: *Noch Was* (O que mais) na revista de programação *Tip*. Alguns desses endereços são *Regenbogenkino* (Lauritzer Strasse), num prédio ocupado; o *Eiszeit*, na Blumenthalstrasse; o *DPA* (Der Parfümierte

Alptraum), na Anhalter, 7; o *Kommunaler* e *Kino Lichtblick*, na Osloer Strasse, 102; o *Ufer-Palast* (espécie de gozação com o Ufa Palast, monumental cinema dos nazistas), dentro da Ufa Fabrik, comunidade alternativa, em Viktoriastrasse, 13; e finalmente o *Korrekt Screening*, na Alt-Moabit, 75. Os filmes mais estranhos, desde a produção caseira às experimentações e realizações piradas, são exibidos nestas salas.

O que há é um amplo leque de possibilidades e uma riqueza de informação e programação encontráveis somente em Paris, Nova York ou Londres. Como em qualquer lugar do mundo, o importante é saber penetrar, se relacionar, ter curiosidade. E aprender a procurar.

Crise e recuperação

Um livro de informações gerais, e oficiais, chamado *A Alemanha hoje*, fornece dados sobre a crise do cinema alemão. Em 1956, 850 milhões de pessoas compraram ingressos, havia 6.438 salas e a participação do filme nacional no mercado era de 46,8 por cento, contra 32,3 por cento norte-americanos, registrados no ano anterior. Em 1976, o total de espectadores caiu para 115 milhões e as salas se reduziram para 3.100. A participação do filme alemão foi de 11,4 por cento, com os americanos subindo para 43,1. A partir de 1977-78 houve um princípio de recuperação. O faturamento aumentou 15 por cento, a partir do momento em que o cinema novo, iniciado em meados dos anos 60, começou a dar resultados.

Obscurantismo/Iluminismo

Nos anos 60-70, o mundo começou a ter contato com um novo tipo de cinema e nomes como Fassbinder, Herzog e Schlöndorff passaram a ser habituais na imprensa: surgia o novo cinema alemão, que está para o mundo assim como a Nouvelle-vague francesa ou o Cinema Novo brasileiro já estiveram na década de 60. Um cinema inquieto, instigante, provocador e acima de tudo, questionador. Pode-se dizer que não há um só assunto de interesse histórico-político-social que não tenha sido ou não esteja sendo levantado pelos novos cineastas, numa revolução como poucas vezes a história do cinema conseguiu avaliar ou presenciar. A trajetória deste novo cinema é curiosa, porque foi o resultado de um esforço deliberado, consciente e objetivo. Depois de um período áureo, nas décadas de 20 e 30, quando surgiram nomes como Fritz Lang, Pabst, Lubitsch, Murnau e outros, vieram os tempos do obscurantismo, com o nacional-socialismo impondo uma arte de propaganda, inteiramente dirigida e servindo unicamente ao Estado. Não havia um só filme da era nazista em que a mensagem ideológica não estivesse contida. Vi uma retrospectiva no *Filmbühne* e cheguei a me espantar com o primarismo das películas, descaradamente proselitistas.

O anti-semitismo, o endeusamento da raça ariana, a noção de pátria, o morrer pela pátria (que representava morrer por Hitler), o anticomunismo, os valores morais, a família, o papel da mulher alemã, o dever para com o nazismo, a obediência, tudo colocado através de clichês, sem sutilezas. Parece que não havia necessidade de sutilezas naquele tempo. Curiosamente, um clássico mal compreendido levou o ministro da Propaganda, Goebbels, a afirmar, em março de 1933, diante dos maiores representantes da indústria cinematográfica alemã, as novas linhas dos filmes ideológicos: "*O encouraçado Potemkin* é um filme admiravelmente bem-feito. Um filme que pode converter qualquer pessoa ao bolchevismo. O que significa que a obra de arte pode muito bem acomodar um alinhamento político e se expressar como arte em si".

Estava criada a linha geral para o cinema alemão que teve em Goebbels o executor atento. Ele não apenas comandava tudo, mas ainda se nomeou diretor de dramaturgia. Por ele deviam passar os roteiros, depois de terem circulado pelo crivo de uma

filmbühne
AM STEINPLATZ

Sonderprogramm vom 24.–30. 9. täglich 23 Uhr
Filme aus der Nazizeit

Veranstalter:
Friedrich-Naumann-Stiftung
Nach jeder Vorstellung
Vortrag und Diskussion
unter Leitung von
Dr. Gert Albrechd, Institut für
Filmkunde, Wiesbaden.

Filme der Sonderreihe:
- 24.9. Hitlerjunge Quex
- 25.9. Der alte und der junge König
- 26.9. Urlaub auf Ehrenwort
- 27.9. Wunschkonzert
- 28.9. Der große König
- 29.9. Die große Liebe
- 30.9. Kolberg

Film im Dritten Reich

SEPTEMBER-PROGRAMM 82

Catálogo mensal de um pequeno cinema de arte, o *Filmbühne*, na *Steinplatz* em Berlim. Um cinema que se dedica aos filmes malditos, não-comerciais, às retrospectivas importantes. Esta aqui era dedicada à propaganda nos filmes produzidos no Terceiro Reich. A cada sessão, discussão com professores, publicitários, políticos e estudantes. A cena cinematográfica berlinense é viva, inquieta, há de tudo para todos, do pornô ao Ingmar Bergman.

comissão de censura. Além disso, Goebbels também teve profunda ligação com uma estrela de sucesso, relacionamento que foi cortado abruptamente, quando ameaçou o casamento do ministro. Hitler prezava o assunto família e interveio violentamente. Goebbels, quase anão e manco, também se destacou por lendárias orgias que promovia na ilha dos Pavões, recanto de jardins cheios de pássaros, no meio do lago Wannsee, ainda hoje dos passeios mais agradáveis de Berlim. Das orgias participavam estrelinhas e candidatas a starlets da UFA, a empresa oficial.

O cinema de papai morreu

Depois da guerra, veio um período nebuloso com produção de baixa categoria. Dramas sentimentalóides, policiais, operetas e os então chamados *Heimatfilm* (Heimat é a cidade natal, o local de nascimento, a pátria), que não passavam de idílios campestres, simplórios, moralistas, com toques cômicos e conservadores. No começo da década de 60, o Estado abandonou a política de financiar as produções, o que mergulhou a indústria no caos, com dezenas de falências de produtores. A própria UFA, sempre existente, tinha déficits cada vez mais altos. As salas começaram a ser fechadas em proporções assustadoras. A produção nacional brigava em desigualdade com a norte-americana, que controlava também a distribuição, impedindo qualquer avanço. Viam-se esforços isolados por parte dos realizadores alemães. Até que em fevereiro de 1962, após quase duas décadas de impasse artístico, surgiu um indício, possibilidades de reformulação. Um grupo de vinte e seis jovens cineastas redigiu um manifesto, o de Oberhausen, proclamando:

"O desmoronamento do filme convencional alemão, que estava baseado em alicerces comerciais que sempre recusamos, mostra que o cinema novo tem a chance de nascer. Nos últimos anos, os curtas-metragens alemães de jovens autores, diretores e produtores receberam numerosos prêmios em festivais internacionais e encontraram reconhecimento da crítica do mundo todo. Estas obras e seus sucessos mostram que o futuro do cinema alemão encontra-se com aqueles que provaram falar uma nova linguagem cinematográfica. Como em outros países, também na Alemanha o curta-metragem tornou-se a escola e o campo experimental do longa-metragem. Declaramos a pretensão de criar o novo longa-metragem. Este cinema precisa de liberdades novas. Liberdade das convenções comuns no ramo. Liberdade da influência dos sócios comerciais. Liberdade da tutela dos grupos interessados. Temos idéias espirituais, formais e econômicas concretas sobre a produção do novo filme alemão. Estamos preparados para suportarmos juntos os riscos comerciais. O cinema antigo está morto. Acreditamos no novo." Esse manifesto, conhecido como *O cinema de papai morreu*, foi o estopim.

Jovens assaltam estúdios

Veio o agito. Em 1963, funcionou a Cinemateca de Berlim, seguida pela criação de uma Associação dos Amigos da Cinemateca Alemã. Em 1964, uma importante instituição cultural, o Colóquio Literário de Berlim (LCB), pelo empenho de um jovem poeta, Walter Höllerer, montou um estúdio, produzindo vários curtas e um longa-metragem. Em finais de 1964, uma abertura no panorama com a instituição do *Curatório Jovem Filme Alemão*, destinado a subvencionar com trezentos mil marcos, aproximadamente cento e vinte mil dólares hoje, os primeiros filmes de novos cineastas. Num curto espaço de tempo surgiram nomes como Hans-Jürgen Pohland, que adaptou o romance de Günter Grass, *O gato e o rato*; e Peter Schamoni, Edgar Reitz, Alexander Kluge, Klaus Lemke, Peter Fleischmann, Christian Rischert. Para não falar de Werner Herzog, Ulla Stöckl, Hans-Jürgen Syberberg e Volker Schlöndorff, cujo *O jovem Törless*, baseado em Robert Musil (o livro foi traduzido no Brasil por Lya Luft), ganhou o prêmio da crítica no Festival de Cannes em 1966. Os filmes alemães passam a ser discutidos em Veneza, Pesaro, Londres, Berlim. Apesar de tudo, depois de 1956, somente em 1979 um alemão venceria o primeiro prêmio no Festival de Berlim. Foi Peter Lillienthal, com *David*.

  O barril estava explodindo. Em Ulm, em 1962, criou-se o *Instituto für Filmgestaltung*, escola de teoria e pesquisa. Em 1965 e 1966, vieram a *Deutsche Film und Fernsehakademie* (Academia do Filme e da Televisão), de Berlim e a *Hochschule für Film und Fernsehen* (Escola Superior de Cinema e Televisão), em Munique. Aliás, em Munique, localiza-se um dos maiores estúdios da Europa, o da Bavaria Filmes, com doze palcos e um terreno de quinze alqueires paulistas, sete e meio mineiros.

  Em 1967, metade de toda a produção alemã foi realizada por jovens diretores. Duas revistas especializadas funcionaram como respaldo teórico: *Filmkritik*, que tinha sido fundada dez anos antes, e *Film*, criada em 1963. O espaço conseguido na imprensa nacional e internacional era cada vez mais amplo. Gradualmente conquistava-se público. A partir daquele instante e nos anos seguintes, chegando até agora, o cinema alemão passou a funcionar como espécie de consciência nacional que se ampliava a cada passo, enfrentando temas delicados. Recusava-se a tomar parte na conspiração do silêncio que pareceu absorver a sociedade no pós-guerra. O cinema tocou feridas cicatrizadas, renovou machucaduras recentes. Para mim, acima de uma reforma estética, foi uma reviravolta na ideologia, uma conscientização total, como poucas vezes um cinema teve. Se o Cinema Novo brasileiro não tivesse sido sufocado em 1964 pelo regime militar e sua censura, teria tido em nosso país um papel semelhante: o de abrir os olhos das pessoas, através de filmes cada vez melhores. O abismo existente entre a velha e a nova geração; a culpa pelo nazismo; o anti-semitismo; as possibilidades de ressurreição do nacional-socialismo; o trabalhador dentro da nova situação social; a droga; o tédio; as relações humanas; a burguesia acomodada; o país dividido; o muro; o individualismo; o terrorismo pós-68 e sua repressão; nada escapou, nem tem escapado a este cinema inquieto e perturbador, que provoca. Cinema que é uma espécie de anticorpo dentro da sociedade. Mostra de que ela está viva e sabe se defender.

O novo cinema

Assim, surgem (não estou obedecendo ordem cronológica) filmes como *O tambor* (Die Blechtrommel), de Schlöndörff, baseado em Grass; *A terceira geração* (Die dritte Generation), de Fassbinder, sobre o terrorismo e o policialismo; *Os anos de chumbo* (Die Bleierne Zeit), de Margarethe von Trotta, sobre o terrorismo também; *A honra perdida de Catarina Blum* (Die verlorene Ehre der Katharina Blum), de Schlöndorff e Von Trotta (são marido e mulher), baseado em Heinrich Böll, o prêmio Nobel, criticando o jornalismo sensacionalista; *A faca na cabeça* (Messer im Kopf), de Reinhard Hauff, baseado em Peter Schneider, e analisando as concepções jornalísticas e policiais. Schneider e Hauff estão juntos também em *O saltador do muro* (Der Mauerspringer), observação irônica e profunda sobre essa machucadura sempre viva na cabeça dos alemães; *Alemanha, mãe pálida* (Deutschland, bleiche Mutter), de Helma Sanders-Brahms, sobre a ascensão do nazismo e a deterioração das relações no pós-guerra; *Hitler, um filme sobre a Alemanha* (Hitler, ein Film aus Deutschland), montagem documentária sobre a instalação do Reich; *A morte e seu ofício* (Aus einem deutschen Leben), de Theodor Kotulla, retrata a vida de um comandante de Auschwitz; *O casamento de Maria Braun* (Die Ehe der Maria Braun), de Fassbinder, também mostra a guerra e os anos posteriores; *Hora zero* (Stunde Null), de Edgar Reitz, explora o problema da ocupação pelas tropas estrangeiras aliadas; *Os anjos de ferro* (Engel aus Eisen), de Thomas Brasch, aborda o bloqueio de Berlim em 1948; *A rosa branca* (Die weisse Rose), de Michael Verhoeven, trata da resistência interna alemã contra Hitler; *O terceiro grau* (Der dritte Grad), de Peter Fleischmann, é um estudo sobre as relações de poder num Estado totalitário; *A Lua é apenas uma esfera nua* (Der Mond ist nur eine nackte Kugel), de Jörg Graser, faz uma análise menos usual: a realidade rural, onde convivem miséria e riqueza, com a decadência do mundo dos velhos camponeses; *As crianças do nº 67* (Die Kinder aus Nr. 67), de Usch Barthelmess-Weller, tem um subtítulo curioso: *Heil Hitler, eu queria um pouco de esterco de cavalo,* um filme sobre a juventude hitlerista; *Lena Rais,* de Christian Rischert, aborda a luta pela emancipação da mulher.

O sucesso internacional de crítica e bilheteria de três filmes estabeleceu, pode-se dizer, definitivamente, o cinema novo alemão: *O casamento de Maria Braun, O tambor* e *Nosferatu,* este de Werner Herzog, personalidade curiosa quase à parte dentro de todo o panorama, com obras insólitas como *Coração de vidro, Os anões nascem pequenos, Kaspar Hauser, Aguirre, a cólera dos Deuses* e *Fitzcarraldo.* Dos alemães, Herzog é o mais conhecido do público brasileiro. Dos jovens, Wim Wenders, depois de realizar *O amigo americano* (Der Amerikanische Freund) e *Alice nas cidades* (Alice in den Städten), foi chamado a Hollywood, onde dirigiu *Hammett,* para os estúdios de Copolla. Desiludido, passou por Portugal e fez *O estado das coisas,* prêmio no Festival de Veneza de 1982. Syberberg é também um homem controvertido que provoca polêmicas. Seu *Hitler* tem a duração de oito horas e obteve repercussão depois que foi elogiado por Susan Sontag nos jornais americanos. Em *Parsifal,* ele reconstruiu, à sua maneira, a ópera de Wagner (há bandeiras nazistas nas cavernas das florestas milenares), numa produção que demora quatro horas e meia.

Segmentação

O cinema experimental continuou a ser feito. O que não consegue exibição normal tem um canto especial durante o

Festival de Berlim todos os anos. Surgiu o cinema operário berlinense, com várias produções documentadas e ficcionais sobre a situação do proletariado em geral. O cinema feminista, cuja frente foi aberta por Ulla Stöckl com *O gato tem nove vidas* (Neun Leben hat die Katze) e por Helke Sander com *Personalidade reduzida de todos os lados* (Die allseitig reduzierte Persönlichkeit). As mulheres têm uma força muito grande dentro deste cinema jovem. Um cinema que deu nomes como Von Trotta, Sanders-Brahms, Marianne Lüdcke, Jutta Brückner, Karin Thome.

Esse segmento sobre a revolução que os cineastas provocaram não passa, é evidente, do primeiro esboço de um estudo que deve ser mais profundo. Muitos nomes foram omitidos (acaba de me ocorrer o de Werner Schroeter, realizador de *Irmãos napolitanos,* Neapalitanische Geschwister), análises mais detalhadas foram deixadas de lado. Afinal, este é um livro de sensações e primeiras informações sobre um país antigo, de história conturbada, mas que tem uma capacidade que considero admirável, a de se rever e se reavivar sempre.

Como?

Anotações desencontradas. Uma observação sobre o cotidiano. Um amigo alemão confirma, outro desmente. Tenho medo das imagens superficiais, de primeiras impressões enganosas. E se estou sendo preconceituoso? Situações me parecem incoerentes, paradoxais. Os alemães serão assim mesmo? Sensações duplas: agressivos e violentos, ingênuos e arrogantes, ousados e românticos. Me tranqüilizo quando leio um artigo de John Vinocour, da sucursal do *The New York Times* em Paris, e que por cinco anos esteve sediado em Bonn. Numa conversa com o líder da revolta de 68, Cohn-Bendit, hoje morando em Frankfurt, ao indagar como devia tratar a Alemanha, teve como resposta: "Escreva aquilo que perceber, o que sabe que é verdade. Nem sempre o encaixe será perfeito, mas você pode fazer colagens".

Tardes de Berlim / Tardes de Araraquara

Rumo a Britz, fiquei na estação Blaschkoallee. Bosque. Desses berlinenses, limpos e organizados. No meio de uma clareira, o sujeito empinava papagaio (pipa), sentado no chão. Grama sem formigas. Tudo formidável, não há bichos incomodando, insetos. Cheiro de mato, aquele dos sábados, quando apanhava a

Ah, as árvores berlinenses! Os bosques que se espalham, manchando o mapa da cidade com um verde intenso. Como a cidade resultou de várias comunidades rurais, cada distrito fez questão de conservar sua identidade, suas águas, seu verde. Isto para não se contar com a unidade que existe entre o alemão e a floresta, simbologia que vem desde os mitos da antigüidade e que se perpetua. A devastação tem sido grande no país, mas também o movimento de conscientização cresce, se expande, cada pessoa tem lucidez em relação ao que representa essa devastação e o preço que cada um vai pagar por ela. Ainda hoje se faz o passeio dominical no bosque.

bicicleta – serão as bicicletas que trazem o ar de familiaridade? –, um livro de Huxley e me sentava sozinho, a tarde inteira, no silêncio do mato. Distante da cidade. Vez por outra o barulho de trem em manobra na estação de Tutóia. Araraquara dormia na tarde. Tinha quinze anos e devorava Huxley: *Admirável Mundo Novo, Sem olhos em Gaza, Contraponto, O tempo deve parar, A virgem de Crome*. Nem sei se entendia, apenas achava curioso como ele construía romances sem intrigas, intensamente dialogados, personagens falando difícil, todos sérios, compenetrados, a discutir filosofia, religião. Não me lembro de nenhuma frase de Huxley que tenha me impressionado, meus cadernos não trazem anotações. No entanto, eu era a única pessoa que retirava seus livros da biblioteca.

    Ao ler *Sem olhos em Gaza* pela primeira vez, tive a sensação de confusão na gráfica e troca de cadernos, o tempo ia e voltava. Depois, encontrei esse ir e vir, essa cronologia em outros romances e filmes modernos. Um dia, a surpresa foi encontrar o Huxley de *As portas da percepção*. Aquele intelectual inglês, frio e distante, saiu do casulo e mergulhou na mescalina, procurou sensações que a velha Europa não dava mais, não possibilitava a ninguém. Descobriu o mito, o símbolo, o fascínio, o enigma, as possibilidades ignoradas de uma América Latina. Foi esse livro que levou minha geração a penetrar nas viagens do LSD, a trip do ácido, a remexida interior, a convulsão da normalidade. Encontrei Huxley uma vez, em São Paulo, no Aeroporto de Congonhas. Passou por São Paulo por alguma razão e lá estava eu para fazer a cobertura, era o único do jornal que enganava o inglês. Huxley não deu entrevista, soltou duas ou três frases, eu tremia tanto, deu branco, nem tinha idéia do que perguntar. Ficamos na frase lugar-comum, "o que o senhor veio fazer em São Paulo", ele respondeu vagamente, "estou contente por estar no Brasil". Começo da década de 60.

Cachorro (I)

Figuras inseparáveis: os velhos e os cachorros. Há também gente de meia-idade e cachorros. Jovens e cachorros. Crianças e cachorros. Cachorros, cachorros. A maioria presa. Alguma vantagem Maria leva. Outra: os pastores-alemães são dóceis. Não assustam tanto quanto no Brasil. Será porque são ensinados? Ou porque nos acostumamos a identificá-los com a repressão policial, feras educadas para comer bandidos ou quem vier pela frente?

Pés

Meninas, adolescentes graciosas, de vestidos vaporosos, longos, e pés no chão. Adoram andar descalças no verão.

Tucholsky

Descubro Kurt Tucholsky através de Henry Thorau. Os alemães também estão redescobrindo esse jornalista e humorista, sarcástico ao extremo (espécie de Stanislaw Ponte Preta germânico dos anos 20 e 30). Homem polêmico, perseguido pelo nazismo, exilado, e que terminou se matando em 1945. Gosto de pessoas em torno das quais opiniões se dividem. Um homem que foi odiado pelo nacional-socialismo é alguém que devia incomodar. Quem incomoda é quem diz verdades, aponta fraquezas, incongruências, mentiras, nos deixa a nu diante dos outros. Tucholsky é desconhecido no Brasil, excetuando-se os que freqüentam centros culturais alemães. Tucholsky é explosivo, rastilho.

Cachorro (II)

Arranco de Tucholsky: "O cachorro é um capitalista monomaníaco. Guarda a propriedade, que não lhe serve para nada, por amor à propriedade, e trata a do dono como se não houvesse mais nada neste mundo. Também é fiel por amor à fidelidade, sem se preocupar muito com saber a quem é que se mantém fiel: uma característica que é altamente apreciada em vários países. É muito cômoda para quem dela se beneficia.

Observar um cachorro que guarda qualquer coisa é como observar um homem das cavernas. Está permanentemente inseguro, inquieto, e procura ganhar coragem fazendo barulho – ataca, porque o medo o obriga a avançar".

Peep-show

As pessoas entram nas cabines, para olhar mulheres ou ver filmes, e se masturbam. Quando saem, o velho de macacão abóbora vem com balde e o escovão e lava. Ofício surpreendente, novo para mim: limpar a porra dos outros. Penso em José, meu personagem em *Zero*. Homem que matava ratos no cinema. Se na época em que escrevi o livro existissem peep-shows no Brasil, certamente José seria limpador de porra da humanidade.

Filas

Fazem parte do cotidiano alemão. Na padaria, supermercado, diante da banca de sorvetes, banco, em toda a parte. Alemão na fila é como brasileiro. Se encosta, empurra, aperta, quer dar o golpinho e passar à sua frente. Principalmente os velhos, que se julgam com poderes adquiridos. Um dia, fiquei a pensar como seria peidar na fila e olhar em torno com ar reprovador, severo. Mesmo quem não tem culpa sente-se constrangido e termina com jeito de quem tem.

Sexo

Como é o sexo nesta terra? Como se comportam as pessoas, os jovens?

Ônibus 15 ou a prisão dos nazistas

Para apanhar o ônibus 15, que faz uma viagem espantosa, é necessário ir até a estação Ruhleben, do metrô, ponto final (ou inicial, dependendo do ponto de vista) da linha 1. Quase a oeste da cidade. Saindo do centro, chega-se a Ruhleben com o metrô, em meia hora. Ou com o ônibus 54 (para Spandau) em quarenta ou cinqüenta minutos. Vantagem do ônibus é evidente, acompanha-se a paisagem. O 15 deixa a estação e logo entra à direita, para apanhar a Charlottenburger Chaussee. Ao fazer a curva, meus olhos batem numa tabuleta e meu condicionamento não me deixa evitar ligeiro arrepio. Por alguns segundos, me oculto numa sensação que acaba sendo irreal. A tabuleta diz: *Fussweg zum Krematorium* (Atalho, caminho para o crematório). Logo à frente, outra tabuleta, grande, me indicaria o crematório do cemitério de Ruhleben. O problema é que a palavra não deixa de vir, aqui, cheia de conotações, principalmente para quem passou por Dachau, numa visita que impressionou.

Era 5 de novembro, cheio de sol, e primeiro dia realmente frio do outono deste ano. Passei pela ponte de ferro sobre o Havel, continuação do rio Spree, que corta Berlim, e vai terminar nos grandes lagos, em cujas margens está a floresta de Grunewald. De um lado, um porto de areia, do outro, tanques, depósitos de gasolina ou gás. Imensas barcaças ancoradas ou navegando lentamente. Na esquina da Weissenstrasse com a Pichelsdorfer, uma velha casa, daquelas que se encontram no sul, na região de Fürth e Nurembergue, as paredes com grossos travões aparecendo. Restaurada, bonita, flores nas janelas. É uma Kneipe, a *Zur Traube*. Subúrbio quieto, mulheres comprando verduras nas bancas que exibem as frutas do outono: pêras, maçãs e laranjas. Na Adamstrasse, o toque dos anos 60: a butique com nome antigo, *Barbarella*, vitrines pintadas com os olhos da personagem que Jane Fonda (fase anterior) interpretou no cinema, dirigida por Roger Vadim. Onde andará Roger Vadim?

Quando o ônibus cruzou a Melanchthonplatz, bati os olhos, à direita, num imenso conjunto de tijolos vermelhos. Havia algo semelhante a um castelo, com guaritas e sentinelas. Tive uma intuição, saltei no próximo ponto, na Wilhelm Strasse, e voltei. Por toda a parte, avisos em inglês e alemão proibindo a entrada e fotografias. Algo familiar me ressoava na cabeça, quando cheguei ao edifício principal, castelo miniatura, pequena fortaleza, rodeada de spots, cercas de arame farpado. Desta vez aviso em letras garrafais. *Não se aproxime, nem se apóie nesta cerca. Os guardas estão autorizados a atirar.* Só podia ser um dos lugares que procuro desde que cheguei. Passava pela calçada uma leva de soldados ingleses. Perguntei a um:
– Esta é a prisão?
– Sim, é essa.

A prisão de Spandau, onde os nazistas condenados pelo tribunal de Nurembergue estiveram encerrados. Dois deles bem famosos. Albert Speer, o arquiteto do Reich, que ao sair publicou suas memórias. E Rudolf Hess, provavelmente o mais célebre prisioneiro do mundo, nos últimos vinte anos. Hess foi o que saltou de pára-quedas em Londres, tentando fazer um acordo com os ingleses, quase no final da guerra. Hoje com noventa anos, Hess é o único prisioneiro dessa imensa fortaleza, vigiada em conjunto pelos quatro aliados da Segunda Guerra Mundial: ingleses, franceses, americanos e russos. A prisão é um dos poucos lugares onde se permite a presença de militares soviéticos dentro de Berlim Oeste. Os outros são o monumento ao heroísmo do soldado russo, em frente à avenida 17 de Junho, que atravessa o Portão de Brandemburgo e o Quartel-General das Forças Aliadas.

A fortaleza-prisão tem um ar sinistro. Não fosse o sol, a luminosidade do dia, eu teria me deprimido. Sentem-se fluidos ruins em torno do lugar. Baixo astral. As sentinelas andam continuamente em torno das guaritas. Alertas a quê? Com medo que Hess fuja? Com medo que alguém organize um atentado? São dezenas de soldados, de quatro nações, armados e alimentados. Energia elétrica, aquecimento, água e tudo mais, para se guardar um homem.

Gastam-se anualmente na manutenção dessa fortaleza-prisão seiscentos mil marcos, o equivalente a duzentos mil dólares. Contemplando aquelas sentinelas eriçadas, andando inutilmente em torno de suas guaritas, tive outra vez a impressão, surpresa e abismada, com o vazio que representa o militarismo. Idêntica sensação que tive diante dos guardas imóveis que prestam serviço no monumento ao heroísmo soviético. O nada para coisa nenhuma. Difícil, impossível para nós, comuns, entender ou aceitar certos simbolismos e dogmas fátuos.

  Prisioneiro afortunado de Spandau foi Speer, arquiteto pessoal de Hitler, responsável pelos monumentais edifícios (como a Chancelaria) com a marca típica de ostentação das obras fascistas. Condenado em Nurembergue a vinte anos, Speer escreveu o *Diário de Spandau*, relato minucioso do dia-a-dia atrás destas paredes avermelhadas. Virou best-seller, rendeu dinheiro. Speer escreveu também dois volumes sobre o regime hitlerista: *Os anos de glória* e *A derrocada*, reunidos sob o título de *Por dentro do lll Reich*. Estes livros foram traduzidos para o português, lançados pela Artenova. O diário de prisão de Speer tem reflexões curiosas, mas deve ser lido com cuidado, por que ao longo de suas quinhentas páginas o arquiteto assume culpas, fazendo questão de se "limpar" perante a história e a opinião mundial. Com habilidade e sutileza, Speer adota posições "críticas" a respeito de Hitler e do nacional-socialismo. Não se deve esquecer também que Speer era o homem encarregado do armamento.

  Somente em 1947, os réus de Nurembergue foram transferidos para Spandau, Berlim. Spandau é o nome do bairro, dos mais antigos da cidade. Em 1982, comemorou setecentos e cinqüenta anos de existência. Situa-se a centro-oeste de Berlim e possui belíssima floresta. Sua atração turística é a cidadela, localizada numa ilhota. Speer conta que quando o avião sobrevoou a cidade (19 de julho de 1947) ele olhou para baixo: "Podia ver o eixo Leste-Oeste, que eu tinha completado para os cinqüenta anos de Hitler. Vi depois o estádio olímpico com seus gramados verdes que pareciam bem-cuidados e, finalmente, a Chancelaria, por mim desenhada. Ainda estava lá, se bem que atingida diretamente por várias bombas. Haviam cortado todas as árvores do *Tiergarten*, de modo que pensei inicialmente num campo de aviação". Pouco depois, Speer entrava em Spandau: "Atrás de nós, em uma entrada de aparência medieval, fechou-se o portão". No dia 4 de agosto de 1947, ele registrou: "Passamos muitas horas do dia num jardim cuja área deve ficar entre cinco e seis mil metros quadrados. Há muitas nogueiras antigas e lilases bem altos. O jardim está cheio de capim, que chega até a cintura; desde a guerra que ninguém cuida disto aqui...

"A vida aqui é bem mais saudável que em Nurembergue e as seis horas de trabalho diário estão me beneficiando muito... A mudança nas tropas de ocupação nas torres ao redor do presídio e no portão é mensal. Os primeiros a montarem guarda são os russos, depois os americanos, seguidos dos britânicos e finalmente dos franceses... Minha cela tem três metros de comprimento por dois de largura... As paredes são de um amarelo cor de lama, com sua parte superior e o teto caiados de branco... Spandau é o equivalente burocrático da invenção do movimento perpétuo... As neuroses típicas de prisão nos são poupadas. Numa penitenciária normal, em meio a centenas de outros detidos, é possível que há muito tivéssemos chegado bem perto da loucura."

Spandau abrigou os sete personagens importantes do III Reich que não foram condenados à morte: Rudolf Hess, vice de Hitler; Walther Funk, ministro da Economia, e o almirante Erich Raeder (tiveram prisão perpétua); Baldur von Schirach, líder da juventude, e Speer (vinte anos cada); Constatin von Neurath, ex-ministro das Relações Exteriores (quinze anos) e o almirante Doenitz (dez anos). Speer foi liberado em setembro de 1966. Pouco antes de deixar a prisão, ele se aproximou de Rudolf Hess, o único que iria permanecer. Os outros tinham sido libertados ou estavam mortos. Hess olhava um caminhão que despejava carvão e disse apenas: "Tanto carvão. E de amanhã em diante só para mim".

Bandeira branca (III)

Vi muitas. Várias em Kreuzberg. Outras em Neukölln, em Moabit. Schöneberg, Wedding. Tarde de calor e silêncio. Curioso como em certos lugares, às três da tarde, a cidade parece mergulhar na estagnação, ausência total de barulhos. Nem mesmo uma tosse ousa romper a espessura desse silêncio. Nas proximidades da estação de metrô da Osloer Strasse, vi quando jovens penetravam num prédio abandonado, levando a bandeira branca. O prédio não tinha uma só janela inteira, estava em pedaços. O pátio interno abarrotado de lixo em enferrujados containers que os caminhões da prefeitura tinham esquecido de buscar.

Jovens (I)

Na estação de metrô Viktoria-Luise-Platz, sexta-feira à noite, entrou um jovem espigado, cabelo vaselinado, bigodinho preto e curto. Retrato feito de Hitler. Dois garotões atarracados, cabelos curtinhos, atravessaram da plataforma oposta, chegaram no hitlerzinho, disseram qualquer coisa. O espigado se pôs a correr, sumiu da estação.

Epa!

Assustador o número de anúncios de remédios ou sistemas contra a impotência. Por que assustador? O que tenho a ver com a impotência alemã? Digamos, então, surpreendente.

Será?

Será que isso tem alguma relação com o fato de se ver tão poucas crianças em Berlim Ocidental?

Olha aí

Na parede de uma floricultura, para os lados de Lübars, um grafite: *Deutschland den Deutschen* (A Alemanha para os alemães).

Dólar

Quando cheguei, em março de 82, o dólar valia 2,15 DM. Quatro meses depois custava 2,49 DM, e assim permaneceu. Tem certamente tecnologia subdesenvolvida investida nisto. Algum ministro brasileiro forneceu know-how econômico. Ou mexicano, polonês.

Mais tecnologia

Supermercados também parecem ostentar tecnologia econômica oriunda dos países onde a inflação marcha rápido. A instituição das etiquetas superpostas, com preços alterados, tão familiar à gente, anda por toda parte, vingança brasileira contra o envio da tecnologia nuclear?

Rir?

Cruzei com um grupo levando cartazes indignados com a inflação absurda de 4,67 ao ano. Me pareceu refresco.

Promenade

vago pelas ruas limpas de Berlim
(pode lamber o chão)
assépticas

(não fosse a bosta de cachorro)
planas como mesa de bilhar
(a que horas passa a turma da limpeza pela Alemanha?)
paraíso de bicicletas,
ônibus duplos, creme.
ônibus duplos, berrantes com publicidade.
BZ, o jornal berlinense
KeineFeier ohne Meier
lotto,
copiei números do anúncio, mandei jogar no Brasil,
não ganhei nada,
no piso superior do ônibus, o jovem turco
estuda
Deutsche Sprachlehre für Ausländer
o turco não vê a paisagem a caminho de Kreuzberg,
a segunda cidade turca do mundo,
ô Istambul, foi Constantinopla,
Cantava Caterina Valente, sucesso dos anos cinqüenta,
ô Istambul é West Berlin,
onde está Caterina Valente?

Jovens (II)

Aos bandos. Sentam-se nas escadarias da igreja memorial do Kaiser, a beber cervejas, principalmente se for verão e tiver sol. Lotam discotecas da Ku'damm, cafés da moda na Olivaer Platz, vagabundam por estações como Nollendorfplatz, Kurfürstenstrasse, Richard-Wagner-Platz, sentam-se nas calçadas de Kreuzberg, diante de cafés e *kneipen* alternativas, reúnem-se nos apartamentos de casas ocupadas, aos sábados circulam pelo Europa Center, um footing berlinense, freqüentam boates de fórmica branca, restaurantes decorados a néon, bares de azulejo branco, assépticos, enchem as casas de disco, circulam com walk-man e trazem o olhar vidrado.

Fachadas de *Kreuzberg*, onde ainda se podem ver restos do fausto da Berlim arquitetônica dos anos vinte e trinta, quando era capital da Europa. Como é um bairro popular, o poder público não tem se preocupado muito com a conservação, mas o surgimento de organizações comunitárias contribui para modificar esta mentalidade. Existem inclusive planos não somente para a restauração, mas também para se pintar as fachadas, colorindo o bairro todo.

Duas, ou quantas quiser

Berlim tem dois rostos. Durante o dia inteiro, o que se vê pelas ruas são os velhos. A partir de oito da noite, os velhos desaparecem e surgem os jovens, tomando conta de tudo. A cidade se recicla a cada dia. Até mesmo nos cafés, *kneipen* e restaurantes, muda-se a forma de atendimento. À tarde, é comum os garçons serem pessoas de meia-idade. À noite, o serviço geralmente é feito por universitários. Aliás, nesses serviços é bem maior o número de mulheres que de homens.

Cansaço

Seis e meia, acendem luzes, descem escadas, batem portas, vão para o trabalho. Todos ocupados. O país vai estourar com tanto trabalho. Mas freqüentei tanta repartição em que as pessoas não faziam nada, conversavam e tomavam café, te deixavam esperando, atendiam lentamente. Bom, mas não vá dizer lá fora que os alemães não trabalham.

Ruídos

Seis e meia, começam, ouço torneiras,
descargas, conversas, água descendo pelos canos,
ruídos de cozinha.
A arquitetura moderna
é prodigiosa para acústica.

Por que se foi?

Laine Milan, grande amiga, repórter de televisão:
"Por que você se foi, logo agora, exatamente quando o país ferve? Nunca tinha visto nada igual em minha vida, nem parece Brasil. As cidades se enchem de cartazes, as paredes estão forradas de pôsteres. Inscrições nos muros, por toda a parte, já tinha visto isto em fotos, em documentários cinematográficos, quando havia comícios, campanhas políticas, eleições gerais. Estamos eufóricos, você precisava ver a cara dos jovens. Parece que comeram doce. Um desbunde completo. A tal ponto que a sensação é de que o país virou de ponta-cabeça. E os comícios? Como podia imaginar que os comícios eram assim? Tem dia que me assusta ver a multidão concentrada, gritando. Me assusta ouvir os oradores falando o que falam, protestando, exigindo reformas e até revoluções. A

gente fica observando a esquina, esperando as tropas de choque chegarem. Elas não chegam. O Brasil está mudando? No que vai dar isto?"

Jovens (III)

Em shorts, patinam em torno da Galeria Nacional, fazendo evoluções que se refletem nas grandes paredes envidraçadas que abrigam Picasso, Cézanne, Andy Warhol, Lichtenstein.

Sexylândia

Lutero ficaria constrangido. Ao mesmo tempo que se iniciavam as comemorações, nas duas Alemanhas, pelos quinhentos anos de sua morte, inaugurava-se em Berlim, na rua que leva seu nome, a Martin Luther, o maior conjunto de peep-shows da cidade, chamado pomposamente *Sexyland*. Boates, cabarés, strippers, topless, cabines, butique para videocassete e sex shop com toda a trambiqueira, da revista pornô ao vibrador, com passagem por xoxotinhas de espuma acolchoadas e lubrificadas. Afinal, o que são estes peep-shows que se espalham sob o olhar inquieto dos conservadores e a ira das feministas? Estas mesmas que não resistiram e, no início de 1984, promoveram um protesto que faria inveja a Emma Goldman, deixando no chinelo o quebra-quebra que os provocadores organizaram em São Paulo no começo do governo Montoro.

Diversão para uns, sustento para outros, pedra no sapato de terceiros, os peep-shows continuam existindo e vão se ajeitando.

O princípio é simples: *voyeurs*, tímidos e masturbadores existem. Junte algo para três categorias assim e está feito o sucesso de um peep-show. O que ele oferece? Chance de se embasbacar, em cabines individualizadas, com os trejeitos de uma mulher nua ou com um filme (ou vídeo) pornográfico. A cabine é indevassável, o sujeito fica isolado, segregado. Ele com ele mesmo. Um painel à entrada define a programação, aponta o que rola em cada cabine (são numeradas). Alguns propõem programas bem variados: adolescentes, preto com loiras, pretas, mulheres de seios imensos, xoxotas raspadas, fazedores de xixi, surubas, lesbianismo, animais, sexo anal, bundudas e tudo o mais que a imaginação permita. E até onde a imaginação não chega. Os mais modernos trabalham à base de videocassetes com relógios digitais para marcar o tempo. Colocado um marco, o relógio marca o número 100 e começa a correr ao inverso: 99, 98, 97, 96. Às vezes, o sujeito apanha o início do filme, com aqueles preâmbulos todos, fica esperando a ação começar e olha angustiado o reloginho implacável retrocedendo. Construí em torno desse suspense um capítulo que está no romance *O beijo não vem da boca* que comecei. Um marco dá direito a um minuto de filme ou um minuto contemplando as mulheres em carne e osso. O minuto é como balança de comerciante brasileiro. Varia pra burro. Nuns lugares tem cinqüenta segundos, noutros quarenta e cinco. Pode chegar também a oitenta segundos, se a casa deseja se firmar, ganhar clientela.

As modelos ao vivo se exibem numa cama circular que gira lentamente ao som de música pop no máximo de volume. Nunca soube como os tipos conseguem concentrações para masturbações com o som infernal martelando a cabeça. As cabines se dispõem, lado a lado, em semicírculo. Fechada a porta, colocada a moeda de um marco na fenda, abre-se uma cortina de metal. Através de uma abertura envidraçada, de vinte por trinta centímetros, pode-se contemplar a modelo.

Essa mulher solitária tem por missão abrir as pernas, apontando as partes em direção às janelas, mostrando o máximo que puder, como se cada espectador anônimo fosse um ginecologista. Algumas o fazem grosseiramente e de má vontade, outras aplicam engenho e arte, malícia e ironia. As cabines podem ter janelas com vidros espelhados, o que significa que ninguém enxerga seu rosto. Ou vidros simples. Tudo que se vê dos outros é o rosto, bem encostado ao vidro, para não perder nenhum detalhe. Ansiosos, tensos, alegres, suados. Percebe-se o ligeiro balançar, porque a mão está agindo, rápida. Tem-se de ser veloz, porque a qualquer instante a janelinha *plaft*. Se fecha com o ruído forte de metal contra metal. A jogada é ter à mão as moedas prontas. Como a fenda do aparelho é do lado direito, cria-se um problema. Como fazer para segurar as moedas e estar em ação? Nada mais chato que a janelinha se fechar no instante do gozo, quando se está chegando. Vantagem, aqui, para os canhotos. Ação na mão esquerda, moedas na direita. Um e outro peep-show tem cabine com o aparelho regulado para cinco marcos = cinco minutos, o que dá mais tempo e tranqüilidade.

 A existência dos peep-shows tem sido discutida até no Parlamento. Estão sempre fecha, não fecha. Mas democracia é isso, o fechamento vai depender da maioria apoiar, e esta ainda não foi conseguida. O que se sabe é que tais casas dão emprego a muitas universitárias que precisam daquele dinheiro para completar as mesadas familiares ou as bolsas de estudo do governo. Fechá-las em nome da moral representa criar desemprego, sob pressão de uma minoria. Assim, os peep-shows resistem.

 Existem também as solo-cabines e as cabines. Por dez marcos, você pode escolher uma das garotas para que ela se exiba somente para você. A solo-cabine tem uma cadeira, um rolo de papel higiênico, um vidro grosso e uma abertura circular no vidro, através da qual se pode (e se deve) passar uma nota à modelo, a fim de que ela fique mais à vontade e simpática. Por trinta marcos, a coisa melhora. A cabine não tem vidro separando ninguém. Existe um sofá e você fica diante da mulher. Então, corre uma tabela estabelecida: para tocar os seios, quinze marcos. Para acariciar o corpo, vinte marcos, e assim por diante. Impossível é dar uma trepadinha. Não tem jeito. O máximo é você cantar a mulher para depois. E aí depende de sua habilidade, conversa, charme.

Jovens (IV)

1982-1983.
Cabelos começando a encurtar.
Sapatos com amarrios.
Cintos como os de papai, sóbrios.
Meias claras, preferência para brancas.
Calças soltas, bem largas, gênero meu irmão era maior do que eu.

Serra/Marilyn: ônibus 18

O ônibus atravessa a estreita língua de terra ladeada pelo muro. Conduz a Steinstücken, famoso enclave berlinense. Falei dele no começo do livro. Desço antes de chegar à pequena aldeia, quero caminhar ao sol. Uma da tarde. Do outro lado, os soldados da RDA me seguem com o binóculo. O que olham tanto? Há trechos em que o muro é substituído por alambrados, vejo a terra estéril. Um jipe militar levanta poeira, o motor é o único barulho. Cachorro late. Um ciclista de camiseta preta, ouço a pedalada, o ruído da corrente engrenando nos dentes. Um portão no muro. Dá para onde? Ouvi dizer que existem pequenas propriedades que ficaram separadas. Os donos tiveram direito a um portão. Amigos, para visitar, apertam a campainha, se identificam. Como se fosse campainha normal, porta qualquer.

Nem um só pássaro nestas árvores artificiais, tipo reflorestamento brasileiro (pinus etc.). Árvores mirradas que nem sombra dão. Bomba de água. Chego à aldeia. Jardineiros cuidam de canteiros. Quitanda, pêssegos vermelhos ao sol. Velhos que desceram do ônibus procuram o pequeno restaurante de comidas típicas. As mesas no quintal, rodeadas por cadeiras. A alguns metros, o muro. Silêncio opressor, o silêncio de toda a Europa cai sobre mim.

Tortas de framboesa, morango, groselha preta, café pouco adoçado. Alemão não toma café com açúcar, é raro. Então, do outro lado do muro vem, forte, o ruído de uma serra. Dessas serras de toras. Aquela mesma que me acompanhou, todas as tardes, por anos e anos, em Araraquara. Som familiar. Havia perto de casa uma grande serraria, do Negrini. Crianças, ali buscávamos paus e tocos e tábuas para fazer brinquedos, montar jogos. O Negrini, com sua serra de fita, fazia as rodas de nossos carrinhos de madeira ou caixão. Fornecia também a serragem que, misturada ao musgo, formava o chão dos presépios. Musgo e serragem = cheiro característico que invadia toda a igreja na época de Natal.

Uma vez, ouvimos um grito tenebroso vindo da serraria. Chegamos a tempo de ver um empregado, junto à serra, o toco do braço sangrando. O sangue esguichava do braço, parecia as mangueiras que regavam os jardins no fim da tarde. A mão do homem no chão, misturada à serragem. A cara do homem não era nem dor, nem nada. Era espanto. Cada vez que ouço a serra, me lembro da mão na serragem. Anos e anos, em São Paulo, morando sempre perto de uma construção (não há possibilidade, nunca, de não se morar junto a um prédio em construção), quando a serra começava, a mão voltava, circulava pelo meu apartamento. Pensei em colocar esse fantasma num livro, conto. A mão na serragem faz lembrar também outra mão, a do macaco, numa peça, de George Kaufman, se não me engano, que o grupo de teatro de Araraquara encenou na década de 50. Peça de terror, pessoas ficaram impressionadas. A serra pode gerar imagens diferentes, dependendo da cabeça. Numa entrevista ao *Nouvel Observateur*, durante temporada em Nova York, no início de 1983, Yves Montand dizia: "Marilyn é Hollywood. Ela está associada ao ruído de uma serra elétrica. Quando cheguei a Hollywood, queria dormir, fazer a sesta e fui despertado por uma serra elétrica. Não posso ouvir serra sem me lembrar de Hollywood".

O tiro da bruxa

Uma vez, em Teresina, capital do Piauí, dos Estados mais pobres do pobre nordeste brasileiro, me contaram que o índice de miséria e subdesenvolvimento de um povo se podia medir pelo número de farmácias existentes. Naquela cidade há quase uma por esquina.

Em Berlim, comecei a reparar que havia quase uma farmácia por quadra. Pequenas e lindas Apotheken, algumas com estilo tradicional, prateleiras antigas, íntimas, acolhedoras, diferentes dos supermercados de medicamentos que temos no Brasil. Pouco a pouco passei a me assustar com o número delas. Parecem tantas. Como fica a tese do subdesenvolvimento e a farmácia? Nova tese: desenvolvimento e hipocondria?

Acordei um dia com a perna direita inutilizada. Dor terrível corria a parte posterior da coxa. Tive distensão em pleno sono? Levantei, não podia caminhar, a perna parecia dissolvida. Pouco depois, com exercício, consegui andar, passei o dia enganando. À noite, enfiei-me na água quente. Tinha visto nos vestiários de futebol aquelas imensas banheiras, os jogadores metidos dentro, imaginei que seria bom para os músculos. Nada, passei a pior noite da minha vida. De manhã, fui ao médico. Ele me tranqüilizou. Não era câncer na perna, nem ciática, nem necessitaria amputação. Tinha apanhado um simples *tiro da bruxa* (Hexenschuss). "Três injeções de vitamina B, algumas massagens e pronto, você estará bom", ele garantiu. Acrescentando: "Isso se deve à mudança de clima, de quente para o frio. Você tem de se agasalhar bem, conservar o corpo quente, usar cachecol, evitar corrente de ar". Final de agosto, calor terrível. O verão de 82 foi o mais quente, desde 1937. Fiquei quieto, não disse nada. Pois quando cheguei a Berlim, em março, peguei dois graus abaixo de zero, e recém-saído do Brasil, onde estava trinta graus. Não apanhei nenhum *tiro da bruxa*, então. Mas o que me derrotou foi ver a definição do dicionário para *Hexenschuss*. É lumbago, e me senti ridículo. Não é à toa que aquele consultório fervia de velhos, eu era adolescente ao lado deles.

Amigos meus haveriam de me invejar. Para tomar as três injeções de vitamina B, precisei do médico. Ele diagnosticou, receitou e me deu pessoalmente a primeira. Uma honra, distinção, o próprio médico aplicando. As outras duas, me entregou às mãos de suaves enfermeiras que praticaram lindo ritual. Uma passou o algodão embebido em álcool na minha bunda, fazendo fricção. A outra, seringa em punho, fez a aplicação. Em seguida, a do algodão fez massagem local colocou minúsculo esparadrapo no ponto. Tudo durou meia hora e me custou cem marcos (quarenta dólares). Meus amigos invejariam. Porque estamos acostumados, no Brasil, a coisas assim. Andando pela rua, de repente nos lembramos: "Ih! Estou mal do fígado, hoje. Tomei um porre ontem. Melhor tomar uma Necroton". Na farmácia mais próxima, pede-se a injeção, entra-se num cubículo dos fundos. Vem o auxiliar de farmacêutico, com ampla experiência, pois trabalha no lugar há três semanas, recorde de estabilidade num país caracterizado pela rotatividade. O auxiliar misturou também vitamina C, por conta própria e também para aumentar a conta. Manda ver, você paga dez marcos por tudo e sai, sentindo-se melhor do que nunca.

Juro que nunca ouvi falar, nem li notícia de gente que morreu de injeção. Milagres do subdesenvolvimento.

Jovens (V)

Compram discos:
Genesis, Pink Floyd, Elvis Presley, Jim Morrison, Nina Hagen, Sex Pistols, Deep Purple, The Who, Animals, Gene Vincent, Motorhead, Grace Jones, Boy George, Stevie Wonder, Simon and Garfunkel, Elvis Costello, sempre Mick Jagger, A&P, Klaus Hoffmann, Udo Lindenberg, Malaria, Joy Rider, Joe Jackson.

Vida comunitária

Vizinhanças da Ufa-Fabrik, comunidade alternativa instalada nos antigos estúdios da UFA, a produtora de filmes do III Reich. Exorcizados os inevitáveis fantasmas cinematográficos que me acometem quando deparo com estúdios, olho o que foi feito. Camarins transformados em pequenos apartamentos. Teatro, cinema, restaurante, circo, bares, lanchonetes, hortas. Vida comunitária. Bem gostaria de ter tido uma experiência assim. Mas com essa idade, entre vinte e vinte e cinco anos, estava violentamente empenhado no jornal. Nem havia no Brasil razões para se fazer uma vida alternativa, de protesto e reação. Década de 50 tudo estava por fazer, como ainda está hoje em dia, pois o pouco feito foi desfeito. Tínhamos admiração pela geração beatnik, poetas de contestação ao *american way of life*. Puro colonialismo, nem havia sentido copiarmos os romances de Kerouac, ou a poesia de Ginsberg, Corso, Ferlinghetti, eles agiam em outra estrutura, contexto, brigavam com uma sociedade industrializada e consumista. Agora, começa a haver campo para um *beatnik* ou qualquer outra expressão correspondente, no Brasil.

Enfeites

Antes de entrar na UFA, andei em torno dos estúdios. Olhando através das janelas, nos prédios em volta, vi um grupo de velhos, sentados à mesa, fabricando enfeites de Natal, em série.

US Army

Na Finckensteinstrasse, entre Zehlendorf e Lichterfelde, uma quadra imensa, prédios vastíssimos de tijolos vermelhos, muito movimento dentro. Quadra cercada. *US Army Barracks*, quartel-general dos americanos, um dos ocupantes deste país. Prédios ocupados. Por que a polícia não desocupa esses ocupantes?

Em 82?

A gente olha os prédios vastíssimos, a quadra imensa cercada, pensa na falta de espaço desta cidade, vê as fardas, os símbolos e se pergunta: o que significa continuar ocupando outro país em 1982?

Cabeças

No final da Ostpreussendamm, antes de virar à esquerda, o ônibus 85 passou por pequena praça. Uma colegial, treze anos mais ou menos, desceu comigo, entrou numa das casas cujos fundos dão para o muro. O que pensa uma menina (criança) destas? Como vê o muro? Alguém explica o significado, o por que se chegou ali? Como é crescer numa cidade que é a mesma, porém não é? Como são essas cabeças? Acredito que nunca nenhum estrangeiro conseguirá alcançar aquilo que nem mesmo os alemães parecem atingir.

Ócio-paz

O ônibus vem pela Wismarer Strasse e atravessa a ponte sobre o canal de Teltow. Hora de almoço, pescadores sonolentos nas margens.

Desconcentração

Percebo que estou ganhando desconcentração na Alemanha. Sumiu meu estresse, minha ansiedade. O ritmo é outro, até mesmo em relação à violência. Ela existe, porém se conserva mais a distância. Posso andar sem medo pelas ruas, à noite. Não me incomodo muito se esqueço uma janela aberta. No cinema ou teatro deixo meu casaco guardando o lugar e vou tomar café, no intervalo. Sei que posso quebrar a cara, sofrer qualquer coisa, porém é hipótese, não uma comprovação e uma espera diária. Será que a desconcentração também se deve ao fato de que estou longe de meus problemas cotidianos? Há mais do que um mar, há um muro entre eles e eu.

Jovens (VI)

Gravatas finas, laços malfeitos.
Paletós de tecidos leves, amassados, a manga dobrada.
Camisas, mangas três-quartos, largas.
Sobretudos pesados, de segunda, terceira mão.
Meninas adolescentes vestidas como suas mães se vestiam em 1948 ou 1953.
Ternos listados.
Adolescentes com chapéus da vovó.

Fotos na caixa de sapatos

Nossos lugares, recantos secretos, nós é que descobrimos numa cidade. Andando, deparando com eles ao acaso. Porque nós é que sabemos os pedaços onde nos sentimos bem, o que nos toca fundo, comove. Pode ser parede vazia, muro descascado, um balcão, janela entreaberta, uma luz particular, um vaso de flores, vitrine, objeto em loja, esquina sombreada, poste de luz, árvore, um banco com inscrição, ponte, passagem sob o trem elevado, um café recém-lavado, ainda cheirando a água-sabão, como aquele na Droysenstrasse, Charlottenburg. Caminhar a pé revela a cidade, a gente fugindo das grandes ruas, penetrando por alamedas transversais, becos, ruas particulares, Privatwege (me advertem, não ligo). Sigo, atraído por uma porta, promessa de praça. Foi promessa de praça que me fez bater na Stuttgarter Platz, entre a Kantstrasse e os trilhos do S-Bahn, num fim de tarde. A primeira descoberta foi um poste antigo, com vários troncos, estilo início de século, tomado com flores. Um restaurante com jeito gostoso, bem na esquina, o *Palagonia*. Cafés e dois "mercados de pulgas", um ao lado do outro. Uma caixa de postais antigos me atraiu. Postais me fascinam. Qualquer postal me deslumbra, desde os normais, sem a menor originalidade, aos mais alucinados criativamente, passando pelo kitsch que existe aos montes.

Na verdade, a caixa da Stuttgarter Platz não era de postais comuns. Havia vistas de castelos e jardins, mas o que predominavam eram os retratos.

Famílias inteiras, em filas superpostas, do avô, ou bisavô, aos netos, bisnetos, agregados, provavelmente tirados numa festa de casamento, ou Natal, num aniversário ou comemoração de bodas.

Grupos de mulheres,

crianças em várias idades, poses, brinquedos, primeira comunhão, diplomação, surpreendidas pelo pai no jardim.

Jovens na praia,

uma mulher jardinando. Quem bateu a foto? O marido? Um amigo? O filho?

Festas em família, festas na cidade,

uma mulher dançando,

grupos de escolares,

moças em vestidos domingueiros numa praça,

rapazes em poses formais.

Como eram diferentes os jovens alemães, compostos, roupas impecáveis, duros em seus ternos engomados, colarinhos altos. Será que cruzei com um destes jovens, hoje velho? Seria aquele velho alto que a mulher beijou diante da Ka De We? Ou

então o que me viu abraçado com a amiga no Tiergarten e murmurou: "Que lindo!". Seria?
Velhos seríssimos, assustados com a câmera, bebês nus (também aqui tinham costume?), um almoço em que os homens fazem graça para o fotógrafo. Retratos que fizeram parte de álbuns conservados através dos anos. Como chegaram até aqui tais fotos? As famílias se desfizeram delas? Como se toma a decisão de escolher que foto fica? Pela simpatia dos parentes? Os que morreram há muito são dispensáveis? De que forma se toma a decisão de jogar fora uma foto familiar? Ou tais álbuns foram esquecidos em casas durante uma mudança? Encontrados em meio às ruínas da guerra? Perdidos na rua, caíram do caminhão de mudança, uma criança atirou ao lixo por acaso? Que gente é essa que se desfaz dos retratos-memória dos próprios parentes? Um mistério fica no ar, nesta praça. O mistério aumenta:

Quem compra tais fotos?

Quem precisa de retratos de famílias alheias?

Alguns são pitorescos, entram numa decoração mais descontraída, emoldurados em paredes nostálgicas. No entanto, a maioria é absolutamente não-utilizável.

Absolutamente é exagero. Existem pessoas que precisam de fotos antigas, dos outros. Para criar, inventar um parente, possuir um ancestral qualquer, arranjar uma prova de que descende de alguém. Pensemos numa pessoa solitária, mas tão só que não tenha ninguém no mundo, parente, amigo, alguém a quem ame. Esperem. Sempre amamos alguém, o que pode acontecer é que nem sempre a gente seja amado. Essa pessoa sai pelos "mercados de pulga" em busca de fotos, apresentando depois como seus amigos, sua família, o amor da vida.

No entanto, se é uma pessoa solitária, sem amigos e sem parentes, a quem vai mostrar essas fotos?

Eu mesmo já pensei nisso. Fantasiar uma família à parte, compondo-a com fotos de pessoas diferentes, de lugares os mais disparatados. Pessoas que tenham certos traços de semelhança. E assim montar uma árvore genealógica fictícia, parentes recompostos. Me lembrei de velha amiga que carregava terrível problema na cabeça. Quando criança, a mãe a achava feia e desajeitada. Em fotos, era um pavor, monstrengo. A filha descobriu então que a mãe levava na carteira, no lugar de retratos verdadeiros da menina, fotos recortadas de revistas, mostrando crianças robustas e atraentes. Adotava as fotos alheias, como se fossem de sua filha. Cheia de orgulho.

Subitamente, na Stuttgarter Platz me ocorreu a inutilidade de se tirar fotos e mais fotos, de filhos, pais, irmãos, parentes, tentando eternizar alguma coisa. Guardar, fazer com que o tempo permaneça estagnado. Porque toda aquela alegria de um *clic*, cuidado, um pouco mais para trás, sorria, não feche os olhos, vire mais o rosto, tudo isso, a intenção de se perpetuar, pode terminar numa caixa de sapatos, num mercado de coisas velhas, túmulo de fotografias desconhecidas.

Vamos admitir a hipótese de que uma vez cancelado o objetivo inicial de se perpetuar alguém, as coisas reformulam o seu sentido. Abre-se uma outra perspectiva para essas velhas fotos. Mais amplas, dessa vez, pois se pode fazer tudo com elas, são apenas rostos.

Mesa posta

VOUS ENTREZ DANS LE SECTEUR FRANÇAIS.
Böserbrücke – Construção 1912-1915: Famílias se abraçam e se beijam no início da ponte. Tiram muitas fotos, sorridentes.
Final do ônibus 89.
Na calçada, um grupo de pessoas em torno de uma mesa arrumada para uma festa, almoço comemorativo. Vinho, cerveja, bolos, presentes fechados, copos de cristal. Seria um filme? Não havia câmeras, material de iluminação. Esperei. Logo, pessoas

atravessaram a ponte, vieram de Berlim Leste. Os do lado de cá saíram de carros, foram para os abraços, para a mesa de festa, em plena rua, ao ar livre, numa tarde de verão de 1983.

Cavalos

A menina, uns dezesseis anos, uniformizada, empertigada na sela, pratica hipismo na manhã de terça-feira, na Britzer Damm. Quem for para os lados de Lübars pode sentir bem o cheiro de bosta de cavalo, vindo das fazendas de criação. Sensação enganadora de campo aberto, livre.

Silêncio

Entendo o silêncio que me oprimia em Steinstücken. É que o meu "silêncio" em São Paulo é diferente. Cheio de ruídos, gritos, vozes, buzinas, chamadas, cantos, apitos, batidas, música, até alguns pássaros.

Desbunde

Os homens usam brincos. Numa só orelha ou nas duas. Alguns têm até cinco brincos por orelha. Discretos ou ostensivos. Às vezes, no nariz. Muita tatuagem, em homem e em mulher. Não dá para saber se definitiva ou decalque. As meninas adoram andar descalças e não depilam nada, pernas ou axilas. A correntinha na perna é lugar-comum. Muitos carecas (skin-heads) com botas. São agressivos, olhar sempre desafiador. Punks, de todos os tipos. Cabelos mechados, cabelos em forma de crista, cabelos como os índios americanos, botas, blusões de couro preto, gadgets espalhados por todo o corpo, correntes com cintos, rostos pintados, muito batom e rímel, sorrisos irônicos. Nos metrôs, param diante das pessoas e ficam a olhar na cara, direto. Alemão não gosta de quem olha direto, tem pavor de quem fixa os olhos. Abaixam a cabeça, desviam os olhares, tratam de descer na próxima estação. Os estudantes levam livros e cadernos em cestas. Ou é a cesta da bicicleta ou uma cesta comum, dessas de pão. Atravessando o pátio de qualquer universidade, em Berlim, Munique, Bielefeld, Colônia ou Heidelberg, pode-se dizer que a turma, em grande maioria, é adepta da conga e do poncho. Boa parte assiste às aulas de bermuda ou short e camiseta.

Tricotando

Não se espante ao ver na sala de espera do cinema, na sala de aulas, no auditório de uma conferência, durante um debate, um jovem a tricotar sua blusa, tranqüilamente. Digo não se espante, dado o nosso preconceito. Homem fazer tricô é moda, é comum, é passatempo, higiene mental. Significa que boa parte dessa juventude está se liberando dos tabus, isso é para homem, aquilo para mulher.

Contas

Por toda a parte onde andei, vi as contas divididas. Não existe essa de homem pagar tudo. No Brasil, a moda vem pegando, felizmente. Ao menos em cidades maiores. Na Alemanha, cada um paga o seu. Nas mesas grandes, nunca vem conta geral. Quando pedem a conta, o garçom se aproxima do primeiro, perguntando o que comeu. E a menos que alguém diga: *Zusammen* (Tudo junto), ele correrá a roda um a um. E vai eliminando do seu bloquinho. Terminado, observa se está tudo pago, ou se alguém deu o golpe. Isso é melhor que mania de vir uma conta geral para a mesa e ficar a batalha: "Você comeu o quê? Bebeu o quê? Pagar a conta separado no Brasil, leva-se tanto tempo quanto comer.

Daí a mania de rachar o total pelo número de pagantes (geralmente, os homens). O que não é justo, porque às vezes um coitado comeu uma salada de tomate e um chope e paga por quem comeu lagosta e tomou uísque.

Aliás, no meu intensivo e rapidíssimo curso de alemão no Brasil, aprendi a pedir a conta, mas não sabia pedir a comida. Só que o livro devia ser velho, porque jamais vi alguém pedir a conta como mandava o manual: *Die Rechnung, bitte!* Jamais. Gritavam apenas: *Zahlen bitte!* E dava certo. Esses manuais!

Ferreiros

A caminho de Frohnau posso ver ferreiros trabalhando, o fogo, a forja, ferro batido, o cheiro do carvão, o cheiro de ferro velho empilhado, cheiro de ferrugem, ferros sendo soldados.

Ritual?

De repente, numa pracinha de Kreuzberg, esquina da Gröbenufer com a Beuern Strasse, deparo com o arranjo no chão, aparentemente escondido. Um prato de papel cheio de pedrinhas coloridas, formando o desenho de uma flor. Uma lata de *Berliner Kindl*, a cerveja. Duas pernas de frango, uma das pontas envolta em papel de alumínio, duas moedas de dois marcos. A figura é familiar, pode ser encontrada às sextas-feiras nas encruzilhadas do Brasil. Macumba em Berlim? Macumba com os mesmos símbolos, as oferendas, a bebida, a comida, o presente?

Jovens (VII)

Adoram pizza aos sábados e há centenas de lugares que vendem pedaços a um marco e meio, mais uma Coca. Pizza de mussarela com rodelas de salame e tomate. Comem pelas ruas, nos cinemas. Transam muito um sanduíche turco, Döner Kebab: pão redondo, carne em fatias, alface e muita cebola.

Fora

O grafite diz:
FORA DA ALEMANHA COM OS MÍSSEIS.

Estranha cidade, onde no inverno a neve se acumula sobre sua colina solitária, Teufelsberg (montanha do diabo), e as pessoas ali vão praticar esportes, descendo velozes em trenós. Teufelsberg, cuja capa exígua de terra e grama esconde os escombros da Berlim de antes da guerra. Do alto, no verão, os jovens se atiram em asas-delta.

Direitos

Vou pela calçada feliz por encontrar um caminhozinho simpático. Alameda de cerâmica vermelha no meio do cinza do solo. Então, ouço a campainha. A campainha aumenta. Frenética, insistente, maluca. Alguém grita. Asperamente, agressivamente, me viro, a moça na bicicleta vem direto para cima de mim, mal tenho tempo de girar o corpo, como um toureiro audacioso que desafia o animal além dos limites. O guidão roça meus braços, sinto o ventinho, e acompanho a ciclista se distanciando, olhando para trás e xingando, xingando, até desaparecer. Na calçada, neste domingo de manhã, somente nós dois. E eu, inocente, a caminhar sobre a ciclovia que boa parte das ruas desta cidade ostenta.

Mais tarde, vi outros ciclistas furiosos investindo contra pedestres desavisados. Uma vez, contra um policial que se retirou rápido de cena. A minha primeira impressão foi: puxa, essa gente não tem jogo de cintura! Custava a moça se desviar dez centímetros e passar ao meu lado, mexer comigo, passar a mão em minha cabeça, dizer: "Sai da frente!" Não há intransigência, mais do que isso, intolerância nessa "defesa absoluta dos direitos?". Depois, mudei um pouco. Um alemão não faria isso de passar a mão na cabeça, fazer uma brincadeira. De algum modo, é invadir a privacidade do outro. E eles têm razão. Claro que às vezes esse "Não invadir a privacidade" assume tons exagerados, neuróticos, mas eles são assim, o que fazer? Penso em uma coisa que a gente se conscientiza logo que chega: alemães são alemães e brasileiros são brasileiros. Certos costumes nossos também espantam muito a eles. O famoso "depois te telefono" (e nunca telefona) é um deles, absolutamente incompreensível para alguém que não esteja habituado ao Brasil.

Outra coisa me ocorreu. Alguns direitos existem neste país, e se direitos existem são para serem usufruídos, observados. No Brasil, existe uma famosa frase dita por alguns intelectuais radicais: "Direito não se pede, se exige". Só que como estamos desacostumados a exigir, nos assombramos quando vemos alguém fazer, com veemência, com obstinação e certa agressividade. Contei o caso da bicicleta, uma de minhas primeiras experiências, nos primeiros dias, a alguns amigos, vieram interpretações de todos os lados. A maioria negativa. "Este povo não faz concessões", "não há arranjos e adaptações". Aos poucos fui descobrindo que há arranjos e adaptações, há jeitinhos, que há tudo. O problema é que o alemão criou uma imagem de intransigente, duro, rígido, mas por trás disso existe uma gente curiosa de ser observada.

Ônibus 62: ocupação

O ônibus 62 parte da estação Zoo, no coração da cidade, e sobe na direção centro-oeste, passando pelo aeroporto Tegel, onde a trajetória inverte-se para a direita, na direção nordeste, rumo a Reinickendorf e Wittenau, dois dos bairros baratos.

Subindo a Kurt-Schumacher-Damm, uma *free-way*, passa em frente ao *Quartier Napoleon*, quartel-general dos franceses que fica exatamente entre o aeroporto e o Volkspark (Parque do Povo) Rehberge. Aqui, os nomes são Cité Jofre, Cité Pasteur, Rue Courbet, Voltaire, Docteur Roux, Ambroise Paré. Casernas, conjuntos residenciais, prédios de subsistência, oficinas mecânicas, garagens, parques, caminhões, jipes, clubes, cantinas. De repente, a mesma pergunta que fiz em Lichterfelde, diante das imensas *US Barracks*, dos americanos: para que tanto dinheiro desnecessariamente? Abre-se um vazio, a guerra perde o sentido (como se tivesse algum), mergulho no vácuo da incompreensão, numa angústia diante do inacessível. Ocupar ou continuar ocupando um país, qualquer que seja, em 1983, está além de minha compreensão, de meu entendimento.

Diante desse aparato militar e tecnológico, a pergunta gira pela minha cabeça, enquanto o ônibus roda: de que adianta ser grande potência? Atravessando a Wilhelmsruher Damm, o ônibus termina numa praça circular, onde os veículos fazem retorno. Bem diante do muro. Do outro lado, em Berlim Leste, a continuação da Wilhelmsruher se chama Friedrich-Engels-Strasse, no bairro de Rosenthal.

Campagne berlinense

Diante do muro, em Berlim Oeste, uma placa branca indica: *Ende des französischen Sektors* (Fim do setor francês). À esquerda, uma colônia de casas, com terrenos cultivados, pereiras, macieiras. Entre a colônia e o muro há um caminho estreito de asfalto. Essas colônias são comuns, existem às dezenas. Terrenos pequenos cedidos em concessão por noventa e nove anos, muito tempo atrás. A concessão passa de pai para filho, depois perde-se o direito, não há hereditariedade. A lei permite uma construção de apenas vinte e quatro metros quadrados, daí a aparência de casas de brinquedo. As colônias são intensamente verdes. Jardim, grama, poucas árvores, flores, em algumas casas vê-se piscina de lona ou fibra de vidro. No verão lá estão os velhos no jardim, tomando café e chá com bolos, ao sol. Estas são as *casas de campo* de alguns berlinenses classe média. Porque esta é uma cidade sem *campagne*, como diz o francês. Para todos os lados, defronta-se com o muro. Fronteira cinza que às vezes não se vê, porém já impregnou cada habitante da cidade.

Dia desses, nas minhas viagens ao longo do muro, encontrei, neste caminho estreito de asfalto, no final do ônibus 62, dois paralíticos em cadeiras de rodas, parados, olhando a parede cinza, em silêncio. Continuei, de longe fiquei a observá-los por meia hora. Pareciam imobilizados, a contemplar. Tenho uma amiga, Suzana, aluna de Letras na *Freie Universität*, que junto com um grupo percorreu, a pé, toda a extensão do muro, rodeando a cidade inteira. A "excursão" demorou nove dias. A cada dia retomavam do ponto interrompido e caminhavam calmamente, parando, conversando, anotando. O muro é uma obsessão camuflada, perplexidade somente dissimulada. Este grupo pretende fazer a mesma coisa dentro de Berlim Leste. O problema é que de cada vez terão de gastar trinta marcos para a travessia. O percurso mural vai custar assim quase trezentos marcos, o que está além da possibilidade de estudantes. Muitos dispõem dessa quantia para viver o mês.

Arranha-céus coloridos

O 62 tem ponto final na Wilhelmsruher Damm, em Wittenau. Bairro novo, formado por conjuntos residenciais modernos. A primeira impressão é anônima, qualquer cidade dos Estados Unidos ou Brasil. Região de arranha-céus, coisa raríssima em Berlim. Uma das diferenças com São Paulo, por exemplo, é que o formato dos prédios varia, há criatividade e foi feito o possível para evitar as formas caixote, tão comuns no Brasil. Em Berlim, há degraus e brinca-se ao máximo com as possibilidades geométricas. O que se poderia, entre nós, é dar mais aulas de Geometria nas universidades de Arquitetura. Nesse bairro se vê muita cor nas paredes, janelas, nos blocos de ligação, nas lojas, na escola comunal. Cores vivas, amarelo, verde, lilás, vermelho. Há tanta cor que de repente os arquitetos parecem que se assustaram com o excesso e então construíram, na Quickborner Strasse, pouco adiante, um conjunto todo cinza, que é a cor oficial da cidade. Denominado Märkisches Viertel, lembra bruscamente o centro velho de Brasília. Aqui, somente nas esquadrias das janelas se permitiu um pouco de amarelo. E alguns elementos vermelhos entre um edifício e outro. Aliás, todos grudados, parecendo uma muralha, talvez para competir e humilhar o muro, que fica a centenas de metros dali.

O normal nesta região moderna: espaço amplo entre os conjuntos, muita grama, playground com brinquedos imaginativos, bastante árvore e um rio canalizado e urbanizado, cheio de chorões nas margens. O que me fez pensar nos rios brasileiros. Riachos e córregos que atravessam nossas cidades e que os prefeitos enfiam por dentro de um cano, colocando uma avenida por cima, cheia de asfalto e nenhuma vegetação. O dinheiro gasto para aprisionar e fazer desaparecer uma água talvez seja maior do que enquadrar o rio numa paisagem urbana agradável e descontraída.

Nossos "planejadores" urbanos jamais se preocupam com o homem dentro do seu meio, com um ambiente envolvente e terno, que faria as pessoas mais relax, menos agressivas e violentas. Pergunto a serviço de quê os arquitetos e engenheiros planejadores estão, uma vez que as programações têm sido feitas em função dos automóveis e da máxima rentabilidade por espaço. Pressão intensa da especulação imobiliária, claro. Talvez exista, não sei, porém, imaginei uma espécie de organização que reunisse os profissionais em torno de um código de ética ou princípios, em que o essencial fosse o homem dentro da cidade, e não a cidade em torno e sobre o homem, esmagando-o. Algo que desse força aos profissionais, a fim de poderem resistir, em conjunto, às pressões a que são submetidos de todas as partes.

Berlim foi reconstruída depois de 1945, pois a guerra atirou a cidade no chão. Com a ajuda do Plano Marshall, Berlim Oeste se ergueu rapidamente, enquanto Berlim Leste, me disseram observadores, ainda em 1960 apresentava pontes e edifícios em ruínas. Hoje, do "lado de lá" se podem observar os efeitos de bombas ou tiroteios. E não é preciso ir longe, basta uma volta pela ilha dos museus. Em maio de 1982, a colunada em frente à Galeria Nacional de Belas-Artes mostrava-se seriamente danificada. Em outubro vi o princípio da restauração. Em Berlim Oeste, o traçado das ruas permaneceu praticamente o mesmo da velha capital. Avenidas largas, passeios amplos, ciclovias, parques. Espaço para se andar folgadamente. Pensar que estas avenidas e alamedas foram projetadas há cem anos. Sendo uma cidade sem edifícios altos, com um gabarito de cinco e seis andares em cerca de oitenta e cinco por cento da cidade, o que se nota é o equilíbrio entre o tamanho do homem e a altura das casas. A pessoa não se sente esmagada, nem tão perdida ou asfixiada. Provavelmente, boa parte do meu relax se deva a essa correlação entre a boa organização da cidade e o meu físico: há proporção, harmonia.

No Brasil, as cidades novas, recém-fundadas, amanhecem com ruas estreitas, passeios exíguos. As mais antigas um pouco (com cem ou duzentos anos) têm se dedicado à depredação sistemática dos passeios em benefício da via carroçável. Em Araraquara, uma das ruas centrais, a que todos chamam de 4, teve a calçada reduzida para míseros cinqüenta centímetros (ou no máximo um metro), sendo que os postes estão encravados nela. O que obriga os pedestres a andarem em fila indiana. Árvores? Onde? Caminhemos debaixo do sol. E não é somente Araraquara, tenho visto pelo Brasil afora. Em Teresina, terra quentíssima, não estão eliminando árvores, estreitando passeios e oferecendo tudo ao automóvel?

Existe em Berlim uma organização internacional de administração de municípios, em que técnicos trocam experiências e fornecem know-how. Brasileiros têm comparecido com regularidade. Desde prefeitos e secretários de pequenas vilas, até os de metrópoles. Dinheiro inútil, turismo apenas. Conheço uma universitária que costumava trabalhar para essa organização, acompanhando brasileiros, pois ela fala português. Era um problema. Primeiro, com as cantadas. Segundo, com os pedidos para que ela trouxesse amigas para saírem à noite. Terceiro, com a programação. Tudo o que os prefeitos queriam era ir aos *peep-shows*. Sobre os encontros comentavam que eram monótonos. "Europeus nada têm a ensinar aos brasileiros." Concordo que há desenvolvimento e subdesenvolvimento e que certas normas e comportamentos são impossíveis de serem adaptados e implantados na América Latina, em geral; no entanto, ficamos no meio-termo. Nem readaptamos pareceres e realidades, nem aplicamos técnicas universais, que levam em consideração o homem desnudo do meio urbano. Falamos todos, técnicos e não-técnicos, intelectuais e administradores, esquerda, direita e centro, no homem, porém nem um passo é dado em direção a este homem, utópico e desconhecido. Distante e ignorado.

Achei a casa da máquina

Cidade enigmática que me oferece chaves e encontros comigo mesmo. Como? Por que ela? Um dia, no trem S-Bahn que vai na direção da Friedrichstrasse, ao passar por trás da Universidade Técnica, divisei exótica construção: gigantesca caixa de metal com um tubo colossal que, saindo dela, a ela voltava. Em cores foscas, vinho-escuro e azul, destacando-se no parque verde. Uma coisa estranha, inusitada. De utilidade incompreensível. Outra vez ficção e realidade se misturaram em mim, me transplantei para dentro do conto "O homem que procurava a máquina", do livro *Cadeiras proibidas*. Ali, o personagem tenta, inutilmente, entrar num edifício esquisito, altamente protegido, porque deseja ver certa máquina poderosa que é a obsessão de toda a cidade. Quando escrevi, imaginava um prédio com forma rara e o que via ali era muito próximo, quase idêntico ao que idealizava. A certeza que me dominou é de que se entrasse naquela caixa azul-vinho encontraria a máquina que meu personagem nunca chegou a ver em sua vida. Que prédio seria esse? Poderia perguntar aos amigos, alguns deles davam aulas na Universidade Técnica. Mas perguntar seria desfazer o mistério, reduzir tudo ao prosaico de um cotidiano sem véus, nem curiosidades. Por meses e meses, sempre que o trem atravessava o canto do Tiergarten eu me maravilhava com a minha ficção implantada em Berlim, aquilo era a minha ligação secreta com a cidade, um elo de cumplicidade.

Passando pelo *Tiergarten*, divisava a estranha construção, monumental e incompreensível. Nas cores vinho-escuro e azul. Outro mistério de Berlim dentro de minha vida. Por isso a cidade me fascinava, pelas ligações que me determinava. Essa construção estava ligada a um conto meu, escrito anos e anos antes, "O homem que procurava a máquina". Sabia desse edifício antes de tê-lo visto. Outra vez, realidade e ficção se misturavam em minha cabeça.

Jovens (IX)

Preto com vermelho
Preto com amarelo
Amarelo com gravata vermelha
Luvas amarelas
Sapato de duas cores
De três cores
Sapato vermelho vivo

Peep-show: paraíso do prazer

Passo – e sempre que passo, entro – pelo peep-show da Hardenbergstrasse, que fica de frente para a igreja em ruínas conservada como memorial. A inscrição na placa me chama: *Paraíso do Prazer*. Esse é o peep-show em que o reloginho digital que regula o tempo corre mais rápido. Como os taxímetros turbinados dos carros que ficam na Estação Rodoviária de São Paulo. Estava com poucas moedas, não quis trocar, fui vendo o que dava para ver. Não foi muito. Era desses filmes pornôs metidos a intelectuais, com muito rodeio, imagem bonita e pouca sacanagem. À medida que contemplava os números voando em contagem regressiva, me veio a situação para um capítulo do romance. O personagem, sempre angustiado com a solidão, com a lembrança constante da mulher que o deixou, corre a cidade, do mesmo modo que costumava percorrer São Paulo. É sábado, e o sábado é um dia particularmente ansioso, enquanto a noite não cai. Ele decide passar o fim da tarde no peep-show e de repente se vê sem moedas, com o relógio correndo. Penso num capítulo que possa ter suspense, humor e erotismo.

Uma no cravo

Uma irritação na pele, alergia que surgiu de repente, me levou a telefonar a minha médica no Brasil. Ela conhece hábitos, costumes e manias de seus clientes, sabe de meu estado físico geral. Disse: "Vou indagar se é possível enviar medicamentos, se for, te mando". Dias depois disse que pelas leis do correio brasileiro não havia nenhuma proibição. Não pelas leis do governo alemão. Recebi uma carta comunicando que os remédios tinham chegado, mas que a regulamentação me impedia de recebê-los. Eu deveria consultar o médico daqui, ou convencer uma farmácia local a retirar a encomenda por mim. Se as farmácias daqui nem dão injeção, como convencê-las a buscar medicamento estrangeiro? Desisti. Porém, no Brasil existe algo que se chama *jeitinho*. E tentei. "Vai ver o burocrata alemão não é tão duro assim." Fui ao correio com uma amiga. O funcionário estava explicando que era impossível a entrega, quando o chefe do departamento se aproximou. Pensei: "Piorou, chefe é chefe, vai mostrar autoridade". E então, o chefe ouviu toda a história de novo. Que eu era brasileiro, que a alergia só podia ser curada com remédio brasileiro etc. etc. Um teatro, comoção geral. O chefe perguntou: "Mas por que você é quem fala, e não ele?". A minha amiga respondeu simplesmente que eu não sabia alemão. "E mora aqui?" Sim, disse ela, mas por uns meses, é um convidado cultural. "Ah, veio e já vai? Bem, não vamos deixar o pobrezinho ficar pela Alemanha sofrendo uma alergia. Pode levar o pacote. Coloco na guia que se tratava de parte da bagagem dele, que foi esquecida no aeroporto e agora enviada. Não tem problema. Divirta-se entre nós", finalizou sorrindo.

E uma na ferradura

A pedido da Deutsche Welle fiz uma pequena peça radiofônica para comemorar o aniversário da Cruz Vermelha. Cada

ano convidam um escritor para fazê-la, nesta época. Minha primeira experiência no gênero, e fui muito infeliz, saiu um texto fraco. Trabalho entregue, fui pago. Três dias depois do banco acusar o recebimento do dinheiro, apertam a campainha de casa. Eram duas da tarde. Abro. Um homem exibe uma credencial dourada.
– Polícia.
– Polícia?
– Sim, queremos falar com o senhor.
Vi então que havia outro por trás dele. Falávamos em inglês.
– Entrem.
– Seu passaporte, por favor.
Entreguei, ele olhou atentamente página por página, comparou a fotografia com cuidado, passou o dedo, talvez para ver se não tinha sido colada recentemente, trocada, sei lá. Com a polícia nunca se sabe.
– Qual é o problema?
– Não há problema.
– A polícia na casa da gente sempre é problema.
– Não somos a polícia normal.
– Pior ainda, para mim. Eu acho.
Meu visto, que ocupa duas páginas, esclarecia que eu era convidado do DAAD. Mas ele perguntou:
– Como o senhor vive aqui?
– Tenho uma bolsa.
Expliquei como funcionava, o que eu fazia, que era escritor, etc. e tal. O outro só olhava o apartamento.
– Bom apartamento este.
– É, muito bom.
– Quanto o senhor paga por ele?
– Não sei, a Fundação é que paga. Para mim ficam a eletricidade e o telefone.
– Nisto o senhor não gasta muito. Está sempre viajando.
– Como sabe?
– Imagino que uma pessoa como o senhor viaje muito.

— Sim, as universidades e livrarias me convidam para palestras e leituras, vou.

O outro indagou:

— O senhor tem permissão de trabalho?

— Não trabalho aqui, desenvolvo uma atividade cultural. Fiz recentemente uma peça radiofônica, mas neste caso é legal. Chamado trabalho artístico, é permitido.

Enquanto falava, vi o outro, o que tomava notas, abrir duas folhas de papel. Uma era uma carta dirigida ao 14º Distrito Policial de Berlim. A outra continha meu nome, me esforcei, consegui ver que era um papel timbrado da Deutsche Welle. Os policiais ainda ficaram vinte minutos, fizeram perguntas gerais, mostraram que sabiam que telefono muito, minhas contas são altas. Mal saíram, liguei para a Deutsche Welle. Fui informado de que qualquer empresa alemã, ao dar ou encomendar trabalho a um estrangeiro, é obrigada a comunicar imediatamente à polícia, a fim de que esta faça um levantamento da situação do indivíduo no país. Mas que geralmente não vão à casa, verificam nos próprios arquivos da polícia, nos computadores de Wiesbaden. Indagaram se eu já tinha registrado na polícia, assim que cheguei. Registrei. Fui três vezes às delegacias, tenho atestado de residência, preenchi papéis, fiz tudo. Umas coisas me incomodaram: por que não consultaram os meus dados na própria polícia? Por que vieram à minha casa? Como sabiam que viajo muito? E minha conta telefônica? Tive uma desagradável impressão de que sou vigiado, o tempo todo. Demorei alguns dias para sair de casa normalmente, sem olhar para os lados e ver se tinha alguém espionando.

Picasso

Galeria Binhold. Dois pratos de Picasso, muito bonitos. Tinha visto fotos, seguido o processo de leitura desses pratos. Aparecem no livro de Douglas Duncan, *O mundo de Pablo*

Picasso. Uma coisa é ver a foto, outra a obra à sua frente. O original funde emoção e dimensão, emite um astral.

Mann infeliz

Em busca de livros de correspondência ou biografias. Na *Romanische* encontro *Biografia per imagini*, cento e cinqüenta e cinco páginas com fotos de Thomas Mann, apresentação de Golo Mann, filho do escritor. Mann é para a literatura moderna alemã o que foi Goethe em tempos passados. Monstro sagrado, há em torno dele todo um culto. Golo reduz o pai a uma figura humana que "se identificava totalmente com o trabalho". A tal ponto que tudo gravitava em torno disso. Seu humor, bom ou mau, influenciava toda atmosfera familiar. "A casa sofria com ele." Sempre apontado como um rochedo frio e inacessível, Thomas Mann é revelado através de seu diário como homem profundamente apegado à família. As fotos são singulares, porque o rosto de Mann sempre é impenetrável, sério, composto. "Ele não foi um homem feliz, ainda que tocado pela fortuna", define Golo. Homem que tinha profunda consciência de si mesmo, a ponto de ter declarado uma vez, quando em exílio: "Onde estou, ali está a cultura alemã". Mann teve que sustentar a imagem de homem forte e seguro. Considerava o desespero como algo deselegante e imoral, ainda que tivesse freqüentemente dúvidas quanto à arte, a sua função e à participação dentro dela. Mann não escrevia para fazer sucesso, mas sim por ter "medo da morte e medo de Deus". Gostava de música, era um bom conversador, mas detestava discussões. Finalmente, uma abertura nessa carapaça. Diz Golo que os diários do pai o levaram a descobrir "o papel importante que teve a sua tendência homossexual ainda que tudo não tivesse passado do platonismo".

Alemães no Brasil

Amigos berlinenses ficam surpresos quando conto que o livro mais vendido do Brasil, em 1982, foi *A montanha mágica*, de Thomas Mann. Praticamente todos os livros de Mann foram reeditados, acompanhando o *revival* que se faz do escritor no mundo. Então, acrescento que *A morte de Virgílio*, de Hermann Broch, também está nas listas. Eles abrem a boca. Também nas listas o célebre *Christiane F.* Livro que fez minha amiga, a atriz Cláudia Alencar, comentar numa carta: "Um best-seller moralista que deve ter sido escrito pela polícia; mas fala de Berlim e da juventude. Das ruas, dos lugares, dessa vida de frio e disciplina, mas excitante, que você está vivendo. Me deu uma impressão ruim da Europa em geral. Sem perspectivas para a juventude, objetivos estreitos, poucos horizontes naturais. Não fiquei com vontade de ir para a Europa".

Cada um na sua

Amiga iugoslava, moradora de Friedenau, recebeu aviso. Da escola. A direção comunicava que haveria remanejamento de classes. Os estrangeiros ficariam juntos, separados dos alemães. A alegação é que o aprendizado dos alemães era bloqueado, porque os alunos estrangeiros tinham problemas com a língua e o raciocínio. Desse modo, com os estrangeiros juntos numa só classe, e os alemães na outra, haveria mais facilidade para todos, prejuízos para ninguém. E, provavelmente nenhuma integração igualmente.

Crise/Relacionamento

Outro sucesso alemão no Brasil: *As lágrimas amargas de Petra von Kant*, de Fassbinder. Teatro, direção de Celso Nunes, com Fernanda Montenegro. Leio aqui uma crítica de Alberto Moravia no *L'Expresso* (recorro às italianas e francesas, uma vez que o *Der Spiegel* tem uma linguagem inacessível para mim. Quase como um alemão ler *O Pasquim*, com sua gíria de Ipanema). De tudo que li sobre a peça e o filme, acho a observação de Moravia a mais aguda. E inquietante. Ele diz: "Petra von Kant confirma a minha idéia de que somente os homossexuais, exatamente por causa de sua marginalização, são capazes de atingir nos livros e nos filmes a normalidade das relações amorosas. Os heterossexuais, ao contrário, por estarem integrados e comprometidos com a estrutura de uma sociedade em crise, não são mais capazes. Assim, o amor anormal faz o papel de normal, e o normal de anormal".

Quando digo inquietante, não é por serem os homossexuais os únicos capazes de uma relação amorosa normal. O inquietante é pela palavra marginalização. Se para se chegar a uma relação normal é preciso se marginalizar, então é uma sociedade podre.

Jovens (X)

"O que vamos fazer se terminamos a universidade e não encontramos emprego? O jeito é continuar na escola, enquanto as bolsas do governo forem mantidas e ninguém perceber que você é velho e ainda estudante."

Zé Celso/Sirk

Quando Fassbinder morreu, a imprensa alemã, seguida pela mundial, ressuscitou Douglas Sirk, hoje vivendo na Suíça aos oitenta e dois anos. Sirk, alemão, exilado nos Estados Unidos a partir de 1939, fugindo do fascismo, foi o rei do melodrama. Depois de ter trabalhado e resistido ao nazismo por algum tempo, foi acolhido por Hollywood, assimilando a perfeição e desenvolvendo um estilo de filme que teria dois clássicos ou épicos: *Imitação da vida* e *Folhas ao vento*. Gente rica e gente pobre convivendo, carros de luxo, petróleo, magnatas impiedosos (quem pode esquecer a seqüência de Dorothy Malone dançando, com a música no máximo volume, enquanto o pai morre no quarto ao lado da mansão?), paixões tempestuosas. Sirk manejava com agilidade os ingredientes. Fassbinder declarou um dia que seu modelo era Sirk. E *O desespero de Veronika Voss* é, de algum modo, calcado nos modelos do melodrama hollywoodiano, ao qual Fassbinder acrescentou a crítica social. Depois, a imprensa foi buscar outra vez a influência de Sirk. Ela está presente nos seriados de televisão. Em *Dallas* e seus correlatos, *Falcon Crest* e *Dinastia*. *Dallas* foi um fenômeno que fez sucesso até em Angola, país que teria tudo para repudiar tal tipo de produção. No Brasil, me lembro que somente um crítico dava total atenção ao trabalho de Sirk. Era Rubem Biáfora, de *O Estado de S. Paulo*. E nos meios artísticos havia um fã, daqueles chamados incondicionais. Que viu e recomendou tanto *Imitação da vida* quanto *Folhas ao vento* a todo mundo. Foi o José Celso Martinez Correa, do Teatro Oficina. Um dia, quando decidirem estudar a obra do Zé Celso a sério, e como ela merece, sem preconceitos, terão de prestar atenção ao detalhe: há fragmentos da obra de Sirk espalhados em peças como *O rei da vela*, *Pequenos burgueses*, *Os inimigos* ou *Três irmãs*. Qualquer estudo correto sobre Zé Celso terá que considerar estes elementos: Araraquara-Família Católica-Colégio Progresso-Faculdade de São Francisco-Fellini-Isaura Garcia-Jazz norte-americano-64.

Cerejeiras

Os frutos já vermelhos. As cerejeiras, por toda a parte, estão cobertas por uma finíssima rede de plástico, proteção contra pássaros. Como as mulheres dos anos 40 que usavam uma redinha de seda na cabeça.

Negros-Loiros

Como vivem hoje aqueles alemães mulatos, nascidos das ligações entre os soldados norte-americanos, da ocupação, e as mulheres alemãs, logo depois da Segunda Guerra Mundial? A pergunta me foi feita numa carta por Higino Correa, de São Paulo. A última vez que ele tinha lido sobre o assunto, fazia anos, falava do esforço do governo no sentido de integrar esses mulatos à sociedade germânica.

Velhos

Durante o outono, começo de inverno, pelas seis e meia da tarde, ao passar pela Kleiststrasse, confluência com An der Urania, você depara com centenas e centenas de velhos. Casais. Mulheres sozinhas. Homens sozinhos. Mulheres em grupo, homens em grupo. Eles estão saindo do cine Urania, que nessa época tem programação especial para velhos, ao final da tarde. Um dia, olhei os cartazes. Havia filmes da década de 50 (um deles com uma Maria Schell novinha em folha, com aquele sorriso. Aliás, fui vê-la no palco em *Rainha Elizabeth*, no Freie Volksbühne. O sorriso desapareceu), filmes dos tempos da UFA, fitas com Mártha Eggerth e com Zarah Leander. Programação saudosista, com público certíssimo, fiel.

Liquidando brinquedos

"Mercado de pulgas" berlinense, nos terrenos próximos à Biblioteca Estadual. No meio da feira, o garotinho turco estendeu um tapete surrado e colocou brinquedos plásticos: um caminhão onde faltava uma roda, um robô prateado, sem olhos e antena, uma bola murcha, adesivos encardidos. Ficou à espera de um interessado em sua liquidação. Duas horas mais tarde, passei pelo local, tudo continuava como antes, ele não tinha feito um só negócio. Mas estava à espera, de cócoras, na mesma posição do nordestino brasileiro.

Boemia/Trabalho

Reabilitados os boêmios. Leio no jornal que o cardiólogo russo Lev Glybin, de Vladivostock, sustenta que das cinco às seis da manhã é a hora mágica para o trabalho. Nesse período é que o homem se encontra no máximo de sua forma e capacidade. Durante o dia, um homem funciona dentro de um processo de ondas, composto de cinco altos e baixos. A onda mais alta, portanto o período propício a todas as atividades, cai exatamente entre as cinco e as seis da manhã. Há nesse instante um máximo de energia e força muscular. Os boêmios do mundo inteiro já praticavam o sistema do dr. Glybin, intuitivamente. E se davam (se dão) muito bem.

Sexo

Televisão mostrando um documentário sobre as primeiras experiências sexuais dos jovens latinos que moram na Alemanha. Nenhuma diferença, é como se morassem nos países de origem. Vivem segregados, conservam hábitos, usos, costumes, moral, religião, tudo. Há um muro entre alemães e latinos.

Fixação

Estou meio doido. Piradão. Cada vez que vejo o nome Steglitz, me dá uma comichão. Mas, por que Steglitz?

Difícil

Isso deve ser desenvolvimento: os sacos plásticos de lojas e supermercados não se rompem de modo algum. Resistem a tudo.

Déficit

Custo a acreditar, porém leio uma estatística de que há na Alemanha um déficit de um milhão de habitações (revista *Jeune Afrique*, 7 de julho de 1982, caderno especial sobre a RFA). Como se alojam as pessoas? Se amontoam onde? Por que não vejo ninguém nas portas de igreja, nos bancos de jardim, embaixo das pontes (e há mais de quinhentas só em Berlim), viadutos? Não vejo favelas, malocas, barracos de madeira ou zinco. Conheço centenas de prédios deteriorados, mas nada daquilo que numa linguagem brasileira possa traduzir miséria, maloca, não-habitação. Ficou um mistério.

O que existe na verdade: estudantes e famílias inteiras morando sem calefação. Gente morando em apartamentos sem banheiros, sem duchas, apenas com um sanitário. Os banhos são tomados nas piscinas públicas. Conheci gente que mora em casas ocupadas, vivendo a tensão permanente do desalojamento. Gente morando em fábricas vazias, recondicionadas, e também obrigadas a uma quase semiclandestinidade.

Sabor

Julho, tempo de milho, cerejas, Johannisbeeren, pêssegos, framboesas, nectarinas, ameixas. As bananas quase não têm gosto.

Jovens (XI)

Topetes à la Elvis.
Cabelos repartidos, puxados, comportados como em 1950.

Mechas coloridas.
Cristas.
Cabeça raspada dos lados, o centro do cabelo como se fosse pista do aeroporto.
Brilhantina.

Fora

Escrito com caneta hidrográfica nos lixos frente à piscina pública de Schöneberg: TÜRKEN RAUS. TURCOS FORA.

Champignon

O creme de champignon do Doyard compensa, pela densidade e pelo sabor, a visão das flores amarelas artificiais, recém-saídas de um musical da Metro, dignas de um cenário da UFA. Mas de algumas mesas você pode ter uma visão total das ruínas da Kaiser-Wilhelm-Gedächniskirche, e fica sempre a sensação de que estamos num filme escrito por John Le Carré.

Penetrando

Ao ver o filme *Alemanha, mãe pálida*, entendi mais sobre o povo do que em seis meses de vivência. Assim se decifra a história através das histórias das pessoas. Os documentos só trazem uma visão fria, esquelética.

Trabalho

Alemão trabalha, realmente, bastante. Todavia, ele construiu o mito do homem trabalhador. Nada como uma boa lenda. Claro, tem gente caxias, que dá murro até em ponta de faca. E têm aqueles que deixam os outros trabalharem, apenas aparentando atividade. Quando eu me assombrava com o alemão trabalhador, uma amiga me dizia: "Venha comigo, qualquer dia, a uma repartição pública. Ninguém faz nada e ninguém te atende direito". Vai ver, importaram tecnologia brasileira, em troca de tecnologia nuclear. Esse povo que "trabalha tanto" goza de mais de trinta feriados por ano. País do mundo que mais feriados tem, não se deve esquecer que Páscoa, Natal, Ano-Novo são datas duplas, ou seja, têm dois dias de comemoração. O trabalhador alemão vive a semana de 40 horas. Os sindicatos lutam para reduzir para 35 horas. Afirmam que isso criaria mais empregos. O empresariado protesta: pagar mais gente para produzir o mesmo significa falência aos montes. O comércio funciona até as 18 horas, alguns vão até 18:30. Não existe o supermercado, como no Brasil, que atende até 22 horas, nem os que ficam abertos até meia-noite, ou nunca fecham, a não ser domingo. Sábado, 13 horas, tudo fecha, reabre às 9 horas de segunda-feira. Certas lojas só reabrem segunda à tarde. Nem padaria fornece domingo, aprenda logo. O primeiro sábado de cada mês é conhecido como sábado longo: o comércio vai até 6 da tarde, o que serve para agitar a cidade.

Quanto à aposentadoria: 65 anos é o limite de idade. Geralmente trabalha-se 35 ou 40 anos para se ter o direito a ela. Se quiser, pode-se antecipar a aposentadoria em dois anos, com redução no salário, todavia. O trabalhador alemão é dos mais bem pagos do mundo. O que se poderia chamar de salário mínimo oscila na casa dos 1.500 a 2.000 marcos (de 600 a 750 dólares). Para ter idéia: uma universitária, sem registro, sem nada, portanto sem pagar impostos, cobra 14 marcos (6 dólares) a hora para fazer faxina na sua casa. É uma atividade comum no meio estudantil, como forma de complementar o dinheiro que recebe de casa ou as bolsas que o governo fornece (mas vem cancelando desde que Kohl subiu ao poder).

Pedaços perdidos

Fürth, cidade vizinha a Nurembergue. Terra de trabalhadores muito politizados. A primeira estrada de ferro da Alemanha ligou Fürth a Nurembergue. Ah, terra de Henry Kissinger, que quando ali nasceu se chamava Heinz Alfred Kisser. Os jovens de Fürth colocam ironia na voz, quando me passam a informação. Ainda estão de pé alguns bairros velhíssimos, com casas imensas, travões de madeira aparentes, telhados inclinados e empenados, parece que cedendo ao peso das ardósias. Tem sido uma luta para setores locais a conservação desses bairros. O poder público, aliado à especulação, está a derrubá-los sistematicamente para a construção de conjuntos residenciais, reluzentes e caros, que (para tentar compensar) procuram imitar vagamente o antigo estilo da cidade.

Os estudantes de Fürth organizaram uma semana latino-americana. Cinema, teatro, shows com artistas exilados na Europa (como o chileno Daniel Viglieti), debates sobre política, economia e literatura. A semana se chamou *Latíndia*, palavra que tiraram do meu livro *Zero*. Latíndia, mistura de uma terra de latinos e índios. O que me emocionou. Estive em Fürth com meu tradutor Meyer-Clason e a conversação foi numa *kneipe*, com o vinho branco à frente.

Peter, um dos organizadores, me levou para uma volta. Três da tarde, tudo sombrio, úmido, quente. Entremos, disse Peter, diante de velha igreja, você precisa conhecer o pastor. A igreja, dedicada a São Miguel, tem seiscentos ou setecentos anos. Não sei. Não guardo datas, já disse. O pastor Kantor Weiss: homem grande, de voz forte, riso contagiante. Percorreu a igreja, contando detalhes:

– Venha conhecer o órgão.

Subimos ao coro, ele abriu, explicou os sons de alguns registros, brincou rapidamente, tocando uma música popular. Alguma coisa mexeu no fundo de mim. Nada se movia, nenhum ruído na tarde, estávamos rodeados pelo frescor da igreja, dominados por aquele cheiro característico de coisas velhas, fechadas,

O órgão da Igreja de São Miguel, em Fürth, que me conduziu nostalgicamente ao filme *La dolce vita*.

sedentárias. Weiss colocou uma partitura. Bach. Lá do fundo, a sensação começou a subir. Toccata, Adágio e Fuga em Dó Maior, BWV 564: *Wachet auf, ruft uns die Stimme*, li no alto da partitura. Weiss tocava, balançando levemente a cabeça. Depois de alguns acordes do infalível *Jesus, alegria dos homens*, sem partitura mesmo, ele passou para uma *Ária em fá maior*, continuada pelo *Trio em sol maior*. A sensação subiu de vez, me levou para mais de vinte anos atrás. Para uma igreja, dentro de um filme onde o personagem, interpretado por Alain Cuny, tocava Bach para um Marcello Mastroianni fátuo e entediado. Era *La dolce vita*, de Fellini, filme impacto em minha geração, choque absolutamente incompreensível para um jovem de hoje. Mastroianni era repórter e através dele Fellini retratou uma sociedade hipócrita, decadente, alienada, microcosmo de uma estrutura geral dos fins dos anos 50, antecipação do que viria na década seguinte. Numa seqüência, Marcello acompanha um fotógrafo de modas, quando tem a atenção despertada por uma igreja. Atraído não sabia bem por quê, uma lembrança, uma ligação que vem da adolescência. A igreja vazia, silêncio. O som de um órgão violenta a quietude, rompe a tarde. Bach. Mastroianni sobe para reencontrar velho amigo, um intelectual chamado Steiner, homem afável, que tem para com a vida a atitude de superioridade e elegância de quem viveu bem. Steiner era dos personagens mais importantes do filme. Homem lúcido, consciente, olhos abertos, conhecedor da sua situação, da realidade em volta. Tem uma casa magnífica, uma família bonita, mulher e dois filhos. Pelo filtro de Fellini perpassa um olhar irônico sobre essa situação, caracterizada por um certo ranço, arranjo sem propósito, a vida arrumada e fora de lugar. Talvez tenha me impressionado em Steiner esta característica de alienação, qualidade de alguns personagens como o de Canetti em *Auto da fé*, ou de Papini em *Um homem acabado*. Uma distância entre eles e a vida. Na seqüência de maior choque de *La dolce vita*, Mastroianni é enviado para uma reportagem. Reencontra Steiner, que tinha sido seu modelo, paradigma, morto. Depois de matar os dois filhos, deu um tiro na própria cabeça.

Filme escândalo, que vimos espantados. Nossa inocência, a ingenuidade e o romantismo de minha geração estavam sendo quebrados. Havia no mundo decadência, permissividade sexual, drogas, homossexualismo, uma completa amoralidade. Possibilidades de liberdade. Queda de preconceitos. Como um filme podia mostrar tudo isso? Com tanta objetividade? Quando se fizer o perfil dos últimos cinqüenta anos, para mostrar a evolução da moral contemporânea, *La dolce vita* tem de ocupar lugar. Em vinte e cinco anos, volta completa, cento e oitenta graus. Um mundo novo surgiu e Fellini se apressou a fotografar o velho. Atrás dele vieram os Beatles, Mary Quant, a minissaia, Brigitte Bardot atingiu o apogeu, a nouvelle-vague se concretizou como reforma no cinema, o Cinema Novo brasileiro abriu a cabeça, surgiram Leila Diniz, Gláuber Rocha, os teatros Arena e Oficina, a nova sociedade cubana avançou (Fellini fez o filme em 1959, mesmo ano da revolução de Fidel). Finalmente, golpes militares na América Latina em maio de 1968.

Marcello ouviu Steiner a tocar Bach, na igreja vazia. Eu ouvia Kantor Weiss a tocar Bach na igreja vazia, vinte e cinco anos depois. Outra vez, a Alemanha me devolvia pedaços perdidos de mim.

Sumiu

Em Nurembergue, depois de passar – inevitável – diante do prédio do Tribunal, procurei um postal. Não encontrei um só do edifício que abrigou o julgamento mais célebre do século. O estudante que me hospedava, Wolfgang Knorr, garantiu que não havia nenhum. O tribunal penalizou os nazistas. Acontece que não foi um julgamento feito pela Alemanha e sim montado por estrangeiros. Humilhante. Como que a acentuar a culpa. Não, não é fácil ser alemão.

Paredão

Com Wolfgang passei pela praça de manifestações construída por Hitler em Nurembergue. Restam trechos que lembram ruínas de anfiteatros romanos. A tribuna do Führer ficava estrategicamente colocada, de modo que todos os olhares convergissem para aquele ponto. E acima dele, ninguém. Frente a essa tribuna, hoje, há corridas de carros ou de karts. Quando entrei na praça, jovens batiam bola nas paredes de mármore manchadas e sujas por trás da tribuna. Paredão para treinar tênis.

Ao cair da tarde

Fürth. Ao cair da tarde, na Helmstrasse, ouvíamos gritos, barulho de crianças brincando pela rua. Correndo, caindo, se agarrando, rolando, cantando, agitando. "A gente só vê essa animação nos bairros de imigrantes", comentou Wolfgang.

Recorde/Guinness

Em Saarbrücken, cinco alemães, membros do clube Klotz und Co., beberam um litro de cerveja em três segundos, batendo o recorde mundial da especialidade (vão para o *Guinness Book*). Para isso construíram um aparelho que facilita. O aparelho não foi descrito e certamente a cerveja não foi saboreada. Para que servem recordes? Geralmente o recorde é para melhorar o tempo com que se pratica uma atividade. E daí? O que se faz com o tempo ganho?

Pina/Engels

Vejo um curioso metrô, pendurado num trilho, minhoca-morcego. Descubro que é Wuppertal, terra com o melhor balé da

Europa, talvez do mundo. O grupo de Pina Bausch. Vi no Festival de Cinema de Berlim um documentário sobre os métodos de trabalho de Pina. Ela transforma simples atos numa dança. Gestos triviais, do cotidiano, adquirem conotações diversas, tornam-se transparentes, modificam-se, transformam-se num passo de dança, movimento de mãos e braços, leve, suave, musical, harmonioso. Às vezes, ela consegue partir de um barulho de papel amassado e criar em volta. Lembrei que Wuppertal, cidade industrial, é também a cidade de Engels.

Feira de livros

Percorro a Feira de Livros de Frankfurt. Há trezentos mil títulos juntos, dos quais oitenta mil novos. Fico tonto, enjoado, vontade de nunca mais escrever. O escritor português Antonio Lobo Antunes ficou simplesmente paralisado e tão assustado que se recusava a voltar ao local. Se juntar os livros de umas cem bibliotecas públicas brasileiras, em cidades de porte médio, não dá para ter o volume de livros expostos. Avassalador. Acho que foi o Antonio Callado (estava em Frankfurt para receber o prêmio Goethe) quem melhor definiu a feira avassaladora.

A feira me fez lembrar Italo Calvino em seu último romance, *Se una notte d'inverno un viaggiatore*, quando diz, referindo-se ao mistério que é o porquê da escolha de determinado livro para ler. Para chegar a esse determinado livro, temos de pensar, fazer escolhas. E ir descartando. Calvino: "Por hectares e hectares se estendem os livros-que-podem-passar-sem-ler, os livros-feitos-para-outros-uns-que-não-a-leitura, os livros-já-lidos-sem-que-haja-necessidade-de-abri-los, porque pertencem à categoria dos já-lidos-mesmo-antes-de-serem-escritos".

Self-service

Pelas estradas, cartazes anunciando plantações de morango. Pessoas entrando com cestinhos, cestões. Pagam uma taxa, colhem, podem comer à vontade. Experimentei alguns, vermelhos e saborosos. Parece (apenas parece) que ainda não chegou aqui a adubação química, que engorda e produz frutos artificiais com gosto de isopor.

Babel

Reunião em Bielefeld. Na casa de Moema e Johannes Augel. Alunos, amigos, alemães, brasileiros, havia de tudo. Todas as línguas, misturava-se inglês com espanhol, alemão com francês, italiano. Certa altura, alguém conversando comigo em bom português. Um professor correu e passou a traduzir simpaticamente para mim. Em alemão.

Comunidade

Me explicam que a pessoa, séculos atrás, costumava tomar o nome do lugar onde morava. Contam ainda que o sentido comunitário era rigoroso, cada pessoa tinha seu direito e dever. Os vizinhos mais próximos deviam prestar assistência, ajuda, em casos de necessidade. A cada um, segundo a distância e a capacidade, era confiada uma tarefa. A solidariedade era geral em casos de doença, morte ou tempos de festa. Nesses momentos, até mesmo hostilidades e animosidades deviam ser postas de lado.

Também vi

Em Bielefeld me mostraram terrenos vazios, baldios. Outros, gramados, ajardinados. Antes, ali tinha havido prédios ocupados. A polícia procedeu o desalojamento e em seguida a municipalidade mandou os buldôzeres, tudo foi devastado. A especulação imobiliária e a política que defende propriedade privada a todo preço, ainda que ao custo do sacrifício de quem não tem onde morar, arrasam mais que a guerra. Tudo é incompreensível. Me parece igual aos desalojamentos de populações, em São Paulo ou outras cidades brasileiras, que erguem seus barracos em terrenos que durante anos e anos foram desocupados. No entanto, assim que se instalam, vem o poder oficial e desinstala para que os terrenos continuem baldios e se valorizando.

Bandos

Jovens, mochilas às costas, sempre em bandos, alegram ruidosamente os trens. Viajam muito, para cima e para baixo. Têm passes especiais, preços acessíveis, vida facilitada para poder conhecer as coisas. Curioso, os jovens estão sempre em grupos, nas viagens ou nas cidades. Nunca vi menos de três, quatro, dificilmente estão solitários. Me dá sempre certo alívio encontrar esses bandos bagunceiros.

Solidão

No trem, atravessando a RDA, vejo o anúncio:
Uma ilha perdida, um farol. Nada mais.
E o letreiro:
Onde o homem está, está Panasonic.
Embaixo, fotos de gravadores, rádios, televisores, filmadoras, aparelhos de som.
Imagina-se que com isso o homem estará menos só.

Montanha pelada

Em Flieden, um pouco adiante, olhando à direita, avistei imensa montanha, um lado branco, batido de sol, outro escuro, sombreado. Sem um pingo de vegetação e toda cortada por sulcos. Caminhões ou tratores se movimentando, poeira branca subindo do pico. Seria Vogelsberg? Parecia imagem da Lua transmitida pela televisão.

USA

Na estação de Flieden, uma composição parada, com alguns containers brancos, o emblema norte-americano pintado recentemente e o logotipo *United States Lines*.

Átomo? Não!

Solitária, no campo, uma casa de tábuas, espécie de silo, ostentava um cartaz: *Atomkraft? Todsicher*. No outro lado da casa, dois pôsteres vermelhos anunciavam *Coca-Cola* e *Coke*.

Estudantes

Cinco da tarde, em Fulda estudantes lotam o trem, a caminho de suas casas. À minha frente, uma lourinha gorda e um tipo espinhento resolvem equações e discutem gráficos. Ouvi várias vezes a palavra eletrônica.

Sorriso

Na estação de Landshut (onde nasceu Himmler, o terrível chefe da polícia nazista), a menina sorria sozinha, completamente à vontade num banco, vendo o trem passar.

Paisagem

Olhando a paisagem alemã. Organizada, limpa, arrumada, cultivada, ajardinada, asséptica, nem um milímetro perdido (as plantações chegam à beira dos trilhos), nem um milímetro selvagem, nem um pouco de mato desordenado crescendo raivoso, me veio que tiveram milhares de anos para colocar tudo no lugar. Sim, passaram as guerras e a confusão, mas já estava no espírito deixar sempre as coisas em ordem, bem ajeitadas. Afinal, é tão pouca terra. De repente, entendi um pouco. Depuraram, filtraram, acertaram, poliram, cristalizaram. E agora? Para onde ir? O que fazer?

Susto

Dois casais de velhos, na minha cabine, conversavam e se divertiam muito. Uma das velhas se assustava cada vez que passava um trem em sentido contrário, deslocando o ar, provocando uma pequena explosão.

Estranhando o quê?

Vindos de Praga através de uma companhia de avião checa, descemos no aeroporto de Schönefeld, em Berlim Leste. Enquanto esperávamos o ônibus que deveria nos levar a Berlim Oeste, subimos ao bar. Quase dez da noite, estavam fechando, mas concordaram em nos servir alguma coisa. Pedimos cerveja.
– Só vendemos cerveja com champanhe.
– Com champanhe?
– Sim, é um coquetel muito bom, nossa especialidade.
Pelas mesas, as pessoas tomavam champanhe rosa misturada com cerveja. Não arriscamos.

Cores

Assim, esse cinza constante, de cabo a rabo na Alemanha, pode ser produto de um gosto, uma não-cor deliberada, desfrutada. Mas os lugares mudam, quando a cor comparece. Quando vemos os imensos murais, alguns humorísticos, que cobrem as laterais dos edifícios, sentimos uma transformação. Impacto alegre. Um destes murais berlinenses virou postal. Mostra um zíper se abrindo e revelando o anúncio da cerveja Schultheiss. Quando se toma o S-Bahn, direção Zoo-Wannsee, pouco depois da Savignyplatz, descobre-se imensa locomotiva ocupando uma parede clara. Nas proximidades da Anhalter, num prédio ocupado, o mural exibe bruxas, feiticeiras, caldeirões ferventes, bolhas de sabão gigantescas. Deslumbrante alegoria que traz à memória a arte lisérgica, misturada ao ornamento das histórias em quadrinhos. Há um livro de fotos coloridas que se ocupa dos grafites e dos painéis em Berlim. Quem vai ao bairro de Kreuzberg se delicia com uma praça inteira cor de vinho, é a Mariannenplatz. Encontrei na *Wolff's Bücherei* um livrinho delicioso, *Farbe im Stadtbild*, que traz os projetos de alguns arquitetos que decidiram colorir Berlim. Sugerem maior descontração na restauração dos prédios e propõem vermelhos, amarelos, verdes, azuis e brancos, em substituição ao sóbrio e anônimo cinza. Se as cores ganharem adeptos, nenhuma outra cidade do mundo vai bater esta. Usando Hemingway, poderemos dizer: Berlim será uma festa.

Afinal não se pode ter tanto preconceito contra a cor. Em 1982, o centro Beaubourg, em Paris, fez uma exposição de desenhos arquitetônicos, demonstrando que a clássica Atenas era inteiramente colorida.

Me toque

Sensação desconfortável, a princípio. Ao encontrar pessoas. Por falta de toque. Aquilo de conversar pegando o outro (não com insistência, chateando), de vez em quando, sentindo a pele, o calor. Toques rápidos, fugidios, ou mais prolongados, necessários a uma comunicação. A uma troca. O toque ajuda a conhecer, saber um pouco mais de quem está com a gente. Ele traz uma resposta que nem sempre está na conversação. Na Alemanha demora a se estabelecer. Isso quando se estabelece. Muitas vezes, me senti contido, segurando. Um pouco do outro vem através dos dedos da gente, percorre por dentro da mão, nos atinge. Ele nos ajuda a saber, e como, se vamos ou não nos dar bem com o outro. O não se tocar, me explicou uma amiga alemã, que percebeu a mesma coisa, faz parte da conservação da privacidade. Nunca ouvi tanto esta palavra como na Alemanha. Me veio um verso de Ulisses Tavares, poeta brasileiro:

"alguma coisa
estranha acontece
quando se toca
em gente.
experimente"

Correspondência/Memórias

No trem, quando a paisagem se monotoniza, transformada em lindas plantações idênticas, abro o livro. Simenon. Me distraio com Maigret. Percebo que comprei errado, pois este *ainda existem aveleiras* (Il y a encore des noisettiers) não traz o inspetor de polícia. É um dos romances à parte de Simenon. Fraco, mas vou lendo, ele escreve enxuto, sincopado, fácil, tem a técnica para segurar. O personagem vai à sua biblioteca e abre as *Memórias*, de Talleyrand. Ao raciocinar por que gosta dos livros de memórias e correspondência, me traz parte de uma resposta que ando buscando, ao me fascinar também com esse gênero: "No fundo, sei o que procuro encontrar aí, e não é algo de que me orgulhe. Ao descobrir as fraquezas dos grandes homens e suas pequenas covardias, sentimos menos vergonha de nós mesmos. E confesso que não me desagrada saber que foram vítimas de tal invalidez ou de tal doença".

Catedral

Colônia. Seiscentos e trinta e dois anos de trabalho, até a igreja ser terminada. Dentro, o mesmo cheiro de todas as igrejas do mundo. Incenso, cera, o ar frio e parado. Existe também uniformidade na luz baça e difusa e no frescor interior. Homens com batas vermelhas, uma caixinha pendurada no pescoço, pedem contribuições. Grupos de alemães velhos percorrem a nave atrás de um guia que parece indeciso. Seis séculos para terminar essa maravilha pesada, delicada, rendilhada, floreada, que transmite impressão de solidez e – por que não? – eternidade. E nós? Estamos correndo para quê?

Beleza

Museu românico de Colônia. Descendo, à direita, na sala reservada aos sarcófagos e aos túmulos de pedra pesando toneladas, há uma prateleira. Num cantinho dela, despercebido, um pequeno frasco de vidro azul, em forma de bexiga murcha, lindíssimo. O olhar preso a ele, completamente. Uma viagem vale por esses instantes, beleza pura lançada do fundo do passado. Percebo na seção de vidros, estonteante, as fontes da Art Nouveau e Art Déco. Tudo lá, direitinho, à espera de ser reformulado séculos e séculos mais tarde.

Paciência

Com Uta Reindl no Früh, em Colônia. Garçons passam suas bandejas de Kölsch (cerveja da região levemente amarga) e não atendem chamados. Uta explica que uma das características do lugar, e de Colônia, é a paciência. Se os garçons percebem sua impaciência, vão dando chá de cadeira, e você espera muito mais. A princípio, me irrito muito, aos poucos relaxo. Nada tenho a fazer pela frente, quero apenas tomar cerveja. Para que a pressa? O que vamos fazer com o tempo economizado? Por que se pensar em economizar tanto? Qualquer garçom do Früh estaria morto a tiros ou pancadas no Brasil, na terceira vez que passasse pela mesa sem olhar.

Jovens (XII)

"Não dá para ficar trabalhando o tempo inteiro, se matando como louco, como fizeram nossos pais, nossos avós. Não queremos competir com ninguém, nem ter os melhores postos, nem vencer brilhantemente na vida. Queremos lazer. Um pouco de trabalho e o resto de divertimento."

Paraíso do prazer (II)

As primeiras anotações para o capítulo do personagem no peep-show: "Preciso fugir, é o único meio, é o que venho fazendo há anos, a cada sábado procuro uma fórmula de dissimulação, cinema, trepada, um clube cheio de gente, uma garrafa de vinho, basta uma que me embebedo para valer e até, certa época, umas cheiradas num pó que me deixava com muita disposição para cinqüenta fins de sábado seguidos. Então, passei a encontrar o instante fatal, como eu ironicamente chamava, às terças-feiras, o que de nada adiantava, acabava saindo é muito caro".

Num guardanapo de pizzaria, encontrei: "Tenho de saber como levantaram esse muro que fecha a cidade, dizem que foi da noite para o dia, quando a população se deu conta, o muro estava lá, impenetrável. E, no entanto, sei que existem pessoas que o atravessam. Por que não posso portanto furar meu bloqueio, cavar um buraco, fazer um balão, jogar uma corda? E saltar. As luzes do peep-show me anunciam as mulheres mais bonitas do mundo, só para adultos, o paraíso do prazer, aqui você esquece de tudo".

Em papéis soltos:
"Os muros entre pessoas se levantam da noite para o dia".
Válido isso? Ou discutir? Num relacionamento nunca há muros erguidos subitamente?

Mas nem esse muro de Berlim foi erguido instantaneamente. Resultado de anos e anos.

O que a gente não percebe é o afastamento progressivo e lento.

A mim mesmo?

Encontrar o que nessa viagem? Como descobrir a mim mesmo nesse lugar tão diferente? Passando por uma casa na Einsteinstrasse, em Colônia, construção quadrada, simples, portas e janelas, nenhum ornamento, percebi que estava diante de meu passado. Havia uma casa assim, semelhantíssima, na minha rua em Araraquara. Voltei a uma tarde sombria, perto da casa de minha avó, porque ali tudo era mais encantado. Ameaçava chuva, a rua deserta. Me vi a pular o muro de uma parente velha para roubar dinheiro de uma latinha que eu sabia onde estava. E era muito dinheiro para a época, cinco mil-réis.

Pesado

Romance em progressão. A personagem diz ao marido durante uma das conversas:
– Você carrega um clima pesado demais. Para onde você for, carrega este clima.

Marching in

Bar superlotado na cidade velha, em Colônia. Fumaça, gente a tomar cerveja, começo de tarde de sábado. Um conjunto toca jazz sobre um tablado. A música é *When the saints go marching in*. Houve um tempo para essa música no Brasil. Quando em São Paulo, imitando os beatniks, curtíamos jazz e saíamos em busca dele pela noite. Década de 50 acabando. Norman Mailer publicava o ensaio *The white negro*, que saiu em tradução no Caderno B do *Jornal do Brasil*, suplemento que trazia sempre novidades. Fim de 50, começo de 60. Líamos Sartre e Simone de Beauvoir, morávamos em pensão, pegávamos o rabo de um existencialismo que chegou tardio e desfigurado ao Brasil. Para nós, era símbolo se fazer o que dava na cabeça, sem apresentar contas a ninguém. Viver desbundando sem pensar em futuro, amanhã. E no entanto, tudo que pensávamos era construir. Queríamos fazer os livros e o teatro brasileiros. Era o começo do Teatro Oficina, do Arena, do Cinema Novo.

Carta a uma amiga brasileira

Querida Cláudia Alencar,
Terminada uma leitura na biblioteca central de Colônia, fui jantar com amigos. Tinha sido uma noite curiosa. Alguns alemães não gostaram da minha forma de responder perguntas, me estendendo, contando casos, às vezes desviando do assunto. Queriam objetividade, coisas precisas. Outros se chatearam porque falei bem de Berlim. Dos brasileiros, alguns se sentiram incomodados porque fiz um panorama do Brasil com tintas cinzas e não verde-amarelas. Enfim, noite em que não agradei.
Foi num jantar à base de amigos, na casa do radialista Ricardo Bada, andaluz cheio de casos e anedotas, em cuja casa existe imensa bandeira da Nicarágua. Falando nisso, a mulher

dele, Dini, holandesa, se encontrava na Nicarágua, colhendo algodão. Gente fascinante. Aquele jantar me valeu outro, para o dia seguinte, na casa de Sônia, brasileira, casada com Pedro. Marcamos um encontro numa esquina do Neumarkt (mercado novo), no centro de Colônia. Ali, Pedro deveria me apanhar às cinco da tarde. Moram longe, no norte da cidade, eu não conseguiria chegar sozinho. Pedro é boliviano. E curioso é que me apanho aqui mudando o nome das pessoas. Vou deixar assim. Reflexos de uma época brasileira em que era preciso dissimular nomes, quando falávamos em exilados. Pedro e sua mulher são. Devem voltar ao Brasil. Ele quer apenas terminar seu mestrado. Fim de inverno alemão, inverno que quase não existiu. Sol gostoso, clima típico de sábado. Fim de semana é igual no mundo inteiro, você reconhece a luz, o silêncio, a atmosfera. Pessoalmente, não gosto de fins de semana. Vamos conversando, falamos de meus livros, tocamos em *Cuba de Fidel – viagem à ilha proibida*. No Brasil, me acusaram de ter sido simpático ao regime de Castro. Em Cuba, me acusaram de fazer críticas ao regime. Ando especialista em equilibrar na corda bamba.

– Quando você esteve lá? – perguntou Pedro.
– Janeiro de 78, para o prêmio *Casa de las Américas*.
– Teve contato com os brasileiros?
– Acho que com todos.

No livro, não contei esse caso. Nem Callado no dele. Em 78 ainda não havia abertura, mal se começava a falar em anistia. Mas foi uma história curiosa, revivida subitamente em plena Alemanha.

– Então, deve ter estado com minha ex-mulher.
– Quem sabe? Quem é ela?
– Ana Maria.

Outra vez o nome mudado. Condicionamento da autocensura da época, um receio, ao escrever isso aqui de longe do país, o pé fora da realidade imediata.

– Ana Maria, mignon, mancava levemente, de óculos?
– Essa mesma! Conheceu?

Ana Maria, coisa mais incrível. Fui o chefe dela na revista *Cláudia*, início da década de 70. Tempos difíceis, violentos, luta armada, repressão extrema. Pessoas desapareciam e vá procurar! Ana Maria era revoltada, estranha, fechada, mas carinhosa, competente. Um dia sumiu. Sem deixar rastro. Vários desapareceram da Editora Abril naquele tempo. Pensamos em Ana presa, em Ana morta. Só então ficamos sabendo de suas ligações com a clandestinidade. O tempo passou.

Janeiro de 1978, brasileiros desembarcam em Havana para participar do júri do prêmio Casa de las Américas. Pela primeira vez em muitos anos, a barreira tinha sido rompida e brasileiros cruzavam a cortina do rum e do charuto, caíam em pleno regime socialista aos pés dos Estados Unidos. Uma tarde, inverno em Havana, estava no meu quarto lendo originais, quando o telefone tocou. Atendo, falam comigo em português. Nem era Bi, então mulher do Fernando Morais. Nem Marieta Severo, mulher do Chico Buarque.

– Ignácio?
– Sim.
– Aqui é Ana Maria.
– Ana Maria?
– Trabalhei com você na *Cláudia*. Lembra-se?

Soco no estômago, fiquei respirando forte, clima estranho à minha volta. Ana Maria viva, e ali. Mais uma da série de situações inesperadas com que Cuba me envolveu, quase que o tempo todo. Desci, nos abraçamos. Ela vinha com um encargo. Falava pelos exilados brasileiros, cerca de cento e vinte ou cento e trinta. Queriam saber se estávamos dispostos a um encontro, se "não tínhamos medo" de uma reunião com a turma toda. Medo. Palavra gelada, solta no ar. Medo. Afinal, os exilados em Havana tinham sido os da luta armada, cassados e caçados, banidos, figuras carimbadas nos cartazes de *Procura-se*. Aquela gente tentava nos preservar. Todavia, o fato de ter pisado em Cuba já nos comprometia, nada mais poderia significar problemas agudos. Ou seja, estávamos na chuva, era para nos molhar. E de que modo evitar esse encontro? De que maneira não responder às perguntas que desejavam fazer a respeito de nosso país? Cuba e Brasil estiveram isolados por quinze anos, sem correio, sem jornais. A imprensa cubana noticiava pouco do Brasil. As cartas de família chegavam após meses de operações triangulares (envelopes levados por amigos ao México, ao Peru, ao Panamá, a Roma, a Madri e de lá expedidos para Havana) e traziam apenas notícias de parentes e ligeiras informações sobre o país. De repente, ali estavam três jornalistas (Callado, Morais e eu) e um compositor (Chico Buarque) com acesso a várias fontes. Tínhamos de ir, e fomos. Uma longa reunião na sede da União dos Escritores Cubanos. Brasileiros sozinhos, casados com brasileiras, casados com cubanas, chilenas, argentinas, mistura de América Latina. Pela sala, corriam crianças que falavam estranha mistura com sotaques os mais variados, meninos ameaçados de crescer sem identidade. Naquela noite conheci um pouco do que o exílio provoca como desestruturação da pessoa. No ar, na verdade, a grande interrogação de toda aquela gente: *podemos voltar?* Voltar era a obsessão. Foi então que nitidamente senti o que seria uma anistia, a necessidade dela.

Em Berlim, tive muitos contatos, convivi com brasileiros exilados, hoje em boa situação e que não pensam em voltar, apesar de saber que podem. Me contaram os problemas dos primeiros grupos, a dificuldade de conseguir visto de permanência, carteiras de identidade. Foi preciso o suicídio dramático de uma exilada brasileira para as coisas mudarem um pouco, as autoridades se preocuparam com o assunto.

Agora, em Colônia, numa tarde de sábado, um ciclo se cruzava sobre mim, se fechava: São Paulo-Anos 70-Havana-Fins dos 70-Época em que intelectuais brasileiros começaram a se interligar com os do resto do continente através da Casa de las Américas-Alemanha-Anos 80-Quando o festival Horizonte reuniu também a América Latina e abriu uma nova perspectiva dentro da Europa.

Bilhete brasileiro

Francisco de Paula Rodrigues Alves, Chico, se dá a tremendo trabalho. Todas as semanas faz sinopse dos acontecimentos políticos. Não uma sinopse à la Francelino Pereira. Chico dá uma geral, completa. Envia também recortes, com trechos já assinalados, o que me facilita. Num dos últimos, agosto de 1982, Paulo Francis escrevia: "Se não tivemos uma guerra mundial até hoje é provavelmente por um paradoxo, porque envolveria armas nucleares e não haveria vencedor possível. O paradoxo é que estas armas estão sendo empilhadas em tal quantidade e qualidade que pela lógica deverão um dia forçar o suicídio coletivo da humanidade.

"O fato é que os países mais ricos do mundo enfrentam uma depressão só inferior em escala à de 1929, desencadeada pelo 'crack' na Bolsa de Nova York, mas de extensão e causas muito mais profundas que a simples especulação acionária. Há mais de 35 milhões de desempregados no mundo rico, massas que cedo ou tarde exigirão 'soluções' que o estado de 'welfare', a defesa do capitalismo contra o comunismo, cada vez menos tem condição de sustentar. A queda de produção é geral.

"Se num país como o Brasil cerca de 30 milhões de pessoas têm algum poder aquisitivo, e uma ínfima minoria é rica, sobram 90 milhões de pessoas que vivem à margem da sociedade. E o Brasil, no contexto mundial, está longe de ser um dos piores casos. Nos devedores de 400 bilhões de dólares do Terceiro ao Primeiro Mundo vários países subsistem apenas porque os banqueiros, para não perderem o investimento, emprestam dinheiro que permita a chefetes políticos manterem a ficção de que continuam à tona. A miséria desses países transcende a nossa. E a carga financeira atinge também o bloco soviético, que deve 80 bilhões ao mundo capitalista.

"Haverá soluções? Claro que sim. Existe a solução revolucionária, que é, porém, o início de uma solução, na melhor das hipóteses. Porque revolução em país pobre termina como a URSS e Cuba, o que o próprio Marx observou, notando que somente países ricos e altamente industrializados teriam condições de criar socialismo democrático e, a seguir, o comunismo. E será necessário que a estrutura da sociedade de consumo apodreça ao fedor absoluto, antes que as massas dos países que a conhecem se sintam motivadas a uma tão radical mudança de sistema".

Jovens (XIII)

Blusões de couro
Jaquetas jeans sem mangas
Sapatões pesados tipo exército, empoeirados.
Sapato bico fino
Bom gosto? O que é bom gosto?
Mau gosto? O que é mau gosto?
O bom gosto é o mau gosto.
O mau gosto é o bom gosto
Bom/mau gosto – Mau/bom gosto

E esses negros?

Mainz, terra de Gutenberg. À espera do barco para subir o Reno. Rodo pela cidade, preocupado com o sapato, a sola está descolando. Ruído de água. Atravesso uma praça quadrada, um obelisco no centro, o chão marcado por traços formando quadros como o tabuleiro de um jogo gigante com pessoas no lugar de peças. O ruído da água continua. Numa vitrine de papelaria sou provocado por uma reprodução. No alto de uma escada, corredor com passadeira vermelha. Porta aberta deixa entrever um quarto iluminado. Duas meninas: uma, com saia de trapos, encosta-se desalentada numa porta fechada. Os cabelos da outra sobem como alguém que pulou de pé na água. Um girassol imenso, despetalado, abandonado no alto da escada. É um quadro de Dorothea Tanning, *Eine kleine Nachtmusik*, de 1946. O que há com essa pintura que me prende por longo tempo? Pessoas correm, agitadas, vou atrás, afinal a tarde estava pacata, não havia movimento. A calçada explodiu atrás do Museu Gutenberg que fica na Liebfrauenplatz. Nome insinuante: praça das mulheres amadas. Uma adutora estourou. O jato de água sobe quinze metros, lampeja ao sol, lâmina transparente e feroz que arranca folhas das árvores e destelha os beirais dos telhados mais próximos. As pessoas olham extasiadas. Vou para o museu. Não fosse Gutenberg, minha profissão seria mais difícil. Atravesso vários andares, corro a história do livro e da imprensa, desde os tipos móveis até a composição eletrônica, vejo iluminuras medievais, obras raras, tratados de viagem, mapas. Numa sala, um funcionário fantasiado de tipógrafo antigo maneja uma réplica da impressora usada por Gutenberg para produzir sua Bíblia. Dizem que hoje só existem oito dessas Bíblias no mundo. Há pouco tempo, a Alemanha conseguiu comprar uma na Inglaterra, custou dois milhões de dólares. A Biblioteca do Congresso, em Washington, esnoba; tem duas, uma fica em exposição permanente na entrada. Dinheiro compra a cultura de qualquer povo. A Bíblia de Mainz fica numa sala-cofre, de paredes espessas, portas volumosas e com segredo. Naquela tarde, um grupo de norte-americanos ouvia o guia descrever as peripécias de Gutenberg, que finalizou com voz embargada, contando como ele morreu pobre e abandonado. O que arrancou de uma velhinha sardenta carregada de mapas e guias, calçando sapatos brancos tipo ortopédico, que elas amam de morrer:

– Pobrezinho, pobre mesmo depois de ter inventado o livro?

A sola do sapato escapou de vez, procurei sapateiro sem encontrar. Comprei um tênis e, esfomeado, decidi por um hambúrguer, faltava hora e meia para o barco. Abri a porta da lanchonete e o som brutal me apanhou como rajada de vento. *Es zieht*, imaginei. Nada disso. Era um soldado americano, negro, com seu rádio portátil, a todo volume. Por um instante, o clima pasteurizado e americanizado, a decoração impessoal e all over the world, tipo MacDonald's, Burge-king, jack in the box, wimpy, me transplantou para Nova York, Broadway, Rua 42, Oitava Avenida, Avenida das Américas. Com os negros, mulatos porto-riquenhos, latinos arrastando rádios imensos no máximo da potência. Aqui em Mainz, o soldado negro marcava o compasso com os coturnos lustrosos e olhava em torno arrogante e provocador, parecia à espera de que alguém protestasse. Era meu primeiro contato com as tropas de ocupação ostensivamente nas ruas. Em Berlim, raramente se encontra soldado uniformizado fora dos guetos formados pelos bairros de Dahlem e Zehlendorf; difícil como ver a bíblia de Gutenberg em tarde de turista americano. Mas pelo resto da Alemanha descobri que eles circulam com desenvoltura, vi centenas no bondinho que faz Heidelberg-Mannheim. Nesse bondinho (acompanhado por Jazely Gonzales, brasileira que dá aulas de Português e Literatura no Instituto de Idiomas de Heidelberg), senti a atmosfera incômoda que a presença do ocupante acende. O clima estava pesado, num confronto sutil entre jovens alemães que observavam americanos com um leve ríctus na boca, esgar de raiva contida. Ao ver o preto na lanchonete de Mainz, lembrei de uma carta de Higino Correa perguntando sobre os negros que se casaram com loiras alemãs, ou que delas tiveram filhos no pós-guerra. Filhos conhecidos como *crianças da ocupação* = Besatzungskinder. Descobri uma estatística que fala na existência de dez mil deles. Mas, agora, os problemas são outros. Um lado a mais na questão da discriminação contra estrangeiros que existe, não mais sutilmente, porém com nítidos contornos dentro do país.

Há sessenta mil soldados negros acantonados na RFA, na situação de se correr o bicho pega, se ficar o bicho come. Discriminados nos Estados Unidos, eles se alistam, e descobrem que a coisa continua fora. A situação é grave, tanto que a revista *Newsweek*, em março de 1983, mandou um correspondente à Alemanha avaliar o assunto. Lester Sloan levantou dezenas de casos: proibição de negros entrarem em restaurantes, boates, teatros, clubes, hotéis, sob as mais diversas alegações. Um desses negros, Amos Allen, de Frankfurt, foi barrado à porta de uma boate por não estar corretamente vestido. "E eu estava de terno e colete, gravata, e um sapato de duzentos dólares." Mais grave é o caso de Annette Sturks, alemã, estudante de enfermagem em Fulda, com brilhante futuro pela frente. Depois que começou a namorar um negro, foi designada pela direção do hospital onde estagiava para limpar latrinas. Os resultados dessa discriminação (aumento do consumo de álcool e drogas, confrontos físicos com a população local, quebra-quebras, abatimento psicológico) têm preocupado os alemães conscientes e as autoridades norte-americanas. Estas estimulam o protesto com processos por meio da Justiça comum, paliativo que dá satisfação temporária, porém não encobre a profundidade da situação.

Pior para os turcos

Dos 62 milhões de habitantes da RFA, cerca de 4,5 milhões são estrangeiros. Turcos, italianos, iugoslavos, gregos, franceses, portugueses, espanhóis compõem 8 por cento da população. A maior parte dessa gente começou a afluir em princípios da década de 60, atraída pelo milagre econômico. Que foi diferente do "milagre" brasileiro, porque era real, sólido, e não baseado em estatísticas falsificadas. Na época, era ampla a possibilidade de empregos. A remuneração, mesmo na infra-estrutura, era ótima em relação ao que esses imigrantes ganhavam em seus países de origem. Quando tinham trabalho em seus países. Por alguns anos, a Alemanha significou o mesmo que o oeste norte-americano no século passado. "Go west young man and grow up with the country", era o adágio nos Estados Unidos. "Vá à Alemanha Ocidental meu jovem e cresça com o país" foi uma adaptação – real – para

Istambul? Turquia? Não, simplesmente Berlim, uma rua de *Kreuzberg*, ou *Neukölln*, ou *Schöneberg*. Imagens aparentemente anacrônicas. Os turcos, ao se transferirem para a Alemanha, levaram usos e costumes, se fecharam e se isolaram, o que serviu para criar problemas de integração. Principalmente nos campos da religião e moral. É difícil, raríssimo, ver a turca sem o véu andando pela rua. Com a nova situação econômica, crítica, os turcos têm sofrido muito com o problema de discriminação por parte de grupos radicais.

uma necessidade: os alemães precisavam de mão-de-obra e foram buscar, com alegres acenos, no estrangeiro. Os imigrantes chegavam em meio a festas, sendo que a maior delas foi para o português Armando Rodrigues, em 1964: o milionésimo trabalhador a entrar na RFA.

Mas igual Serra Pelada para o Brasil, as festas se acabaram, as luzes se apagaram, do bolo não sobrou farelo. O que se percebe hoje é o rancor contra os estrangeiros "que andam tomando nossos empregos". Situação tensa e perigosa. Em meados de junho de 1982, em Hamburgo, uma turca de 25 anos se matou, embebendo o corpo com gasolina e colocando fogo. Tocha humana de protesto contra as humilhações impostas à sua raça, cada dia numa posição mais difícil dentro do país. Enquanto outras colônias conseguem integração bastante razoável, principalmente os italianos, mestres na arte de se conservarem em guetos, protegidos, ao mesmo tempo que participando normalmente da vida nacional, os turcos tiveram maiores dificuldades, a ponto de viverem praticamente segregados, se analisarmos mais a fundo a questão. Rodeados pela discriminação e pelo preconceito. As piadas que correm contra estrangeiros atingem diretamente os turcos.

"Sabe qual é a diferença entre um imigrante turco e um judeu? O judeu já passou o pior."

"Qual a diferença entre um turco e a faixa contínua na estrada? É que é proibido passar por cima da faixa contínua."

"Sabe a diferença entre uma desgraça e uma catástrofe?

A desgraça é que um navio cheio de turcos se afunda. A catástrofe é que os turcos sabem nadar."

Gastarbeiter (trabalhador convidado) já foi expressão de orgulho, hoje em dia tem sentido pejorativo. Há recessão e o desemprego cresce (veja o segmento *E la nave va*). Entre março de 1982 e agosto de 1983, tempo em que circulei no país, vi aumentar o número de grafites contra os *Ausländer*, principalmente turcos, os mais visados. Berlim Ocidental é conhecida como a Istambul da Europa. Dez por cento de seus habitantes, esparramados pelos bairros de Kreuzberg, Schöneberg, Wedding e Neukölln, são turcos. Eles vivem, por força das circunstâncias, fechados em guetos, isolados em si. Forçados, por um lado, pelo pouco interesse que alemães tiveram na integração, pela falta de maior contato e empenho entre a população nativa e esses imigrantes. Há culpa alemã, no caso. Por outro lado, as dificuldades com os turcos nascem na região muçulmana e nos hábitos (autoridade paterna excessiva, indiscutível; nenhum direito para as mulheres – elas são obrigadas a andar com o véu no rosto; proibição às filhas de aprenderem o alemão, entre outros). Discriminados, a única defesa é voltarem-se para eles mesmos, o que complicou a questão. No entanto, há detalhes também nem sempre contados. Os trabalhadores turcos são conhecidos pela capacidade de organização (a de trabalho é indiscutível) quando se trata, por exemplo, de uma greve. Nesse caso, as greves são muito bem conduzidas (citado por Joseph Rovan em *L'Allemagne du changement*, edição Calman-Levy). Evidente que não é uma qualidade exatamente apreciada no sistema capitalista.

Quando há chances, os turcos se integram. Tive uma amiga cuja vizinha, alemã, se casou com um turco. A oposição paterna da moça foi quase intransponível. Recusaram-se a receber o noivo. Somente depois do casamento, muito constrangidos, é que os velhos aceitaram o genro em casa. Primeira surpresa, ele falava bem a língua. Segunda, era cordial, trabalhador e familiar. As arestas foram rompidas facilmente, hoje o turco faz parte da família alemã, é adorado pelos sogros. Claro que houve esforços dos dois lados.

O preconceito contra estrangeiro é menor, quase nulo, na faixa que vai dos dezoito aos trinta e quatro anos, entre os alemães. Daí cresce e atinge altos níveis acima dos cinqüenta anos. Henry Thorau me explicava, numa tarde, sentado no Café Möhring:

"A geração de cinqüenta anos para cima reproduz ainda a fortíssima educação que recebeu nas escolas programadas do regime nazista. Ela cresceu nos moldes da educação hitlerista, acabou absorvendo a ideologia. Formação e condicionamento que não se apagam fatalmente, daí a intransigência e a xenofobia".

Postura perigosa, ainda mais que a Alemanha está sempre visada pelo mundo, que não perdoa o mínimo deslize e fica atento. Postura mais ameaçadora quando assumida por intelectuais, de quem se esperava maior entendimento. Como foi o caso de um grupo de professores que assacaram o *Manifesto de Heidelberg*, em que se pede a expulsão imediata dos estrangeiros, em defesa da cultura alemã, ameaçada pelo crescimento demográfico dos imigrantes e seus filhos. Tal manifesto conclama ainda às mulheres alemãs: procriem para salvar nosso país!

Para esse setor intolerante, os estrangeiros são culpados de tudo: a falta de empregos, o tráfico de drogas, a taxa de criminalidade, o alto preço dos aluguéis, a deterioração dos prédios em alguns bairros.

À margem desse processo, existe um movimento positivo em que se procura inverter a coordenada e conscientizar a população a respeito do problema. Os alemães têm sua responsabilidade no assunto, uma vez que falta um contato com esses grupos que foram trazidos e mantidos segregados, obrigados a viver em guetos. Esse movimento conseguiu a publicação de uma série de reportagens em revistas e jornais de importância, mostrando como a retirada dos estrangeiros resultaria, simplesmente, na paralisação completa de toda infra-estrutura. Que vai do lixeiro ao enfermeiro, do garçom ao lavador de pratos, ao homem que conserva os trilhos dos trens, que faz serviços caseiros de encanamento, eletricidade, gás, aos operários especializados nas indústrias etc. Paralisação que fecharia a Alemanha, hoje inteiramente dependente dessa gente.

Vai se acabar?

O apelo desesperado do Manifesto de Heidelberg, conclamando as mulheres à procriação, talvez tenha base em estatísticas. Os dados são oficiais e coloco entre aspas, retirados que foram de

A Alemanha hoje, editado pelo Lexikon – Institut Bertelsmann: "Desde 1974, a população da RFA está diminuindo. A possibilidade de se apoiar em um crescimento populacional próprio inexiste para o país, porque as cotas de nascimento decaem há dez anos e não conseguem cobrir as taxas de mortalidade. Com 9,4 nascimentos por 1000 habitantes a RFA detém o índice mais baixo do mundo; e o número médio de filhos por família é de apenas 1,3. Se essa tendência prosseguir, conta-se com uma diminuição populacional, até 1990, de 3 milhões de habitantes".

Querer partir

Koblenz. A praça do porto deserta no sábado de manhã. Ruas limpíssimas. Como se jamais passasse alguém. O menino chegou correndo numa bicicleta e ficou admirando o barco ancorado no Reno.

Pena

Sol a pino, ventinho agradável. Tomo cerveja lentamente, o navio sobe o rio. Nas margens, colinas a pique repletas de vinhedos. Estou vendo um arranha-céu no meio de casas fim do século, ou é alucinação? E como seria a vida nesses castelos solitários, encarapitados nos rochedos? Um moreno barbudo dorme ao sol. A garota americana limpa os dentes com a língua.

Peitinhos

A garota italiana, sozinha num canto, desenha e escreve num bloco enorme. Os peitinhos soltos debaixo da camiseta. Os mamilos imensos, duros. Não estavam assim, dez minutos atrás, quando subiu a bordo, em Assmannshausen. O que a teria excitado?

Cerveja/Freiras

Nenhuma lata de cerveja boiando pelo Reno. Na margem, duas freiras de negro caminham ao sol. Entram na sombra, sentam-se num banco vermelho. Na ponte de embarque, três indianas de sari colorido, um ponto vermelho na testa, trazem rosas na mão.

Jovens (XIV)

"Política? Quem quer saber de política? Olha o que os políticos fizeram, fazem e estão fazendo a este país! Sou pelos verdes, mas sem política. Sou pela ecologia, sem política. Sou pacifista, sem política. Sou contra os mísseis nucleares, mas não preciso misturar política nisto."

Käthe Kollwitz

Hamburgo. Na casa de Rosemarie Bollinger encontro um livro com a obra de Käthe Kollwitz. Gigantescamente saudável pessoas que conseguem dar tanta intensidade à própria obra. Toda feita de profunda dor-participação na tragédia dos outros. Desmembrar-se de si para se deixar interpenetrar. *Liebespaar*, 1910 (Casal apaixonado). A impressão é que o casal está colado um ao outro, as carnes se juntaram, são parte do companheiro, parceiro. A mulher nasce do peito do homem ou o homem se forma a partir dela. Comovente. *Selbstbildnis mit der rechten Hand*, 1905: acho lindo o quanto ela gostava de se auto-retratar. Uma pessoa que se ama é importante.

Wim Wenders

Vejo o *Estado de coisas*, de Wim Wenders. Uma frase marca: *A vida sem histórias não vale a pena ser vivida.*

Marco Polo (I)

Livro sobre Marco Polo, de Cotti. Começa exatamente assim: "Era o século XIII e o mundo vivia uma das piores crises". E se crise é normalidade? E a ausência de crise, a anormalidade?

Marco Polo (II)

As fotos do livro são de Werner Forman. Uma traz o interior de um templo na China. Monges sentados, espaço minúsculo, o altar. Velhos sacerdotes, ninguém sabe quem são, o nome não ficou. Homens que se dedicaram (alguns ainda talvez se dediquem), viveram uma vida para algo em que punham fé. Livres dos outros, dos condicionamentos, das opiniões, das pressões do social, da necessidade de ser e aparecer. Viveram para eles. Poder viver recolhido em paz. No Brasil é preciso pensar nesse viver para mim, viver em paz, porque existe um problema: a condição social-cultural, político-econômica do outro. Como conciliar a minha individualidade, o encontro comigo e esse trabalho?

Bola no pênalti

O trem entra em Wiesbaden, domingo de manhã. Num campo de futebol careca, restos de neve pelos cantos. Um menino amarra as chuteiras do outro. A bola suja de lama espera na marca do pênalti. Ninguém mais no campo.

Schlitten destroçado

Em Feldberg (Montanha do Campo), proximidades de Frankfurt, uma pista de esqui ziguezagueia entre árvores. Num canto, um Schlitten (para o Brasil seria um trenozinho de crianças) completamente destroçado, madeiras por todo lado.

New Orleans?

Sobrados e sobrados em Bad Homburg com balcões e grades de ferro rendilhadas, como se subitamente estivéssemos no bairro francês em New Orleans, materializado na Alemanha.

Imagens de mim mesmo (I)

Mönchengladbach. No museu, diante do quadro de Adolf Luther, 7 × 12, *Hohlspiegel Quadrate*. Um conjunto de pequenos espelhos côncavos reproduzem sua imagem única, se você estiver mais próximo. À medida que nos afastamos do quadro, percebemos que cada espelho passa a conter uma imagem, de modo que o conjunto se torna um grupo de imagens múltiplas, absolutamente iguais. Me veio a situação para um conto. Um homem visita o museu e se deslumbra diante do quadro. Fica um longo tempo, parado. Quando decide ir embora, não pode. Tenta, esforça-se. Até sentir uma dor horrível. Chega à porta, achando-se dilacerado. Ao olhar para trás, vê que sua imagem múltipla continua dentro do quadro. Como? Afinal, estava fora do ângulo de captação dos espelhos. Então percebe que havia outro ele diante do quadro. Vai até lá e começa a puxar o outro. As dores voltam. Quando os dois chegam à porta, olham e vêem um terceiro diante do quadro. Juntos tiram o terceiro (sempre com dores), e o quarto, o quinto, dezenas dele mesmo. Enchem o museu.

Imagens de mim mesmo (II)

Fui passar a limpo anotações, comecei a ler em voz alta. Surgiu modificação na primeira idéia. Aliás acréscimo. Quando o homem, ao chegar à porta da sala, vira e se vê olhando para o quadro, ele volta. Arranca seu segundo duplo. Depois o terceiro, e assim por diante. A cada um que arranca, percebe que um espelho do quadro se esvazia da imagem, até o momento em que não reflete mais nada, e a sala está cheia de gente.

Imagens de mim mesmo (III)

Outra situação:
Uma das pessoas reproduzidas se aproxima do quadro. Fica longo tempo parada. Decide ir embora, não pode. Faz força, sente dor. Chega à porta, dilacerada. Ao olhar para trás, vê sua imagem múltipla conservada nos espelhos côncavos. Retira um a um, enche a sala de gente, o quadro se esvazia. As pessoas estão atordoadas. Então, uma outra se aproxima do quadro. E assim, infinitamente.

Cotidiano

Weilheim, comecinho da noite, um homem rega plantas. Tudo o que se ouve é o ruído da água saindo do esguicho, batendo nas folhas, pingos na terra molhada. E me lembrei, imediatamente, do início do romance *Morte em família*, de James Afee, lido há mais de 20 anos.

Ostende

Numa estação, um trem que vai para Ostende. Num dos livros de Pitigrilli (seria *Cocaína*?) – autor que devorei deliciado na adolescência – o personagem, no início, entediado, masca chiclete e cospe sobre um mapa-múndi. A goma cai em Ostende e o personagem decide ir para lá. Nunca mais esqueci isto. Nunca mais li Pitigrilli. Seus personagens eram cínicos, amorais e seus livros eram coisas excitantes naquela década de 50. Os romances mais audaciosos que havia na biblioteca de Araraquara.

Salzburgo/Áustria

Na estação, o aviso me anuncia países subdesenvolvidos: *Cuidado com os ladrões de malas.*

No Landestheater, que fica no extremo do jardim Mirabell, uma soprano ensaia e sua voz atravessa a praça, como alguém pedindo socorro.

Japonesas de mãos dadas cantarolam imitando a soprano, e riem gostosamente, olhando uma na cara da outra.

Centenas de pessoas se acotovelam e se empurram para não ver a casa onde nasceu Mozart.

Quem quer uma miniatura do piano de Mozart?

Um chocolatinho com efígie de Mozart?

Terra do kitsch: coroas, flores secas, flores dentro de vidros, quadros de palha, bustos de Mozart, miniaturas do castelo, de pontes, flâmulas, vasinhos, estatuetas, colares, pulseiras, postais.

Olhar feliz de duas garotinhas diante de suas taças de sorvete coloridíssimos, verde, rosa, amarelo, marrom, com cerejas, calda vermelha, bolachas, creme chantilly. Nem ousavam começar, para não destruir tal maravilha.

Frescor/Paciência

Igreja de São João Nepomuceno, Munique, em processo de restauração. O carpinteiro conserta um confessionário de ar secular, bastante danificado. Ajusta, mede, reajusta, volta a medir, acerta milímetros, tenta encaixar, não consegue, vai lentamente raspando, lixando, limando. Tem extrema paciência com a madeira velha que parece rejeitar encaixes novos, talvez estranhos a ela, ali há tanto tempo. Encaixes intrusos. O carpinteiro parece entender isso, a luta da antiga madeira, dona do lugar, e a necessidade de convencê-la a aceitar a cirurgia. Talvez o silêncio da igreja, a atmosfera fresca, enquanto lá fora é a canícula, contribuam para essa concentração e paciência. Ou quem sabe, o tempo imóvel aqui dentro, o trabalho artesanal, em que o homem depende de seu conhecimento, sua total habilidade com as mãos. Contemplo o homem, vejo nele um retorno, reconquista.

Cheiros

Enigma. Em junho, os jornais de Berlim publicaram a notícia de um homem encontrado morto em sua casa. Estava morto há sete anos, segundo os legistas. Vivia só. Nenhum vizinho sentiu o cheiro da decomposição.

Acordo

Como Heidelberg conseguiu conservar uma parte tão grande da antiga cidade? Me disseram que houve acordo, durante a guerra, para não bombardearem a cidade. Entendo cada vez menos. Por que não um acordo para não haver nenhum bombardeamento, de modo algum?

Bonecas decapitadas

Na Schellingstrasse, em Munique, uma vitrine com cesta cheia de cabeças de bonecas de porcelana. Bonecas decapitadas. Me lembrei da cesta que ficava embaixo da guilhotina, na Revolução Francesa. Falando nela, fui ver *Danton*, de Wajda, na penúltima noite do Festival de Cinema de Berlim (Angela Winkler, que paixão!). Uma frase me ficou. Um dos condenados com Danton comentou o processo: "Porque este é um processo político. E política nada tem a ver com a justiça".

Fontes

Nos dias de calor, as pessoas rodeiam as fontes de Munique e metem os pés descalços e cansados na água fresca. Difícil conseguir lugar, tem fila de espera.

Ludwig

Carros de jovens ostentando a efígie do rei Ludwig, o do filme do Visconti. Um novo culto?

Jovens (XV)

Ternos bem-postos, sóbrios, cores discretas, sapatos pretos, corretíssimos, circulam em carros não vistosos, portam maletas executivo, trabalham em escritórios, financiadoras, bancos, importadoras etc. e tal.

Tecnologia

Na Universidade de Munique, um aluno me demonstrou que havia um tipo de química para amadurecer tomates. Num pano branco, amassaram um tomate lindo, vermelho. Depois, não houve água, sabão, detergente, água sanitária que eliminasse a mancha vermelha que ficou.

Luz/Negro

Schleissheim, castelo nas proximidades de Munique. Na sala marrom, um quadro que vale a visita. De Pieter Neef d'A. Visão noturna do interior de uma catedral com vários planos de luz, admiráveis, e um incrível senso de perspectiva. Há zonas sombreadas, zonas absolutamente escuras, zonas amplamente iluminadas. Focos isolados, alternando o negro e a luz, um quadro que me pareceu, inclusive, hiper-realista. Encontro na Enciclopédia Brock: Neef ou Nefs, Pieter d'A. Pintor holandês, nasceu em Antuérpia em 1578 e morreu em 1656 ou 1661. Igrejas eram seu tema favorito. Onde encontrar outros quadros dele?

Dança

Duas da manhã, numa esquina da Amalienstrasse, uma loira de cabelos curtos dança. Ao rodar, a saia levanta, mostrando pernas longas e queimadas de sol. Atrás dela, os vitrais da Universidade de Munique refletem luzes coloridas, vivas.

Alucinação

O dia é quente, nenhuma nuvem, sol intenso. Mas aqui dentro não faz calor. À volta do prédio, árvores imensas, tílias, choupos, arbustos, um caminho corre entre canteiros. Tranqüilidade. O silêncio é cortado pelo riso e pelos gritos de adolescentes que brincam. Entram por uma porta, saem pela outra. Se escondem, se encontram, se agarram. Riem, se divertem. Tentam empurrar as portas de ferro, se penduram nos travões. Estão alegres nessa tarde de calor.

Nesta tarde, julho de 1982, adolescentes alemães de quinze ou dezesseis anos correm e gritam, satisfeitos, entrando e saindo das câmaras de gás no crematório do campo de concentração de Dachau. As câmaras são de uma pureza imaculada, recém-pintadas, o cheiro da cal está no ar. As imagens não se ajustam em minha cabeça. Ou talvez sejam meus olhos, estou tendo uma visão, o meu horror é tanto que passei a imaginar coisas. Não, esses meninos não estão brincando de esconde-esconde dentro das câmaras de gás de Dachau.

No entanto, estão, e só param quando o professor, ou o guia, pede que parem, se comportem. Foi isso que ele disse, traduzido pela fotógrafa Isolde Ohlbaum, que, por insistência minha, me levou ao campo, hoje monumento internacional, destinado a fazer com que as pessoas não se esqueçam do horror. Porém, as pessoas estão esquecidas, não se importam. Se esses adolescentes brincam nas câmaras de gás, junto aos fornos crematórios, é porque não foram informados, jamais tiveram idéia do que significa tudo aquilo. Não é culpa deles, jovens demais, mas de quem ensina, de quem não deixa a história ser ensinada em sua totalidade.

Música para a morte

Dachau fica a vinte quilômetros de Munique. Ali, em 1933, ano da ascensão de Hitler ao poder, foi criado o primeiro campo de concentração da Alemanha, modelo de todos que viriam depois. Percorrer suas instalações é fazer uma visita através do horror e da desolação, é constatar a brutalidade do ser humano. Andei primeiro pelas salas do museu, onde estão fotos e objetos. Fotos de condenados, dos prisioneiros chegando, sendo selecionados, cruzando o portão, onde havia o dístico *Arbeit macht frei* (O trabalho liberta), comum a todos os campos. Fotos de fuzilamentos, de trabalhos forçados. Como esquecer o rosto do prisioneiro que caminha para o pelotão de execução, enquanto à sua frente a orquestra do campo toca músicas? Ou de homens pendurados pelas mãos às arvores, sob o olhar irônico do oficial SS? Dos prisioneiros produzindo armas para o regime que os assassinava? Das fotos dos que se suicidaram, se enforcando em banheiros, ou se atirando contra cercas eletrificadas? De um quase adolescente morto nas "experiências científicas" dos "laboratórios" dos campos?

Objetos de tortura e punição, uniformes, distintivos que identificavam a categoria do prisioneiro. Tudo exposto. Diante das fotos, pasmado, eu indagava de Isolde: "Quem tirou tais fotografias?". Não podem ter sido feitas por algum preso, porque algumas têm bastante qualidade para serem flagrantes clandestinos, com máquinas improvisadas. Teriam sido os próprios oficiais, os SS? E por quê? Com que intenção? Propaganda? Mas se tentavam esconder o horror? Ou não tentavam? Seriam fotos de intimidação, prestação de serviços, puro sadismo? Nenhuma resposta. Um mal-estar começou a tomar conta de mim.

Atrás de nós, turistas. Despejados por ônibus e mais ônibus. Alemães, japoneses, latino-americanos, de toda a parte. Ruidosos. Câmaras funcionando sem parar. Olhavam, passavam à sala seguinte. Quanto mais brutal a cena, mais tempo ficavam. A morte, a crueldade e a atrocidade atraem, despertam curiosidade. Essa curiosidade que leva as pessoas a correrem para ver alguém acidentado, assassinado, faz as pessoas se excitarem com uma tragédia. Numa tourada, em Madrid, vi milhares de pessoas torcendo pelo touro. Era um astral pesado na arena, ritual de morte, vibrações negativas sobre o toureiro. Mecanismo de atração-repulsão. À medida que o horror me atrai, começo a sentir repulsão por mim, por essa fascinação.

Foi difícil cruzar o campo de ponta a ponta. Imaginar que em torno de Dachau funcionaram mais trinta e quatro campos menores, nos mesmos moldes. Centenas e centenas na Europa central, interligados. O grande público guardou (guardou?) alguns nomes, mais célebres. Auschwitz, Bergen-Belsen, Buchenwald, Treblinka, Sobibór. E, no entanto, foram mais de cem. Fábricas de morte, máquinas de destruição do homem.

Ganchos de açougue para homens

Nenhuma narrativa, nenhum filme tem o poder de provocar aqui a inquietação que nos consome. Acredito nos fluidos deixados, no astral que o local encerra, baixo e depressivo. As visões em minha cabeça eram estranhas. Olhava a multidão de turistas percorrendo os caminhos entre barracas. Existem apenas duas de pé, as outras foram derrubadas, restam apenas as demarcações em concreto e pedras, como se fossem imensos túmulos. E o que eu via, era a multidão transformada em condenados ao sol, trabalhando.

Passo pelo canto onde era a intendência (hoje museu). Um muro. Aqui prisioneiros eram fuzilados à vista de outros prisioneiros. Mais à frente, o Bloco de Punições. O fosso. A cerca eletrificada. A administração. Ela me surpreendeu. Pequena, poucas salas estreitas, em cima do portão de entrada. Ali onde estão as letras de ferro *Arbeit macht frei*. É o mesmo portão, testemunha.

Pesadamente, caminho para o crematório. Mesmo pesadamente, para mim é infinitamente mais fácil de fazer essa caminhada. Penso nos homens que a faziam, entre os anos de 1940, quando o crematório foi construído, e 1945, quando o campo foi liberado. Por falta de espaço interno, ou o que seja, o crematório foi colocado fora dos muros. Num lugar que se pode chamar de aprazível. Cheio de árvores, plantas, flores. Talvez na época não fosse assim. Isolde e eu tivemos a curiosidade de observar a maioria das árvores. Altas, grossas, tinham o jeito de bastante velhas. Havia necessidade de camuflar um pouco, nada era tão ostentatório. O crematório se divide em duas partes. Uma, menor, abrigava somente um forno. A outra, tinha três. O prédio é comprido, inocente em seu aspecto externo, com uma chaminé comum a qualquer padaria dos tempos de lenha. Chaminé curta. À direita, salas grandes, brancas. Construídas originalmente para servirem de banho. O célebre banho em que dos chuveiros vinha gás e não água. Porém nunca foram utilizados. Esses cômodos pareceram únicos do mundo em que milhares de turistas passam por dentro e obedecem ao pedido de um pequeno cartão: *por favor, não escrevam nas paredes*. Na parte central, três fornos, de tijolos refratários. Vigas de aço com ganchos, onde os corpos eram pendurados, antes de serem atirados ao fogo.

Tentei pensar em homens trabalhando, alimentando fornos, jogando corpos nos carrinhos, atirando para dentro dos fornos. Nada. Minha cabeça ficou branca e vazia. Então caminhei para a esquerda, ali onde ficavam câmaras de gás que funcionaram. Salas com duas portas, uma em cada extremidade. A um canto, uma boca sinistra. Nessas câmaras, os adolescentes corriam e brincavam, trinta e sete anos depois, exorcizados do horror nazista.

Um horror que somente há pouco voltou a ser narrado na história contada nas escolas. Dizem os alemães mais liberais e abertos que até meados dos anos 70 o período nazista estava em branco nos livros escolares. Passava-se como um gato sobre brasas. Somente depois de um movimento muito firme e decidido de historiadores e educadores, o que se passou realmente começou a ser contado. E com protestos de uma parcela da população. Esse povo não quer ter memória. Participou, carrega um sentimento de culpa que o levou ao silêncio total. A obstinação em esquecer, apagar. Não é fácil ser alemão levando dentro de si sentimentos contraditórios, complexos.

Aulas de manipulação

Todos os sábados, um dos canais de televisão exibe, às dez da noite, jornais cinematográficos históricos. São produções de propaganda nazista, documentários feitos pelo departamento de Goebbels. Houve dificuldade para se conseguir essa liberação. Não apenas porque os jornais poderiam comprometer uma série de figuras que hoje se encontram em postos-chave, mas também porque países como a França e a Itália, cuja implicação com os nazistas foi maior do que se pensava, protestaram. Parte do material foi liberado. Pesquisadores e historiadores continuam a insistir e parece provável que, se conseguirem, segmentos da história européia terão de ser reformulados. O nazismo estendeu seu poder muito além do que se pode pensar, dominou mais cabeças e governos do que está registrado oficialmente.

Assistir a esses jornais cinematográficos é ter uma aula de como fazer documentário cinematográfico, em matéria de fotografia, corte e montagem. Aula de manipulação de imagem cinematográfica. Nenhum cinema serviu tanto a uma causa quanto o nazista. Os textos (sempre traduzidos para mim por amigos) são magnificamente construídos, de forma a não parecer nem um pouco propaganda (claro, a arma é essa), e sim, inocentes reportagens sobre o sistema, a guerra, o avanço nas frentes de batalha. Na verdade, o povo alemão estava cercado, vigiado, a cabeça feita. E, no entanto, teve gente que enxergou.

Passar pelo monumento de Dachau é entrar em novo período. Não se aceita mais a afirmação de que o povo não sabia o que se passava em tais campos. O que está exposto mostra o contrário. Havia documentação publicada, fotos, artigos. Jornais noticiavam (estão no museu os jornais). Com que objetivo? Atemorizar? Fazer propaganda do poder e dominar pelo medo? Já em 1934, jornais da Áustria denunciavam os métodos de Dachau. O *Manchester Guardian*, nesse mesmo ano, também mostrava o horror. Em 1933, mesmo um homem chamado Hans Beimler publicou um folheto intitulado *Quatro semanas nas mãos dos cães de Hitler*. Se essas informações saíam na imprensa estrangeira e se a imprensa alemã se "orgulhava" dos campos, não se pode aceitar o clichê: não sabíamos o que se passava no interior dos campos. Daí a complexidade do problema para o alemão num momento como este*.

Quando saí do Brasil, tinha intenção de ir a Auschwitz. Desisti. Em Dachau vi o suficiente. Por várias noites, as imagens do campo viajaram pela minha cabeça. Continuam. Vão prosseguir por muito tempo. E pensar que o que vi foi somente um monumento, limpo e asséptico, pasteurizado, despojado do que teve de

---

* Ao rever este livro, agosto de 1998, lembro o livro de Daniel Goldhagen, *Os carrascos voluntários de Hitler* (Companhia das Letras, 1997), que fala das dezenas de milhares de pessoas que aderiram de boa vontade ao programa de extermínio de Hitler.

brutal. E um ponto me intriga. Como é que ninguém sentia o cheiro de carne humana sendo queimada nos fornos, se o campo era tão próximo da cidade. Mistério. Ou não?

Não verás país nenhum

Utilizei a frase *Arbeit macht frei* (O trabalho liberta) numa seqüência de meu romance *Não verás país nenhum*. Souza é preso junto com Elisa e conduzido a uma penitenciária cujas paredes estão repletas de inscrições como essa. Nenhum crítico percebeu, fez correlação, observou. Impossível alegar desconhecimento da frase como "slogan" dos campos de concentração. Uma das mais famosas fotos de Auschwitz é exatamente a da frase, em letras de ferro, acima do portão. Desatenção ou ninguém se incomodou com a conotação?

Sabem. E fazem o quê?

Em novembro de 1983, de volta ao Brasil, passei em Fortaleza por uma situação invulgar. Tinha acabado de comer no restaurante do Clube Náutico, dos melhores da cidade. Tinha me fartado de lagosta, vinho branco e sobremesas. Ao sair, deparei com centenas de retirantes da seca que se espalhavam pelas proximidades do clube, a pedir esmola, comida, ajuda. As pessoas passavam, alheias. Como passamos indiferentes, em São Paulo, ou no Rio, diante da miséria e do bando de mendigos que enchem as ruas. Foi então que o amigo que me levara a almoçar, um alemão abrasileirado, me perguntou: "Vocês sabem dessa miséria toda, e das pessoas que morrem de fome. E fazem o quê? Os jornais estão cheios de notícias sobre eles, e também a televisão. Esses retirantes esfaimados povoam as casas todas as noites através dos telejornais. E quem levanta um dedo?". De repente, entendi a pergunta, alusão ao silêncio, ou provável silêncio dos alemães diante do problema judeu. Na Alemanha, deixavam morrer nos campos de concentração. No Brasil, deixamos morrer na caatinga, na favela, no interior amazônico, com a mesma impassibilidade.

Da bicicleta à literatura

Ute Hermanns me avisou:
– Tem uma bicicleta à sua disposição. Uma amiga vai viajar, você fica com a dela, emprestada.

Berlim com bicicleta é outra coisa. Pedalo pela ciclovia e avanço barulhentamente sobre pedestres que invadem meu caminho particular, claramente traçado sobre a calçada. Berro e eles saem, assustados, pedindo desculpas. Lá vou eu na minha bicicleta sem cano, rumo aos parques, lagos, bairros. Quando era garoto, se andasse em bicicleta sem cano, ouviria da molecada: "Olha a menininha!". Aqui, se me chamarem de menininha nem vou entender direito, deixo pra lá.

Foi pedalando que me associei a um personagem de livro, lido em italiano, em 1963. Morava em Roma, para onde tinha ido na aventura, disposto a me transformar em roteirista cinematográfico. Afinal, Cinecittá era a meca, com a decadência de Hollywood. Rato de livrarias, apanhei um romance intitulado *Il terzo libro su Achim*, de Uwe Johnson. Jamais tinha ouvido falar do homem. A foto não era animadora. Um alemão loiro, óculos de aros grossos, ar de freqüentador de culto protestante aos domingos, cara de CDF primeiro da classe. Só que as primeiras páginas me fascinaram, comprei, não consegui parar. História de um ciclista, um campeão. Tinha nas mãos uma coisa diferente de tudo que conhecia, nova. E de onde vinha? Da Alemanha. Invejei. Uwe Johnson tinha apenas dois anos mais do que eu e estava publicado na Itália, causava polêmica. Também, era homem que tinha abandonado Berlim Leste, passando para Oeste. Não precisou pular o muro, foi em 1959. De qualquer modo, Uwe não era um "vendido" ao capitalismo. Nada disso. Seus livros retratavam a imensa perplexidade dos jovens, com tudo que se passava na Alemanha: a divisão, a ocupação, a inércia dos mais velhos, o silêncio. Procurei outros livros. Só havia um, *Congetture su Jakob*, cujos parágrafos começavam com minúsculas. Estranho clima ele me transmitia. Foi meu primeiro contato com a nova literatura alemã que tinha tudo de revolucionário. Uwe Johnson, eu descobriria mais tarde, foi uma personalidade controvertida, objeto de polêmicas. Publicou ainda *Zwei Ansichten* (Dois pontos de vista), alguns ensaios e uma trilogia monumental, *Jahrestage – Aus dem Leben von Gesine Cresspahl*, entre 1970 e 1973. Alcoólatra, problematizado, envolvido em celeumas, retirou-se para a Inglaterra, onde morreu em março de 1984.

Passaram-se muitos anos até que nomes como Peter Weiss, Max Frisch, Günter Grass e Heinrich Böll dominassem a cena internacional, atingindo finalmente o Brasil. O Teatro Oficina fez sucesso em princípios da década de 60, encenando *Andorra*, de Max Frisch. Seguimos pelos jornais o escândalo. Rolf Hochhuth, por causa da peça *O vigário*, que denunciava o papa Pio XII não somente como omisso, mas também como colaborador dos alemães no extermínio dos judeus. Informações esparsas, escassas. Somente na Alemanha eu teria o contato direto com o panorama mais amplo da literatura alemã contemporânea. Efervescente, delirante. Romances, peças, poesia, contos-excitação e agitação. Coisa viva nessa Europa estagnada, pantanal viscoso.

Fogueira de livros

Certa tarde, atraído pelos cartazes, fui procurar a exposição. Pedalei pelo Tiergarten. Entrei. Dezenas de fotos, quase uma só. Mesma imagem repetida, como salão de espelhos. O fogo no centro iluminando jovens, muitos em uniformes negros, atirando alegremente livros às chamas. Há soldados em cena, a vigiar. Livros retirados de caminhões, automóveis, carrinhos de mão, e até de carros de boi, como em Frankfurt. Além das fotos, espalhavam-se pelas paredes milhares de documentos, ordens, comunicados, decretos, determinações, informações, denúncias, retratos, capas de livros, revistas, folhetos. Na Academia das Artes de Berlim, no centro de um parque marcado por edifícios projetados por arquitetos célebres do mundo inteiro (lá está Niemeyer), uma exposição sobre os autos de fé, a grande queima nacional de livros, organizada pelo ministro da Propaganda nazista, Goebbels, a 10 de maio de 1933. Ritual típico do regime: roupas negras, praças às escuras iluminadas por tochas, marchas militares, discursos inflamados. Áudios reproduzem alguns desses discursos pronunciados pelos *Gauleiter* país afora. Ouvi a gravação de Goebbels e fiquei muito impressionado. O tom de voz, o fluir do discurso, as pausas, o ritmo, a argumentação (impressionante, eu conseguia seguir com facilidade, mesmo com meu alemão precário) me deixaram gelado. Pensava nesse discurso funcionando dentro de toda a *mise-en-scéne* e um frio na espinha me fazia tremer.

A mostra fazia parte das programações do qüinqüagésimo aniversário da subida de Hitler ao poder. Programações, não comemorações. Realizou-se em toda a Alemanha intenso plano de esclarecimento do que foram os doze anos do III Reich. A história finalmente revelada. Naquela noite de 1933, milhares de livros considerados sujos, escandalosos, subversivos, contrários ao espírito alemão, foram queimados em todas as praças do país. Em Berlim, vinte mil volumes foram atirados ao fogo. Na cerimônia, tomaram parte os jovens, estudantes, como parte do programa de conscientização para o nacional-socialismo.

Dois momentos marcaram fundo a exposição. Um painel com os nomes e as fotos dos autores proibidos, perigosos, excluídos da cultura. Gente como Thomas e Heinrich Mann, Anna Seghers, Bertold Brecht, Lion Feuchtwanger, Ernest Hemingway, Stefan Zweig, Erich Maria Remarque, Hermann Hesse, Alfred Döblin. Mais de duzentos e cinqüenta que terminaram no exílio. Os que ficaram, tiveram de silenciar ou acabaram nas prisões e campos de concentração. Seus livros foram queimados em praça pública, num "fogo que iluminou não somente a violência da ditadura nazista, mas também o fim de uma época cultural", segundo Hans Bender, que em 1962 organizou uma antologia com dezenove novos escritores alemães, publicada na Itália.

Um livro resgatado do extermínio

No centro da mostra havia pequena vitrina, ostentando um livro encadernado em marrom, parcialmente chamuscado. Essa vitrina me deixou imobilizado longo tempo. A contemplar o volume salvo das chamas.

Mas por quem?
Como?
Qual mão se atreveu a puxá-lo da fogueira?
E por quê? Simples curiosidade ou um pequenino, débil instante de resistência, lucidez? Desafio?

Gesto anônimo, audacioso. Em que momento a pessoa avançou e apanhou o livro? Esperou a madrugada, as chamas se extinguirem, os soldados se retirarem, a praça esvaziar? Esse volume queimado atravessou cinqüenta anos numa prateleira, caixa, sótão, porão. Superou a guerra, chegou até nós. Testemunha cheia de cicatrizes de um tempo de insanidade.

Imaginei outros livros, resgatados por inconformados com atos absurdos. Há sempre quem resista no meio da bestialidade geral. Houve época no Brasil, nos anos 70, em que só faltaram os autos de fé contra os livros. Um ministério da Justiça de ideologia próxima a Goebbels se atirou contra a produção intelectual, jogando nos porões quatrocentos e cinqüenta títulos de ficção à sociologia, de economia, política e filosofia. Tudo que cheirasse ou tivesse nome suspeito. Tive um livro proibido e fui testemunha de um movimento de resistência que me emocionou. Juntamente com outros escritores, eu costumava fazer conversações em escolas. Já era um ato de rebeldia de certos professores e diretores, porque autor de livro proibido era doença contagiosa, devia ficar na quarentena. Comecei a encontrar nos auditórios exemplares de *Zero*, o banido. Profundamente manuseados. Alguns aos pedaços, amarfanhados, manchados, sujos. Provas da passagem por muitas mãos. Encontrava cópias xerox, mandadas fazer pelos próprios alunos que se cotizavam em vaquinhas. Foi uma corrente de solidariedade não apenas com *Zero*, mas com diversos outros. Claro, de um lado havia a curiosidade, mas, de outro, também essa resistência que me demonstrou: pode-se proibir ou queimar os livros, porém é impossível destruí-los. Algum exemplar restará salvo. Alguém vai queimar os dedos na fogueira e salvar o volume; alguém vai fazer uma cópia e passar de mão em mão.

Literatura das ruínas

Parte da intelectualidade reduzida ao silêncio, parte vivendo no estrangeiro e produzindo. Uma criação que não penetrava na Alemanha. Durante doze anos, o país viveu isolado, sem conexão. Terminada a guerra, houve um momento de perplexidade. "A destruição espiritual e cultural não tinha sido menor que a produzida pelos bombardeamentos", afirma Bender. Gradualmente, os poucos livros disponíveis começaram a ser disputados. Os teatros encenavam os clássicos alemães e estrangeiros. Os livros proibidos foram reimpressos ou tiveram primeiras edições. Os romancistas norte-americanos provocaram fascínio sobre o público. E também sobre os escritores. "A influência externa foi tamanha que as primeiras obras alemãs do pós-guerra tiveram uma fisionomia estranha" (Bender). Era a *literatura das ruínas*, Trümmerliteratur. Uma produção destinada a fazer o exame de consciência, a olhar para trás, registrar o que se via, se sentia, o que se tinha visto e sentido. "Uma literatura desiludida." Mais crônica que outra coisa.

Surgiram autores como Wolfgang Borchert, morto aos vinte e seis anos de idade. Um dos porta-vozes desse tempo, autor de um manifesto, considerado o primeiro documento literário alemão do pós-guerra: "Somos uma geração sem laços nem profundezas. Nossa profundeza é o abismo. Somos uma geração sem felicidade, sem pátria e sem adeus. Nosso sol é estreito, nosso amor, cruel, e nossa juventude ignora a juventude. E somos a geração sem fronteira, sem obediência e sem proteção... Somos uma geração sem adeus, mas sabendo que todas as chegadas nos pertencem". Borchert tem dois livros de contos: *A flor do cão* (Die Hundeblume) e *Esta terça-feira* (An diesen Dienstag) e uma peça teatral, *Fora da porta* (Draussen vor der Tür).

"Milhões de alemães se identificaram com Borchert, que exorcizava corpos e almas até a mais extrema nudez, num realismo e crueza intoleráveis", escreveu René Wintzen em "Uma literatura de memória e testemunho" (capítulo do livro *Os alemães sem milagre*). Era importante saber a realidade tal como era. E assim foi nos livros de Ernst Jünger, Felix Hartlaub, Friedo Lampe, Theodor Plievier, Ernst von Salomon, Walter Kolbenhoff. A literatura alemã renascia. Ou se retomava.

O grupo 47

Der Ruf foi uma revista que apareceu publicada inicialmente nos Estados Unidos pelos prisioneiros de guerra alemães. Continuou depois na Alemanha, tendo à frente escritores como Hans Werner Richter, Kolbenhoff, Walter Manzen, Alfred Andersch. Revista de esquerda, democrática, realista, que logo seria proibida pelos ocupantes americanos. Richter era importante autor de livros como *Os vencidos* (Die Geschlagenen), interpretação política da guerra, e *Caíram das mãos de Deus* (Sie fielen aus Gottes Hand), considerados "o fermento de uma nova literatura alemã" (Hans Mayer em *A literatura alemã a partir de Thomas Mann*).

Em 1947, os escritores se reuniram, formando o *Grupo 47*, que aglutinou todos que realmente contavam na criação literária. Durante mais de vinte anos ele exerceu influência no mundo cultural. Basta citar alguns dos vencedores do prêmio por ele instituído: Günter Eich, Heinrich Böll, Ilse Aichinger, Ingeborg Bachmann, Martin Walser e Günter Grass. Explorações em torno do real e do imaginário ("mesclar sonho e realidade é o único modo de combater a nossa angústia", declarava Ilse Aichinger), a utopia, as perguntas ao passado para compreender o presente, o documento sobre os que sobreviveram à catástrofe, a situação amorosa, a análise das ligações entre homens, o papel da Igreja, o desespero, a solidão, a culpa, a reconstrução de um país sob a ocupação estrangeira.

Da mesma forma que o cinema, a literatura alemã, com o passar dos anos, passou a questionar a sociedade, a provocar, interrogar, duvidar, denunciar, retratar. A cada instante dessa evolução histórica, os escritores estiveram presentes. Uma obra-prima, *As cerejas da liberdade* (Die Kirschen der Freiheit), de Alfred Andersch, 1952, marcou um instante de transição. Dos anos da guerra e da reconstrução para uma libertação mais ampla de temas e movimentos, para a consciência do homem. Os anos 50 são assinalados pela reflexão sobre o passado nazista e os primórdios do milagre econômico; surgiu o realismo crítico social intenso, explorado aos limites do grotesco. A literatura dos anos 60 retratou o milagre econômico e a coalisão dos social-democratas com os liberais que se manteria até a década de 80. A literatura se engajou, tornou-se política. Meados dos anos 60 para os 70, ela espelhava a rebelião estudantil, a Guerra do Vietnã, os confrontos políticos, o terrorismo, o erguimento dos povos subdesenvolvidos, o Terceiro Mundo. Finais dos anos 70 para começos de 80: aparecimento da *nova subjetividade*, a *nova sensibilidade*, há uma corrente que prega a "despolitização", conclama a uma "literatura pura e bela".

Para os analistas culturais atentos ao desenvolvimento da Alemanha, o sucesso de um romance como *O tambor* (Die

Blechtrommel), em 1959, não provocou espanto, o impacto causado no mundo. De alguma forma, a evolução da produção literária conduzia a um livro como esse, satírico, explosivo, profundo mergulho nas raízes de tudo que se passou no país anteriormente. O êxito de Günter Grass favoreceu a penetração da literatura alemã em novos mercados. E quando Heinrich Böll, hoje o mais importante autor alemão, recebeu o prêmio Nobel em 1972 (o sexto Nobel ganho por um alemão), isso nada mais representava que a consolidação de um movimento literário que funcionou como um bisturi, fazendo dissecações e vivissecções na sociedade, sem importar o quanto elas doessem. Tratamento de choque promovido por autores como Martin Walser, Botho Strauss* (dramaturgo), Peter Handke, Thomas Bernhard, Nicolas Born, Siegfried Lenz, Peter Weiss, Uwe Johnson, Gisela Elsner, Angelika Mechtel, Verena Stefan, Walter Höllerer, Arno Schmidt (considerado o Joyce alemão), Hans Erich Nossack, Paul Celan, Christoph Meckel, Peter Schneider (que vem da geração revoltada de 68), Hans Cristoph Buch, Nelly Sachs. Lista exígua, sem ordem cronológica. Hoje em dia existem, trabalhando na Alemanha, aproximadamente sete mil e quinhentos autores, agrupados na Associação dos Escritores Alemães, fundada em 1969. Em 1974, a associação aliou-se ao Sindicato dos Gráficos e Indústria Papeleira. A intenção futura é constituir-se num poderoso sindicato dos meios de comunicação de massa.

Terceiro

Duas mil editoras lançam continuamente novos títulos. No *ranking* mundial, a Alemanha está em terceiro lugar no comércio livreiro, atrás da Rússia e dos Estados Unidos. Um mínimo de

---

* Informação supérflua: Strauss morava na Teithgstrasse, três prédios além do meu, na direção da Tauentzienstrasse.

seis mil títulos estrangeiros são traduzidos a cada ano. A feira anual de Frankfurt, em outubro, é o maior acontecimento do mundo no gênero.

Bibliotecas

Existem 48.000 bibliotecas com mais de 500.000 volumes cada. São 1.500 bibliotecas especializadas e nada menos que 15.000 bibliotecas públicas. Para servir a uma população de 60 milhões de habitantes, metade do que tem o Brasil. A Associação dos Escritores Alemães conseguiu duas vitórias significativas na profissionalização: as bibliotecas são obrigadas a pagar uma taxa de 10 *pfennige* por cada título alemão emprestado. Resulta numa soma que se aproxima dos 15 milhões de marcos, destinados ao fundo para a aposentadoria do escritor. Também a exploração das máquinas de cópias é taxada, como forma de composição, por causa do prejuízo do direito autoral. Se o escritor brasileiro ganhasse 1 centavo por página xerocada em escolas e cursinhos, mais de metade não precisaria trabalhar para sobreviver.

Ciúmes?

Por toda a parte onde passei, os estudantes faziam perguntas. Por que está em Berlim? O que acha da cidade? Mas te pagam para ficar lá? Havia uma mistura de sentimentos. Curiosidade e qualquer coisa que eu poderia definir como ciúmes. Com muita gente que conversei, naqueles bate-papos depois de palestra, o assunto era: "Berlim custa um absurdo ao povo alemão. Temos que pagar por Berlim. Lá tudo é subsidiado. Berlim não tem razão de ser, do modo como é. Uma cidade contestatária, de esquerda. Lá as pessoas só se divertem, ninguém quer saber de nada". O tom era mesclado, contraditório. Certa inveja, vontade de desfrutar Berlim, viver. Conheço esse sentimento. Pode ser equacionado, guardadas as proporções, na forma como muitos brasileiros vêem o Rio de Janeiro. "Cidade de gente que não gosta de fazer nada, só quer ir à praia." Quando o Rio era capital, diziam: "Cidade de funcionários públicos". No Brasil, a idéia de funcionário público está ligada à idéia de perder tempo, não trabalhar, gozar a vida numa boa, ganhando do governo. É o ressentimento dissimulado em relação a certas cidades-símbolos, temos de pagar um preço para mantê-las. Sem elas, o país seria triste. Berlim dá um tom à Alemanha, quebra a rigidez. Penso que é uma cidade que pode modificar um modo de vida fechado, racional, dirigido. Berlim em função de sua situação-enclave acabou sendo, por mais paradoxal que isso possa parecer, uma cidade sem medo, que avança sobre tudo. Há quem diga que à maneira dos suicidas. Cidade Kamicase. Acho que tanto Berlim quanto Munique são lugares que podem amaciar, que tornam o irracional uma tentação e uma realidade.

Narciso

Berlim é apaixonada por si mesma. Se cultua e se cultiva. Os berlinenses mistificam sua cidade e o encontro dessas duas paixões mantém viva a "ínsula". Cidade que coloca em xeque, testa quem vem disposto a ficar. Senti isso. A princípio, tentei me adaptar, mas havia algo que me incomodava. Depois, odiei, decidi ir embora. Mas resolvi enfrentá-la, descobrir a sua pulsação. Então, ao perceber que eu estava me inserindo nela, vendo que o meu tempo era regulado pelo tempo dela, que o meu era o ritmo dela, o seu *timing*, ela se abriu. Fiquei. No começo, todos são outsiders, até prova em contrário. Ela te rejeita, para observar tua reação. Se, irritado, você também a recusa, a incompatibilidade se torna incontornável. No entanto, se você faz um carinho, passa a mão na cabeça, afaga, assopra, beija sua nuca, ela relaxa, se entrega. Deixe que seu afago corra por todo seu corpo. Ela revela os códigos particulares. Você passa a saber a sutil diferença entre um bairro e outro, encontra uma esquina fascinante, um casal incrível, uma janela diferente, um pátio maravilhoso, uma *kneipe*, uma bomba de água, um café escondido num jardim, num recanto afastado (como o Gasthaus em Steinstücken), te conduz aos cheiros (o de bosta de cavalo em Lübars), mostra figuras curiosas sobre as portas, num conjunto de prédios na Aroser Allee, conduz à ponte de leões no Tiergarten, ao cemitério de cães em Lankwitz, àquela pracinha que parece fonte termal em filme de Fellini, junto à estação S-Bahn, em Frohnau. Ela responde.

Homens na feira

Sábado de manhã, feira da Winterfeldtplatz, atrás da Igreja São Mateus, em Schöneberg. A maioria dos compradores são homens. Que depois das compras se encontram com as mulheres frente à *kneipe* que existe na esquina da Winterfeldtstrasse. A *kneipe* é pequena, não comporta muita gente. O pessoal se espalha pela calçada, senta-se no meio-fio. Todos de cerveja na mão. Os grupos em pé ficam rodeados pelas sacolas de compras, que formam uma barreira, como os carroções americanos que nos territórios de índios protegiam os colonos dos ataques.

Ocupar

Estávamos numa *kneipe* da Oranienstrasse, o garoto entrou, mochila às costas, perguntou ao sujeito que servia no bar:
– Onde é que posso encontrar uma casa ocupada aqui por perto? Preciso de alojamento.

Censurando o censo

Minha inquietação quanto a ser "homem vigiado" era constante. O que me trazia preocupação: estaria sendo preconceituoso, vendo com olhar brasileiro e desconfiado uma realidade bastante diferente da minha? Então comecei a sentir no ar, através da imprensa, televisão, conversas em casa de amigos, o crescer de uma atmosfera curiosa. Espécie de irritação que foi tomando conta das pessoas até explodir num verdadeiro movimento: "Não queremos nossa privacidade invadida", poderia ser o lema dessa causa. Eu, que tinha olhado ironicamente para essa história de privacidade, passei a ver que era coisa séria. Observei uma vez mais que alemão defende seus direitos. Levanta, berra, clama. E funciona. Que inveja! A tal irritação foi provocada pelo censo.

Em abril de 1983, o governo deveria realizar a contagem dos alemães para saber se eram sessenta milhões ou se tinham aumentado. Ou diminuído, nunca se sabe. Quando o povo viu os questionários, se assustou. Trinta e seis perguntas detalhadíssimas e espaçosíssimas. Respondidas, o cidadão se colocaria a nu diante das autoridades, patético e indefeso. Questões que iam do número telefônico ao modo de vida. Foi aí que a turma deu o berro; não podemos nos expor dessa maneira. Respostas na mão, o governo terá o controle absoluto de todos. Outro medo: que os questionários fossem parar em mãos de organizações comerciais. A gente pode dizer que na Alemanha isso não acontece; no entanto, foram eles mesmos que levantaram a lebre. Mais de trezentas organizações em todo país pregaram o boicote imediato à *Volkszählung* (o censo). Partidos políticos de oposição apoiaram, a imprensa desandou o pau. O governo recuou, adiou o censo. O boicote previa desde o usual "Não foi encontrado em casa" até o uso de canetas com tintas ilegíveis pelo computador, formulários rasurados e informações falsas. Venceu o povo, recusando-se ao papel de "homens de vidro", para empregar expressão usada na campanha de boicote.

Eficiência

O esquecimento derrota a eficiência alemã. Caído o mito do organizado, perfeito, eficiente, resta o alemão gente. Em Munique, estava num restaurante com a jornalista Gisela Freisinger. Ela chamou um táxi. Quarenta minutos depois, nada. Gisela telefonou de novo. "Desculpe-me", disse a operadora, "me esqueci." No festival Horizonte, em Berlim, um dos convidados mais importantes, Vargas Llosa, não confirmava a chegada. Ligaram para o Peru. "Como posso ir se não recebi a passagem?", disse ele, dois dias antes de sua palestra. A agência encarregada tinha esquecido de mandar. Interlit, em Colônia, congresso internacional. Duzentos e quarenta escritores do mundo inteiro debatem a paz. Muito dinheiro na organização. Na primeira sessão de debates, o sistema de som falhou, prejudicando a tradução simultânea.

Fernando Henrique Cardoso, sociólogo brasileiro, chega para um simpósio latino-americano que antecedeu o festival Horizonte. O hotel é pequeno, simpático, mas o apartamento não é dessas coisas, nada digno de um convidado internacional. Depois se soube. A organização tinha reservado os melhores quartos, porém o hotel, por conta e risco, mudou tudo, dando os melhores a um grupo japonês. Coisas assim me deixam mais relaxado, aqui não é diferente do mundo, a máscara quebra-se. No dia seguinte, o mesmo Fernando Henrique abriu o simpósio. Sessão inaugural, Fernando fala espanhol, segundo o combinado. Mas a intérprete que lhe designaram falha, não sabe as palavras corretas da terminologia sociológica ou econômica eventualmente empregadas. Os alemães da platéia vão completando as frases. Tiveram de substituir a pobre moça.

Estive numa estréia de teatro, fui ver o *Fausto*, e me assombrei ao ver a sessão começar com quinze minutos de atraso. Vai ver é estréia, os problemas são normais. Outras vezes, em teatros, peguei atrasos. No festival de cinema, deparei com umas dez sessões em que os filmes não começaram no horário. Respirei aliviado.

Bilhete brasileiro

Dagmar Jacobi, leitora de minhas crônicas no *Shopping News*, autora de muitas cartas para Berlim, me escreveu ao voltar de um giro através da Alemanha, onde visitou amigos e parentes. Ela: "Observei atentamente o modo de ser e viver das pessoas. São de uma cortesia incrível: nos bancos, correios, supermercados, toda a gente cumprimenta e se despede. Agradecem, pedem por favor". Ou então: "Como viajamos pelas estradas de lazer, passando por muitas estâncias e balneários, vimos principalmente gente de idade. Como também estou marchando para os sessenta, fiquei até com alergia dessa gente bem-conservada, bem-vestida, passeando e exigente. Me pareceu que tudo é feito somente para o prazer deles. Ao lado da placa com o nome de uma cidade estava escrito: *Esta é uma cidade de repouso, não se tolera qualquer tipo de barulho*. Ou seja, criança e jovem não têm vez". Ainda: "Num hotel da Floresta Negra conhecemos um casal maduro, simpático, consciente do que está bem e do que está mal. Eles diziam que as pessoas mudaram, ficaram bastante egoístas, deixam tudo por conta do Estado, exigem muito desse Estado. Afirmavam que a geração mais nova não vai desfrutar a mesma vida que eles estão financiando agora com os impostos. E todos andam com medo de uma guerra". Finalmente: "Uma boa amiga com quem estudei no colégio (na Alemanha) vive com a consciência pesada pelos fatos passados. E, com isto, ela perdeu todo o charme, envelheceu. E é preciso dizer uma coisa: a geração que está hoje com oitenta ou noventa anos foi quem empurrou ou envolveu a Alemanha na última guerra. Foi quem empurrou os mais novos para as idéias (que nada tinham a ver com ideais) estranhas e a guerra fatal! Essa minha amiga diz: 'Somos culpados por não termos pensado e observado mais' ". A respeito dessa companheira, Dagmar concluiu: "agora não estou certa se ainda somos amigas".

Setembro

Por toda a parte, nectarinas vermelho-amarelas, melancias frescas, melões e ameixas.

Sossego em Berlim

Esta é a idéia que sempre tive da cidade. Lugar para se desfrutar a vida. Parques, jardins, espaços, as pessoas sem pressa, andares compassados. Toda a cidade em paz e equilíbrio nesta manhã de domingo. Porém, vejo tensão por trás desse sossego. Cidade quieta e morna, com a possibilidade de explodir, o caos ameaçando, a guerra no ar. Faço analogia com o personagem de *O beijo*. A mulher silenciosa, contida, mas desassossegada. Penso no Brasil, na impossibilidade dessa paz, desses parques, patos e animais (seriam comidos pela população esfomeada). Como andar tranqüilo por veredas sombreadas? O que tenho buscado senão o sossego que jamais vou encontrar, porque não existe dentro de mim? Nem quero que exista, luto contra ele, morro se me acomodar.

Tentei me afastar para poder compreender minha vida, imaginando que a distância me permitiria a visão abrangente. Descobri que o afastamento produz desligamento. Se quero entender alguma coisa de mim, de minha existência, de meu país, minha realidade, tenho de mergulhar de novo. No país, na vida, em mim. O grande rio, visto do alto, parece longo, sinuoso, você avista curvas, rochas, corredeiras, a sensação é de calma. Só que não fica sabendo a profundidade, a densidade das águas, a temperatura, a força da correnteza, a velocidade da água. Aquilo que faz o verdadeiro rio.

Sim/Não

Converso com meu amigo Nando Albuquerque, que está contente por ter entrado na escola de cinema de Berlim, a mesma que reprovou Fassbinder. Nando me diz sobre a Alemanha: "Quando penso que estou entendendo, passo a não entender mais nada". O problema é esse: por onde pegar a Alemanha? Pelos seus paradoxos e suas contradições? Acaso quando cheguei do Brasil

não disse o mesmo aos amigos: "Quando penso que estou entendendo o Brasil, não compreendo mais nada"?.
E o mundo, hoje?

Bilhete brasileiro

Glorinha Mônaco, repórter de TV, foliona do carnaval de Olinda, doçura e suavidade que amenizaram a dor de uma separação, escreveu: "Você precisa ver a cidade nessas vésperas de eleições. Não há um só milímetro de muro que não esteja pichado. Faixas por toda a parte. Os grafites disputam o espaço com os cartazes, as fotos dos candidatos. Comícios, bate-bocas, conversas de bar, propaganda pela televisão, manchetes diárias do jornal. Jamais tinha vivido um clima assim, nunca tinha imaginado que eleição fosse dessa maneira. Há discussões, debates, brigas, tudo. Com a confusão, ainda assim sinto o que pode ser um país democrático. E acho uma curtição viver num regime assim". Glorinha tem vinte e três anos.

Um sim, outro não

Fui a dezenas de jantares, festas, coquetéis. Nunca os casais bebem juntos. Se o marido está bebendo, a mulher se contém. Ou, para usar a expressão antiqüíssima, vice-versa. Porque um dos dois deve estar sóbrio para dirigir o carro na volta. Nem imaginam o galho que dá quando a polícia surpreende um motorista embriagado. Deve ser espantoso, pois todos têm medo.

Sons

Ruídos familiares chegam a minha sala: vassoura varrendo o pátio, cão que ladra, mãe grita com filho, alguém deposita lixo nos latões, ouvem Nina Hagen no apartamento de cima.

Elis

Debate na Biblioteca Estadual de Berlim sobre *Arte e resistência na América Latina*. Ao meu lado, Antonio Skarmeta, exilado chileno, Osvaldo Bayer, exilado argentino, Peter Schullmann e Henry Thorau, alemães. A última pergunta para mim veio de uma alemãzinha magra que falava português com dificuldade. "Do que, verdadeiramente, morreu Elis Regina?"

Comum

Campari com suco de laranja parece combinação estranha, porém vira refresquinho gostoso, de cor bonita. Habitual é "quebrar" o vinho branco seco com água mineral gaseificada. Quando se passa a noite a beber vinho tinto, consome-se também muita água mineral. As pessoas saem inteiras.

Potsdamerstrasse

Malandros e traficantes pelas esquinas, nas *kneipen* imundas. Fliperamas, lanchonetes turcas, bêbados dormindo nos portais, calças mijadas. Jovens drogados deitados nas calçadas. Meninas com a cabeça na maior viagem. Conjuntos residenciais decadentes. Pátios sujos onde crianças jogam futebol. Terrenos cheios de lixo, jardins com plantas secas, vômitos pelo chão. Latas de lixo expelindo porcarias. Film-bar. Putas encostadas às portas, minissaias exibindo coxas grossas. Grupo de motoqueiros, correntes na cintura. Polícia faz a ronda, um dos soldados tem o cabelo longo pelos ombros.

Inveja

Ouvia o barulho de uma trombada, me virava, via carros amassados, ficava observando. No começo, esperava a briga. No final, só queria confirmar. Porque a cena se repetiu exaustivamente. Os motoristas saíam, analisavam os danos, se cumprimentavam, trocavam cartões, embarcavam e iam. Se a batida era mais grave, encostavam os carros, chamavam a polícia. Claro, tudo está assegurado e o seguro paga. Eu pensava com inveja: chegaremos lá?

Socialismo

O alemão confia no Estado para a solução de seus problemas. Se está desempregado, espera o socorro da assistência social, o seguro-desemprego. Se está doente, se tem um problema qualquer, se briga na rua, se alguém fecha o seu carro (ele não dá bronca, comunica à polícia e você recebe a visita dos agentes da lei que cagam regras), se tropeça num buraco, se as coisas não funcionam administrativamente, se o preço é extorsivo. O Estado é o pai, criado para resolver a vida. Sistema profundamente capitalista que vive como socialista. Contradição? Ou encontraram o regime (mais ou menos) ideal?

Me expliquem

Um ano e meio em Berlim. Virei e mexi, percorri barras pesadas. E só vi uma briga de rua, mas sem socos, os dois só se empurraram. O que há?

Alemães (I)

Maria Helena Paranhos, amiga, arquiteta de Curitiba: "Os alemães são carentes. Esperam apenas que a gente passe a mão na cabeça deles. Qualquer gesto simpático desarma, ficam sem saber como reagir".

Alemães (II)

Se um alemão gritar com você, grite com ele, aconselha Luizinho, sociólogo brasileiro há doze anos no país. Se alguém grita mais alto, ele se espanta, fica sem saber se hierarquicamente o outro é mais forte que ele. Hierarquia é importante nesse país.

Alemães (III)

Para onde está me levando? Precisam sempre saber para onde estão indo. Necessitam liderança, guia. Há indicações, placas, informações por todos os lados. Nos bosques, por exemplo. Todos têm, à entrada, indicações, mapas, placas de perigo, cuidados, o que pode e não pode, aviso sobre animais, aves, peixes, os diversos caminhos, o comprimento de cada um, a duração de um percurso a pé. Tudo previsto. Deixam margens mínimas para a improvisação, criatividade. Se as pessoas tomam um caminho e fazem a marcha num tempo maior do que o indicado se sentem perdidas, acham que não fizeram certo.

Alemães (IV)

Se bem que eu devia dizer aqui berlinenses. Nunca vi gente para demorar mais em cabines telefônicas. Se uma estiver ocupada, desista, procure outra, é besteira esperar. Falam e falam. Também, não pagam impulsos.

Alemães (V)

A frase é de Goethe e vem citada num dos livros do historiador Gordon A. Craig: "Os alemães tornam tudo difícil, tanto para eles, como para as outras pessoas".

E la nave va

"Tudo sob controle no navio que se afunda", admite uma canção popular. O brasileiro fica assombrado. Se a Alemanha afunda, o que dizer do Brasil. Quando se compara, é fatal pensar: choram de barriga cheia. Afinal, o alemão não é o povo mais rico do mundo? A família média tem bens acumulados no valor de 230.000 marcos, algo entre 80 e 90.000 dólares. Mais uns 130.000 marcos em investimentos. Um em cada 25 alemães pertence a famílias "milionárias". Gente que entre rendas e investimentos detém um patrimônio de 400.000 dólares. Dados oficiais. Ainda que um amigo publicitário me tenha garantido que boa maioria das famílias tem dívidas para com os bancos na ordem de 50.000 marcos.
   Durante trinta e cinco anos, a Alemanha cresceu social, política e economicamente. Fabricou riqueza, distribuída de maneira razoavelmente justa. Garante-se que tudo funcionava: o cidadão trabalhava, o empresariado organizava a produção, o sindicato apoiava o Estado e garantia o trabalhador, o Estado construiu o *superwelfare*. O *Wirtschaftswunder* aconteceu = milagre econômico. Que "ergueu a montanha de manteiga e carne, hoje transformada em montanha de desempregados e foguetes nucleares", na frase do repórter italiano Francesco Russo. Agora, a tensão cresce progressivamente, provocando apreensão. E desemboca no que se chama *Kulturpessimismus*. Incompreensível para um brasileiro que se põe a divagar: o que faria um alemão num país sem governo, inteiramente corrompido, inflação de 230 por cento,

dívida externa inviável, violência solta, no tipo de selvageria própria de ficção científica como *Mad Max* ou *Blade Runner*, que hoje dominam nossas grandes cidades?

Em 1982, a Alemanha defrontou-se com um déficit público de 296 bilhões de dólares. Em dezembro, 1.257 empresas pediram falência. O fantasma do desemprego piscou o sinal amarelo, passando ao vermelho. Em 1983, eram 2,5 milhões de desocupados, mais de 10 por cento da população ativa de 22 milhões. Os fornos estão apagados no Ruhr e no Sarre, onde muitas cidades contam com 20 por cento de desempregados. Nos estaleiros de Hamburgo, dos 45.000 empregos, 10.000 foram suprimidos e a tendência é evoluir.

Os portos de Bremen e Kiel estão ameaçados de morte, segundo levantamento do *Le Nouvel Observateur*. Os desocupados vivem com seguro social que garante míseros (para a estrutura alemã) 500 dólares mensais. A questão desemprego na Alemanha é grave não somente do ponto de vista econômico, mas também do psicológico e sociológico reunidos. O desempregado é um ser anti-social, visto com desconfiança pelos vizinhos, parentes, amigos. Conheci desempregados que escondiam essa condição, para não traumatizar os filhos, que seriam marginalizados nas escolas. Um homem chegava a sair, todas as manhãs, vestido para o trabalho. Ia para um parque distante, voltava no final da tarde. O desempregado começa a descida no status social.

Espera aí

Quando a imensa AEG tremeu nas bases, pediu ajuda ao governo e ameaçou dispensas em massa, os alemães tiveram calafrios. Afinal, o que estava acontecendo? O país disparava montanha abaixo? AEG, Telefunken, Krupp-Stahl, Pelikan, Royal, Bauknecht, Olympia, tudo que havia de tradicional e aparentemente sólido implodia. Tão apavorante quanto a presença dos foguetes nucleares é a ameaça: se o crescimento econômico ficar inferior a 2 por cento, o número de desocupados vai atingir 4 milhões, rapidamente. Estágio explosivo. Neste momento, mais de 1 milhão e 200.000 trabalhadores trabalham com horários reduzidos. O clássico consenso alemão nas negociações salariais não anda bem das pernas. Por anos e anos, os entendimentos eram diretos entre trabalhadores e empresários, sem intervenção do governo e sem maiores problemas. Em 82-83, a engrenagem emperrou. Sob ameaça de desemprego, os trabalhadores estão aceitando acordos que achatam seus salários. Os metalúrgicos tiveram, por exemplo, 1 por cento a menos do que o pretendido. Que era de 3,2 por cento. O governo de 1982 subiu e fez como o brasileiro: é preciso sacrifícios, apertar o cinto. Ah, que diferença nesse apertar o cinto. As bolsas de estudos para estudantes menos favorecidos passaram a ser cortadas. Os aluguéis foram liberados. Os benefícios sociais estão sendo reestudados. O auxílio-doença foi diminuído.

Aqui como lá

Na Alemanha, como no Brasil, um dos vilões é o mesmo na história: os bancos. A palavra é de Helmut Schmidt: "O *Bundesbank* com sua rígida política monetária contribuiu enormemente para o agravamento do desemprego". O Bundesbank é o Banco do Brasil dos alemães.

Bandeira dupla

Dentro do Kulturpessimismus, três medos: desemprego, foguetes nucleares (os famosos mísseis Pershing) e possibilidade de explosão na questão social com os estrangeiros.
Ninguém admite a possibilidade de nova guerra mundial partir exatamente da Alemanha. Outra vez. Daí a intensidade do movimento pacifista, com manifestações cada dia maiores. Movi-

mento acusado de ser manobrado pelos comunistas, interesse da Rússia. Todavia, quando se está na Alemanha e se vê o foguete na estrada, quando se sabe que centenas desses mísseis estão dormindo em seus ninhos, à espera de um aperto de botão, a coisa muda de figura. A palavra paz adquire contextos diferentes para brasileiro e alemão. Para nós, paz seria a diminuição da tensão social, a solução dos problemas políticos e econômicos.

A guerra mesmo, essa que exterminaria a população, mostra-se pesadelo vago, abstrato, enquanto mergulhamos em problemas salariais, pagamento das prestações de casa própria, escolas para os filhos, manutenção do emprego, possibilidades de comida. O alemão, não. Esse povo, que sabe como ninguém farejar uma guerra, sente no ar o desassossego. A Alemanha é obrigada a fazer hoje como Red Skelton num velho filme, comédia sobre a guerra civil. As tropas do sul encaram as do norte. Súbito, Red Skelton irrompe entre as duas facções, portando uma bandeira. A turma do sul aplaude, porque é a bandeira do sul que Red carrega corajosamente frente aos inimigos. Mas, o que acontece? Por que a turma do norte aplaude também? Bate um vento, a bandeira vira. Era dupla. Os sulistas viam sua bandeira, os nortistas outra. Foi tiro de tudo quanto é lado. A Alemanha está assim. Tem de levar bandeira dupla, entre Estados Unidos e Rússia. Ainda que por razões óbvias penda para os norte-americanos. "É preciso viver em paz com os soviéticos", afirmava Schmidt, depois de declarar que "a Europa ocidental jamais se tornará comunista".

Cara nova

O que me seduz na Alemanha: a ambigüidade, os paradoxos e a vitalidade. Uma estrutura rígida, completa, conservadora, convive e admite bolsões que funcionam como anticorpos, consciências, estados de alerta. Acredito que poucos países alimentariam um movimento como o dos Verdes ou algo parecido com a cena alternativa que se alastra. São o olho aberto da Alemanha. Velhos esquemas deixaram de funcionar, não oferecem abertura para o futuro. Entram no palco os Verdes, os pacifistas e os alternativos que, a despeito de uma falta maior de objetividade, ou programação definida, apresentam esperança: tentativas de novos caminhos. Que programas definidos, objetivos, mostram as velhas estruturas? O resultado delas aí está.

Há uma crise, é inegável. No ar, cheiro de deterioração (outro cheiro detectado). Conflitos exasperados de gerações, abismo entre jovens e velhos. O sistema como funciona não agrada, provoca dissidências. Cresce o antiamericanismo, desenvolve-se um sentimento nacionalista que, endurecido, pode conduzir à xenofobia temerária. Racismo.

Crise não é sintoma de vitalidade? Diante da crise surgem novas propostas de vida, sobrevivência. O escritor Peter Schneider afirmou à revista italiana *Panorama*: "Está mudando a identidade do alemão e os velhos mitos que nos caracterizavam caem por terra. Não há dúvida que os anos 70 contribuíram para modificar o rosto do país e sobretudo, para minha surpresa, a consciência das pessoas".

Um dos efeitos dessa transformação é: cada vez "menos a classe dirigente pode tomar sozinha decisões, passando por cima da população" (diz Schneider). Hoje, na Alemanha, é difícil realizar um projeto de grandes dimensões sem contar com a participação, manifestação e, se for o caso, o protesto maciço de um sem-número de setores da sociedade. Basta lembrar a campanha contra a ampliação do aeroporto de Frankfurt, porque deveriam ser derrubadas trezentas mil árvores, prejudicando uma área verde importante para a cidade. Batalha não somente no sentido de discussões e processos jurídicos, mas ainda no corpo-a-corpo com a polícia, pois a população ocupou a área. Os alemães puderam detectar também uma nova sensibilidade na maneira de seus políticos tratarem os assuntos. Essa alteração de comportamento se deve a uma conscientização gradual da população.

E, dentro desse processo, os Verdes têm algum papel. Mas, quem são os Verdes de quem se fala tanto?

Santa Petra

Hoje é um partido político que se organiza. Provoca polêmicas, abre discussões, é amado ou odiado. Para uns, salvação. Para outros, o perigo que vai lançar a Alemanha nos braços da Rússia ou na terceira guerra mundial. Partido em ebulição, heterogêneo. Abriga amigos da natureza, defensores do meio ambiente, pacifistas, antinucleares, rebeldes de 68, leninistas, marxistas, dissidentes de outros partidos, social-democratas, contestadores do sistema, alternativos.

O movimento dos Verdes existe desde 1970. Das preocupações meramente ambientais, o programa se ampliou, englobou a defesa das minorias ou grupos discriminados como os estrangeiros, homossexuais, aposentados, ocupantes de casas, feministas. Partiu para a campanha pacifista, prosseguiu na ecologia, desenvolveu a antinuclear. Ganhou – e ganha – adeptos a cada dia. Em 1979, transformou-se em partido político. Em 1980, concorreu ao Parlamento, recebendo somente 1,5 por cento dos votos. Mas venceu em seis dos dez Parlamentos regionais: Hessen, Berlim, Baixa-Saxônia, Hamburgo, Bremen e Baden-Württemberg. Nas eleições de 1983, obteve os 5 por cento necessários para ter representatividade: fez 27 deputados numa Câmara de 498. Ganhou publicidade mundial da tevê norte-americana e jornais argentinos e revistas africanas. Petra Kelly, uma das líderes e a superstar do partido afirma: "Os Verdes constituem um partido antipartido. Ecologista. Social. Pregando a não-violência e a democracia de base". Revistas como o *Time* olham os Verdes com desconfiança e ironia. Evidente. Refere-se ao partido como "um grupo disparatado" (11 de outubro de 1982), cuja plataforma contém "lamentações a respeito da limpeza do ar e da água". Os

Verdes contam com 25.000 membros inscritos. Sessenta por cento de seus eleitores estão abaixo dos 35 anos e 31 por cento abaixo dos 28. A maior parte dos seus membros é de professores, intelectuais, estudantes, e mulheres de todas as classes; é o partido que tem maior representação feminina da Alemanha.

No entanto, não se pode falar dos Verdes sem colocar em cena Petra Kelly. Amada Petra: *Liebe* Petra. Santa Petra: *Die heilige Petra*. Joana d'Arc, São Francisco de Assis, Gandhi. Petra é das mais carismáticas líderes políticas da Europa atual, envolta numa aura de misticismo. "Uma ingênua que conduz um partido guiado pela emoção, não pela política", acusam seus inimigos. "A ingenuidade pode ser uma força", responde Petra. (Não se preocupem. Ela também tem medo das mitificações e sempre procura reduzir as coisas aos limites mais precisos da realidade.)

"Criança das ruínas", Petra nasceu em Günzburg, Baviera, em 1947. Um dos Estados mais conservadores, cujo maior representante é Strauss, direitista e reacionário temido. A mãe de Petra era intérprete numa base militar americana e foi abandonada pelo marido em 1951. Casou-se pela segunda vez com um oficial de sobrenome irlandês, Kelly. Petra foi criada pela avó, mulher iluminada: socialista, antinazista, mulher decidida e de cabeça aberta, que ainda acompanha a neta em algumas atividades. Tem setenta e nove anos. A velha não acompanha tudo porque o pique de Petra é fantástico, ela não pára um minuto, está sempre à beira da exaustão. Dorme às cinco da manhã e se levanta em seguida. Viaja, faz palestras, debate problemas do partido e do país, toma parte em comissões, reúne-se com representantes do povo, redige artigos, estuda, dá entrevistas e nunca termina o dia sem regar as plantas da sede do partido.

Petra estudou três anos em colégio católico, o que deve ter influenciado um sonho de menina: ser freira. Quando ela tinha treze anos, a família se transferiu para os Estados Unidos, estabelecendo-se na Virgínia. Petra estudou sociologia política em Washington e cresceu militando em movimentos como o de Luther

King, ou contra a Guerra do Vietnã, criando as Semanas Internacionais ou tomando parte nas campanhas eleitorais de Robert Kennedy ou Humphrey. Depois, desiludida, foi continuar os estudos em Amsterdã. Com vinte e cinco anos, arranjou emprego na Comunidade Européia e foi viver em Bruxelas. Retomou o contato com a Alemanha e ingressou num partido, o SPD, social-democrata. Um dos seis partidos que havia então. Os outros eram: CDU (União Democrática Cristã), CSU (União Social Cristã), FDP (liberal-democrata), DKP (comunista), NPD (nacional-democrata, que reuniu remanescentes e nostálgicos nazistas).

Petra abandonou o SPD e ingressou nos movimentos feministas pacifistas e antinucleares. Finalmente, em 1972, fundou o movimento dos Verdes, idéia que comoveu largos setores da opinião pública. Sete anos depois, constituía-se o Partido dos Verdes resultante da fusão de vários grupos: o GAZ (Grüne Aktion Zukunft) ou Ação Verde do Futuro; FIU/A3W (Freie Internationale Universität/Aktion Dritter Weg) ou Ação Internacional Livre/Ação Terceiro Caminho; AUD (Aktionsgemeinschaft Unabhängiger Deutscher) ou Comunidade de Ação dos Alemães Independentes; e a GLUGLSH (Grüne Liste Umweltschutz/Grüne Liste Schleswig-Holstein) ou Lista Verde de Proteção do Meio Ambiente/Lista Verde Schleswig-Holstein. A entrada para o Parlamento, quatro anos depois de sua criação, foi um feito considerável para os Verdes, se levarmos em conta a rigidez do sistema político alemão. É algo novo que não deixa ninguém indiferente. No fundo, os Verdes, acusados de não possuírem programa definido, têm uma plataforma, ainda que talvez romântica:

1. Um Parlamento sem política de "segredos de Estado", principalmente se os "planos de segurança" ameaçarem a população.

2. Bloqueio das bases nucleares.

3. Pregação da desobediência civil, com a adoção de greves de fome individuais e coletivas, demonstrações populares, não-pagamento de impostos.

4. Interrupção imediata dos projetos de construção (faraônicos) como certas auto-estradas, a ampliação do aeroporto de Frankfurt, a construção do canal Reno-Danúbio.
5. Definição concreta do governo em relação a uma política de investimentos sociais.

Os Verdes agem de modo não-convencional e suas roupas são uma festa no Parlamento, pelo colorido e pela inventividade. Comportam-se de modo diverso do alemão comum, cumprimentando-se com beijos e abraços e chamando todo mundo por tu e você, algo inusitado nessa conjuntura. Abominam os políticos profissionais e insistem no estabelecimento de uma democracia de base. Criticam a indústria bélica, a diminuição dos benefícios sociais do governo Kohl, acusam os Estados Unidos e outros países ricos de arrastar o Terceiro Mundo cada vez mais para a miséria, rejeitam os sistemas burocráticos dos países do Leste e acusam publicamente os partidos políticos tradicionais de corruptos (com base no escândalo Flick, a empresa especializada em subornar pessoas do governo).

Será?

Mulher frágil, de saúde delicada, Petra sofreu várias operações e não tem um rim. Seis anos atrás teve de interromper uma gravidez e não pode mais ter filhos. Magra, pálida, rosto transparente, cercada por fluidos místicos, de palavra fácil, lógica atraente, Petra transformou-se – queira ou não – em personagem. Trabalha por um salário de dois mil marcos com que sustenta a avó e uma filha adotiva de quinze anos. Seu salário normal deveria ser de cinco mil marcos, porém os Verdes entregam tudo – ou a maior parte do dinheiro – aos cofres do partido.

Há rumores sutis, alguns diz-que-diz-que, que falam a respeito de Petra como futura chanceler. A primeira da história da Alemanha Ocidental.*

---

* Petra Kelly morreu em 1992. Foi encontrada morta, assassinada.

Jovens (XVI)

Letras imensas, imitando gótico. Vermelho-vivo sobre o cinza do muro, próximo ao ponto final do ônibus 95: "punk is dead".

Mulata

Na entrada do consulado brasileiro, a mulata estava furiosa.
– O filho da mãe me prometeu um puta presente de aniversário de casamento. Estava esperando um carro, uma jóia, uma bolada de dinheiro. Sabem o que ele me deu? O seguro de vida dele! Um seguro de um milhão de marcos. O que vou fazer com o seguro dele? Esperar morrer? Alemão vive tanto!

Auxílio-família

Cena comum. Alemães vão ao Brasil, fascinados com as mulatas, acabam casando. Para muitas, a situação é conveniente. Conheci várias que sustentavam a família, enviando marcos aos parentes. Mulheres que vêm de famílias pobres e passam o diabo para se adaptarem, aprender a língua.
Preferem o desespero de um inverno solitário e gelado (quando mais sofrem), da discriminação que sofrem, dos tropeços com a língua, a uma miséria cotidiana e sem esperanças como essa que vive no Brasil a classe baixa, sufocada.

Paraíso do prazer (III)

O capítulo se engrena, como um conto fechado em si e ao mesmo tempo aberto em todas as direções deste livro que planejo. Ele se liga ao passado do personagem em sua cidade natal, em

São Paulo, à sua formação adolescente, aos problemas particulares. Engraçado como anotei em tudo que encontrei. Esse trecho estava numa bolacha de cerveja: "A cabine é estreita, abafada, uma luz amarela, desagradável por trás de mim, e um cheiro de porra. Há porra no chão, tenho nojo, recuo, ainda bem que não soltei a moeda. Fico à porta, à espera do velho de uniforme laranja, até que ele vem com seu balde e o escovão, certamente cansado da trabalheira de hoje. Aponto a cabine, ele entra, limpa, me olha, será que pensa que fui eu, ou espera uma gorjeta? Que espere. Por um momento tenho uma noção fugidia e tão indefinida quanto a luz que me inquieta lá fora e da qual fujo...".

Frase incompreensível, a bolacha terminou. Ou eu estava meio bêbado? A cabine abafada, a luz amarela, o cheiro de porra: o que é tudo isso senão a representação de uma situação tantas vezes vivida? Quando cheguei a São Paulo, em 1957, e tinha de procurar as putas que ficavam na Guaianases, Osório, Timbiras, Vitória, Triunfo. Aqueles quartos velhos e mofados, as cestas de papel higiênico cheias de porra num canto, luzes baças, quadros de santos, a puta dizendo: "Vai logo, meu bem, vai logo". Era assim que os machos aprendiam, com suor e pressa, afobados e apavorados, com medo de demorar e serem atirados fora da cama.

Pátria fatigante

Abro uma antologia de Tucholsky, edição portuguesa, da Almedina, Coimbra. Ela tem funcionado para mim como o breviário para os padres. Padre ainda é obrigado a ler breviário? Leio trechos quase todos os dias. No prefácio, revejo o pequeno verso feito por Tucholsky, quando chegou a Paris, em 1924:

"Sentado, em silêncio, enquanto o sol me aquece
Repouso da Pátria fatigante".

De repente, ali estava sintetizado o que senti ao voltar à Alemanha, em janeiro de 1983, depois de ter passado um mês no Brasil, no Natal e Ano-Novo. Antes dessa fase, fiquei fora nove meses, de março a dezembro, vivendo em Berlim. Ao reentrar no Brasil, encontrei um país angustiado, mergulhado em profunda depressão pela entrada do Fundo Monetário Internacional. Uma situação econômica, um governo sem a mínima credibilidade, abúlico, apático, incapaz de enfrentar os problemas. Pela primeira vez em anos e anos eu me defrontava com um espírito que não me parecia brasileiro: a desesperança, o pessimismo. Ao contrário, sempre existiu um exagerado otimismo, traduzido na frase: "deixa pra lá que as coisas se resolvem". Dessa vez, não. A maioria de meus antigos amigos estão sem emprego. Crises pessoais por todos os lados. Separações, brigas, internamentos. O mundo bebendo como louco. Gente vendendo o carro, depois a casa, depois mudando-se para outros centros, em busca de um meio de sobrevivência. Mundo dilacerado. Eu em estranha posição, pois estava ali, e não estava. Por um mês fui espectador de minha própria crise, não atingido por ela. Logo saltaria fora, recuaria para longe, para trás de uma redoma de vidro, para trás de um muro que me isolaria, protegeria de meus conflitos-problemas pessoais. Voltei a Berlim, senti alívio quando o avião sobrevoou a cidade. Era o retorno à fuga, sabia que mais tarde teria de me reencontrar, mas o processo estava adiado por uns meses. Foi nesse espírito que li o verso de Tucholsky.

Jovens (XVII)

Michael Jackson, Brian Eno, David Byrne, Jimmy Cliff, Kiss, Black Sabbath, Gianna Nannini, Afrika Batnbaataa, Malcolm McLaren, Japan, Heavy Metal, Clash, e ainda Paul McCartney, Dylan Thomas, David Bowie: ídolos.

Compaixão

Durante meses, uma mulher me telefonou, em espanhol, contando sobre o julgamento de um jovem turco, dezoito anos, preso no despejo de uma casa ocupada. "É importante que você assista, para que tenha idéia da justiça neste país." De que me adianta assistir, eu perguntava, se não entendo alemão? Posso sentir o clima do tribunal, observar os rostos dos juízes, alguém do meu lado sussurrar o que se passa. Porém, vou perder o essencial. Pelo telefone ela me manteve a par do processo, até o julgamento final, quando o garoto foi condenado a dois anos de prisão. Pena "exemplar", para mostrar aos outros jovens que as casas não devem ser ocupadas, a propriedade é intocável.

Depois nos encontramos, fomos almoçar. Mulher trintona, olhar vivo, claro, rosto hipnótico. Viveu anos com um venezuelano. Agora separada, mas gosta dele, cada vez que se encontram, todas as propostas que ela fez de se manter sozinha desaparecem. Curtem o reencontro por algum tempo, vem outra separação. Essa mulher é berlinense, mas andou pela América Latina e Europa, passou dezessete anos longe da cidade.

– Qual a sensação que teve ao voltar?
– Não me peça para explicar. O que senti foi compaixão.
– E a cidade?
– Vejo que ela, que todas as coisas se afastam de mim. Não posso tocá-las. As pessoas andam como marionetes, com gestos *stacatos*. E tem uma coisa que me escapa, que eu gostaria de entender.
– O que é?
– Por que essas pessoas, esses berlinenses tão solidários entre si, não o são com os outros?

Casas ocupadas/Bandeira branca

O movimento de ocupação de casas (*squatters* na Inglaterra e Holanda, *Hausbesetzer* na Alemanha), pela agitação que provoca, o noticiário que promove, tem sido uma espécie de vedete dentro da cena alternativa. Ainda que boa parte dos ocupantes não viva segundo as normas alternativas. Os dados sobre a ocupação são desencontrados. Fala-se em cem edifícios tomados. Outros garantem que são cento e sessenta. Apenas em Berlim. Independente do número, é assunto sempre na ordem do dia. Tentei uma vez, em minhas viagens de ônibus e a pé, anotar (a bandeira branca com o círculo e o raio ascendente identificam; além dos grafites e painéis coloridos) endereços e tentar levantar uma estatística. Não consegui.

Foi mais ou menos em 1979 que as casas começaram a ser ocupadas. Exatamente em função da especulação imobiliária. Os proprietários dos edifícios executavam manobras no sentido de deixá-los vazios, provocando a deterioração da construção. Quando ameaçavam ruir, derrubavam e construíam outro imóvel, moderno. A jogada era a seguinte: o aluguel ou a venda de apartamento segue tabelas de acordo com a idade da construção. Enquanto que há total liberação para os novos, recém-acabados, os mais antigos seguem tetos que não podem ser ultrapassados e que sempre são baixos. Portanto, acessíveis a camadas da população de renda menor, ou desempregados, ou estudantes que vivem de mesadas e bolsas. A política de aluguel baixo ou venda a um preço determinado não interessa aos proprietários. Daí o esvaziamento, a espera da decadência, a demolição.

As pessoas desalojadas começaram a perceber que, enquanto havia um déficit de habitação, centenas de edifícios andavam vazios. Passaram a ocupá-los, a fazer reformas básicas e, com o tempo, a tornar os prédios atraentes e confortáveis. A situação tornou-se incômoda para todos: para os proprietários, que se viam num dilema: desalojando os inquilinos seriam obrigados a restaurar os prédios. Para o governo, que não podia colocar na rua milhares de pessoas. Para os ocupantes, que viviam e vivem sob a constante tensão do despejo. Ao mesmo tempo, o governo sentia o fato como ameaça (além de estar pressionado pelos dois lados: proprietários e ocupantes. Poder econômico, mas também eleitorado).

Uma das muitas casas ocupadas de Berlim. Fácil reconhecê-las. Boa maioria traz a bandeira branca como símbolo característico da ocupação. Além disso, elas têm as fachadas "trabalhadas": grafites, desenhos, pichações políticas, slogans. Até novembro de 1984, a cena era usual em determinados bairros. Hoje a situação mudou um pouco, não se sabe se temporariamente ou não. A polícia desocupou todas as casas de Berlim. Sem violência, sem batalhas. Os ocupantes se retiraram em paz. A população, geralmente ao lado dos ocupantes, desta vez não se manifestou. Pausa ou fim de uma época?

Consentir, fechar os olhos à ocupação, significava dar carta aberta; um perigo. Pois o movimento poderia se alastrar, com a invasão indiscriminada e a ocupação de qualquer tipo de imóvel vazio. Houve assim um período de hesitação, terminado em dezembro de 1980, quando a polícia passou a agir, despejando à força os ocupantes. As negociações para legalização de contratos que tinham sido iniciadas – a essa altura, os ocupantes estavam melhor organizados, lutavam em conjunto – foram interrompidas.

O governo começou a impedir a ocupação de outras casas. Em 1982, num desses despejos violentos, um jovem de dezoito anos, Klaus Jürgen Rattay, morreu. As manifestações de protesto contra essa morte foram reprimidas com violência. Os ocupantes que estavam presos foram julgados e condenados a penas severas. Uma forma de intimidação.

Movimento nasceu da necessidade

Os ocupantes encontram-se agrupados num Conselho, o *Besetzerrat*, que coordena o movimento, trata das negociações e formula a estratégia. Muitas personalidades conhecidas no mundo cultural, cinema, televisão, literatura, política, "apadrinharam" ou encamparam a luta dos ocupantes, de modo a melhorar sua imagem. Porque uma parte da imprensa berlinense, pertencente ao magnata Axel Springer, rei dos jornais sensacionalistas, apresenta os ocupantes como vagabundos, marginais, bêbados, drogados, maníacos sexuais, terroristas, delinqüentes. Claro que alguns prédios são ocupados por pura sacanagem, inclusive por classe média, filhos de famílias de posse que, entediados, necessitam de uma "aventura". Ocupar uma casa para puxar fumo, fazer uma surubinha, festa, dá sentido de excitação a essa gente. No entanto, é uma parcela pequena. A ocupação é movimento sério, nascido da necessidade e do protesto contra a especulação imobiliária, que não hesita em deixar gente na rua para conseguir lucros.

Estive em alguns prédios ocupados, onde a divisão de espaço tinha sido muito bem racionalizada. O trabalho coletivo recuperou tetos que caíam, paredes que rachavam, banheiros entupidos, pisos inexistentes. O clima entre as pessoas é diferente, sente-se solidariedade. Em todos os prédios notei, em cantos estratégicos, carrinhos, desses de supermercados, abarrotados de munição: pedras, paus, ferro, tudo que possa ser utilizado numa refrega, se a polícia chegar de repente. Os ocupantes não entregam o ouro facilmente, defendem o que acham justo.

Imagino o que seria no Brasil uma dessas pelejas com a polícia. Quanta gente não iria morrer. Não houve um caso insólito na ilha do Governador, quando quatrocentos policiais lutaram por horas e horas para prender um único bandido, entrincheirado num apartamento de conjunto residencial? Mandaram buscar até helicóptero. Botaram fogo no apartamento, destruindo tudo para liquidar um homem só. Como seria a nossa polícia enfrentando cem ou duzentas pessoas? Canhões e tanques de guerra seriam solicitados.

Uma das razões por que não se vê muito estrangeiro entre os ocupantes, ou mesmo visitando uma casa ocupada, é que se a polícia dá uma batida e apanha um *Ausländer*, ele é convidado a se retirar do país, esteja em situação legal ou não. Dão até condução ao aeroporto para facilitar.

Outro alvo das ocupações são velhos galpões, antigas fábricas abandonadas, indústrias que faliram ou se transferiram, quando o muro circundou Berlim e tudo ficou difícil para o escoamento da produção. No meu terceiro dia na cidade, me levaram a uma festa de aniversário, num apartamento adaptado dentro de um belíssimo prédio do início do século. Todo em tijolos vermelhos, tinha sido quartel de tropas prussianas, depois uma indústria qualquer, finalmente depósito, antes de ser abandonado. Dentro eram vários apartamentos, tipo *loft* novaiorquino, transformados com graça e bom gosto. Mas para entrar (e ali viver) era necessário cuidado, para não chamar a atenção dos vizinhos, que poderiam denunciar. Por isso a festa foi dentro da cozinha, um cômodo fechado, cortinas cerradas. Ainda bem que era inverno.

Estrela

O que foi Londres para os anos 60 e Nova York para os anos 70, Berlim promete ser para os 80. Luz, cidade-estrela, meca, ponto de convergência e confluência, onde tudo acontece e pode acontecer. Balão de ensaios, experimentação, revisão de idéias estabelecidas, colocação de novas direções, avaliação da moral vigente, cadinho de situações políticas que envolve o mundo inteiro.

Giro

A cidade gira vinte e quatro horas. A qualquer momento há restaurante, café, *kneipe* para um copo de vinho ou cerveja, um balcão para salsicha, um cabaré. Linhas de ônibus noturnas não deixam ninguém na mão. Os horários são espaçados, porém o ônibus surge. Um serviço de táxis eficientíssimo (são cinco mil carros, quase todos Mercedes-Benz climatizados), com motoristas gentis, está sempre a postos. Poucas, raríssimas cidades no mundo não se fecham à noite, como Berlim.

O verde cuspiu no míssil

As demonstrações políticas passam quase todas pela minha porta. Meu prédio está a cinqüenta metros da Kleiststrasse, rua que começa (ou termina, não sei) na Nollendorfplatz. Essa praça, onde fica o Metropol, uma das catedrais da música new wave, é ponto quente. Na estação do metrô, embaixo, fica a turma do cheiro e do pico. Na praça, esparramam-se bichos loucos que buscam a direção de Schöneberg, Goltzstrasse, com suas *kneipen* de néon, freqüentadas pela look-generation, butiques incrementadas, lojas de roupas usadas e bem amassadas, cafés 1950. Mesmo sem qualquer tipo de informação, eu podia saber que ia haver passeata, desfile, concentração, manifestação. Desde manhã os carros verde-brancos da polícia se alinhavam nas ruas transversais e paralelas. A cada manifestação, uma operação de guerra. Todos os tipos de viaturas carregadas de soldados. O curioso era alguns policiais: meninões patoludos, loiríssimos, cabelos batendo nos ombros, barbudos. Única diferença entre o freak e o policial, às vezes, é a farda verde.

Mesmo assim, existe muito bicho louco usando fardas segunda-mão e dá para confundir. No percurso da demonstração, nada. Barra limpa. Mas, vai olhar em volta. Os negos todos de boca, à espera. Enquanto seu lobo não vem, a polícia fica em grupinhos conversando ou distraída num joguinho qualquer. Uma das viaturas se abre. É barraquinha de lanche, faria sucesso na praia. Salsichas, pão, almôndegas de carne (Buletten) com ketchup misturado ao curry (adoram), refrigerantes, acho que até cerveja. Quando eles saem para bater, vão bem alimentados, reforçados.

Reagan visitou Berlim e houve duas manifestações. Contra. Uma permitida e a outra proibida. Os organizadores pedem alvará, o sistema concede. É coisa de se ver. Carros alegóricos luxuosos, fantasias, faixas incrementadíssimas, pintadas por profissionais, muito som, estandartes, pôsteres. Produção caprichada, gostaria de saber quem paga.

Manifestação permitida transcorre em ordem. Eu me admirava: velhos, mulheres, crianças, bebês de colo, garotinhos com mamadeira no carrinho. Pensou isso no Brasil? O corre-corre, gente correndo, pisada, crianças esmagadas? Mais tarde, eu mudaria de opinião, ao participar de comícios pelas cidades. Na Praça da Sé, em São Paulo, vi crianças de todos os tamanhos, mulheres e velhos. Naquele momento, pensei: puxa, nem que não venham as diretas, essa já foi uma conquista.

Nollendorfplatz, Berlim. Manifestação anti-Reagan, que então visitava a Alemanha e esteve na cidade. Uma verdadeira batalha campal entre polícia e manifestantes. Durou horas, muita gente ferida, presa, lojas em redor praticamente destruídas. Horas depois de tudo terminado, a rua estava limpa e a única evidência da guerra eram as vitrines quebradas. E não houve depois estado de emergência, nem de sítio, nem o regime caiu, ou mudou. Não surgiu uma linha dura a gritar: baderna. Fatos assim estão encarados como inevitáveis dentro de um processo social-democrata. Há manifestação, há repressão, há conflitos, mas nem por isso o regime cai, ou enfraquece.

A manifestação permitida transcorria em paz, andava, parava, o povo olhava, cantava, aplaudia, oradores se esgoelavam nos microfones, pichando Reagan a mais não poder. Quando o grande foguete prateado, cópia do míssil Pershing, esse que vai ser enterrado aos montes no solo alemão, passou, um homem de meia-idade, cartola com a inscrição *Keine Atomraketen in Europa* (Nenhum foguete atômico na Europa), empurrou as pessoas decididamente. Na lapela, um botão verde com girassol amarelo no centro (é o símbolo dos Verdes) rodeado pelas palavras *Alternative Die Grünen*. O homem abriu caminho até junto ao míssil. Olhou de alto a baixo. Ar de medo e desprezo, e cuspiu. Forte. Cusparada para ninguém botar defeito. Coisa rara em alemão. Coisa que no fundo um Verde não faz, porque cuspir é poluir o ambiente. Só que o homem cuspiu. Com toda força e convicção. Cusparada ideológica, mesmo! Aliviado, voltou a distribuir panfletos contra Reagan, contra os foguetes, contra a NATO.

Pequenas grandes batalhas

No dia seguinte, houve a passeata não permitida. Tudo que era estudante, punk, bicho louco, desempregado, militante, feminista, anarquista, caótico (uns pacifistas estranhos que brigam como quê; são de violência incrível), contestadores de vários tipos, estava lá. Demonstração pobre, improvisada. As minorias todas representadas: cartazes pediam pela Guatemala, Nicarágua, El Salvador, pelos presos iranianos, por Cuba. Havia um que dizia: *Ingleses fora das Malvinas*. Turcos aos montes, negros, homossexuais, lésbicas com faixas e slogans. A turma boa, decidida. A que enxerga, sente na pele. A passeata proibida terminou como era de se prever. A polícia baixou na Nollendorfplatz e o pau quebrou. Uma verdadeira guerra. Os manifestantes entrincheirados atrás de portas, automóveis, caminhões, responderam ao ataque policial. Depois, quebraram as lojas de móveis que rodeiam a praça, para arrancar sofás, poltronas, mesas, estantes de madeira, que foram transformados em barricadas, munição e bastões para duelar com cassetetes. Durou duas horas e eu só via passar ambulância, carro pegar fogo, viatura da polícia de ponta-cabeça. Prenderam centenas de pessoas. Se houve mortos, não se soube, os jornais não noticiaram. Uma batalha dessas no Brasil provocaria estado de emergência, de sítio, intervenção no Congresso, derrubaria o governador, fecharia o regime. Que é o que tem muita gente louca para fazer. Em Berlim, duas horas depois da polícia ter conseguido conter o movimento, tudo estava limpo e arrumado na Nollendorfplatz. Lixeiros levaram a tranqueira, lavaram as ruas. Único indício eram as vitrines arrebentadas das lojas. No dia seguinte, de manhã, caminhões das vidraçarias repunham tudo. O seguro paga. Ou não há seguro contra motins populares?

É comum se ver, durante ou logo após as manifestações, grupos armados de ferros percorrerem a Tauentzienstrasse, no centro, cheia de lojas de luxo, ou o Ku'damm. Vão quebrando vitrines. Uns dizem que são os caóticos, os anarquistas, os baguncheiros. Outros juram de pés juntos que são policiais, provocadores, agentes contratados pelas lojas. Que fazer? Isso é Berlim.

Jovens (XVIII)

A imprensa e os sociólogos sempre encontram rótulos para eles, desde a juventude transviada dos anos 50, aos beatniks, hippies, punks. Agora se fala na *look-generation*, na *rebus generation*, nos novos *indiferentes*, na *geração do refluxo*, nos *rocketários* (aqui há um jogo que inclui rock, a música e rocket, foguete) e até mesmo nos *postpunks*, nos *eletrodandies*.

Exótico

Descubro o lado pitoresco que os europeus exibem para nós latino-americanos. As ruínas. Nada mais exótico que um amontoado de pedras em que a história passou pelo meio e todo mundo se esqueceu, a não ser os guias enfadonhos com suas informações decoradas. Uma das diferenças está aí: produzimos ruínas mais rapidamente que eles. Nossos prédios se decompõem em vinte anos. Os deles levaram quinhentos, mil para se corroer. Em quinhentos anos, refizemos o país dezenas de vezes.

Hannemannstrasse

Tarde de sol. Apenas o ruído das bolas de tênis jogado pelas velhas.

Poetas

Estão anunciando uma leitura de Allen Ginsberg na *Academia de Artes*. Leio no jornal italiano *La Stampa* um artigo de Furio Colombo. Fala da torrente de novos poetas que inunda os Estados Unidos. Importante é a referência à crítica que enfraqueceu, quase desapareceu. Houve tempo em que alguns grandes críticos faziam um poeta. Hoje, esses críticos não existem mais e os que estão no metiê não têm autoridade suficiente. A nova poesia norte-americana vem a cavalo no rock. O que também pode se passar na poesia brasileira, a cavalo na música popular. Ninguém ainda buscou raízes de nossa poesia na música. Trabalho para Heloisa Buarque de Hollanda?

Horrível

Lendo *Magazine Littéraire*. De tempos em tempos, encontro na Livraria Francesa, onde passo com regularidade, artigo sobre danças e literatura. Impressionante. Rémy de Goumont tinha um câncer no rosto. De tal modo horrível que até as putas recusavam sua companhia, por qualquer dinheiro. Quem às vezes acertava uma trepadinha para ele era Apollinaire, que conhecia bem o mecanismo dos bordéis.

Fui me buscar

Naquela manhã, tinha escrito cartas somente para Araraquara, cidade onde nasci, cujo nome significa *morada do sol* na língua dos índios tupi-guaranis. Caminhava para o correio da Marburger Strasse, olhando para tudo, como sempre. Subitamente, qualquer coisa faiscou no fundo. Desapareceu. Quem viu o filme *Ano passado em Marienbad* conhece o processo. Havia também em *Easy Rider*, feito vinte anos depois. Quadros, visões instantâneas surgem por segundo, somem, voltam, demoram um pouco mais, vêm aumentando de intensidade, até se comporem numa cena acabada. Minha cabeça funciona dentro desse processo, estrutura de linguagem. Fagulhas prenunciam a aproximação de situação, que já existiu em mim, ou está para ser desenvolvida. Vivo e convivo com imagens, reais e fabricadas, faço e me desfaço no meio delas, me componho, imagino, me reinvento.

Ali na Marburger, me vi parado, diante de uma boate, *Chez Nous*, a contemplar fotos do show. Nada de novo nas fotos, mulheres de biquíni, seios de fora, plumas, excessivamente maquiladas, poses exageradas, biquinhos, dedos no queixo, chavões de sensualidade e erotismo. Uma das fotos foi me atraindo, o olho-zoom implacável. Ao mesmo tempo que a foto se aproximava, disparei um código em minha memória-computador, fui buscar imagens, me buscar, e a Araraquara que estava em minhas mãos, endereçada nas cartas, se transformou em real. Eu ouvia gritos, ruídos que não distinguia bem, gemidos, estava no meio do meu grupo. Os amigos profundamente exaltados, discutindo, mostrando *Manchete*, a revista semanal mais importante em meados da década de 50. Na capa mulher lindíssima, rosto enigmático, atraente, vestida em azul, faiscando em pedrarias. Yvana. Não era mulher, era homem. Travesti francês, homem-mulher.

O momento se cristalizou, porque naquela tarde, dia qualquer, dos anos 50, os tijolos começaram a cair naqueles edifícios tão sólidos. Eram tempos mornos, pantanosos, moda feia, e cinema em transição e decadência, a televisão engatinhando, as meninas apenas deixavam passar a mão no escuro dos cinemas ou nos portões sombreados. Não iam além disso. Nesse dia, fogo no rastilho. Ficamos sem fôlego diante daquele rosto um pouco duro, mas sensual, que nos provocava, atravessava. Não é mulher, é homem, disseram. Homem-mulher na capa da revista mais importante, a que entrava nas casas de família? Não, não estávamos diante da bicha comum, aquela apontada e condenada à execração, discriminada. Aquela que em Araraquara se escondia pelas esquinas ou tentava furtivas aproximações no balcão do velho cinema *Paratodos*. Não. À nossa frente, na capa, o homem-mulher, lindo e bem-vestido a nos confundir. Fazendo nossa moral e nossos preconceitos em formação derrapar em vielas escorregadias.

Nosso machismo vacilou diante daquela capa de *Manchete*, numa cidade provinciana, fechada e obscurantista, coberta por capa de catolicismo e conservadorismo. Estava ali, na revista que não podia ser acusada de imoral, nem de corruptora dos bons costumes. Era a revista que, todos os domingos, pais de família levavam para casa, depois da missa das dez. Naquela semana, descoberto o "engodo", *Manchete* sumiu das casas, não circulou nem nos consultórios dos dentistas. No entanto, por alguns dias, nossos pais não puderam esconder, nem sabiam direito, somente não respondiam às perguntas, pois não sabiam como. Estavam pasmados diante de Yvana ("Será mesmo mulher?"), vedete, estrela, brilho no mundo ("O mundo cada vez mais perdido"). Junto com o rastilho do escândalo, acima da excitação, veio para nós, meninos de dezessete, dezoito anos, a percepção de que a estagnação não era tanta. Embaixo do pântano algo se movimentava, subiria uma explosão, muita coisa ficaria afundada definitivamente. Não esquecer: Elvis Presley (rebolando eroticamente) e Brigitte Bardot surgiriam em seguida.

Yvana-*mulher*-capa de revista família-*homem*-nossa perplexidade-alegria-*homemmulher* = *mulherhomem*-fronteiras esfumadas-definições afogadas-algo se transforma-se quebra não vai ser possível segurar. Yvana talvez nunca tenha sabido, mas veio com impacto, quebrou a barreira do som, penetrou. Logo apareceu outra, Cocinelli, primeiro homem a fazer uma operação, exibindo ao atônito mundo masculino inúteis órgãos sexuais, membro errado num corpo certo.

Vislumbres de um dique que rachava, nunca mais a moral seria a mesma. Yvana-Cocinelli: fragmentos a demonstrar que um tempo terminava. Estava em vias de. Apesar de.

Quase trinta anos me separam dessa foto, em que Yvana ainda procura fazer poses sensuais estereotipadas. Não há modo de ajustar essa imagem àquela publicada na revista. Yvana devorada pelo tempo no *Chez Nous*, em Berlim. E a menos de um quilômetro dali, numa boate da Schlüterstrasse, também Cocinelli. Não fui ver nenhum, fico com a imagem antiga. Yvana-Cocinelli fizeram parte de um momento em que tudo ruía, para dar lugar a coisas mais abertas, ainda que imprecisas. Liberação.

Yvana e Cocinelli em Berlim são parte de um setor (FIM DO SETOR MORAL REPRIMIDO, diriam as placas nas proximidades do muro), fechos de capítulo que um filme recente propõe. *A cidade das ilusões perdidas*, com toda sua superficialidade e limitação (podia ser uma fita abrangente, ficou reduzida), retrata Berlim como o novo refúgio da decadência do mundo (Nova York dos anos 80?), meca, cidade-desbunde, novo campo aberto à permissividade, ponto de encontro de tudo, do punk ao freak, do velho beatnik ao flower power (e se tiver algum ancião existencialista que compareça), do intelectual 68 ao cultor nostálgico da *punk-generation*, do rock, pop, country, música eletrônica (atiremos nossas guitarras ao Spree, agora temos sintetizadores), valsa, folclore latino-americano, aos címbalos das músicas orientais, ao

DDRock, ao tango. Da salsicha com Sauerkraut à feijoada, da pizza ao chili vendido em lanchonetes de hambúrgueres. Cidade de manifestações de paz, demonstrações de solidariedade com todos os povos do Terceiro Mundo, passeatas contra política econômica e desemprego.

À espera da brecha

Ray-Güde Mertin, tradutora de *Galvez, o imperador do Acre*, do Márcio Souza, para o alemão, viveu anos no Brasil. Depois, algum tempo em Nova York, até regressar com o marido e dois filhos à Alemanha. Foram se instalar em Bad Homburg, a vinte e cinco quilômetros de Frankfurt, cidade pequena, ruas tranqüilas. A mudança da família Mertin movimentou a quadra, principalmente por causa dos meninos que ficavam brincando na rua, observados por três velhas da janela de um prédio em frente. A princípio, os meninos sentiam-se incomodados, as mulheres não saíam do posto de observação.

"O que há com essas velhas que ficam vigiando o dia inteiro?", perguntavam eles. Ray, uma tarde, atravessou a rua, bateu à porta das mulheres, apresentou-se. "Sou alemã, voltei para cá depois de viver no Brasil e nos Estados Unidos, e como vou morar em frente, quero conhecer meus vizinhos." As três mulheres abriram um sorriso. Fossem os alemães menos contidos, teriam abraçado Ray. Confessaram que nada acontecia naquela rua há muito tempo e que a mudança foi novidade para elas, um prazer diferente. As três eram enfermeiras aposentadas, solitárias, viviam modestamente. Sempre em casa, vendo televisão à tarde e à noite, dormindo cedo, acordando cedo, para outro dia vazio e sem perspectivas. Nem eram tão velhas, deviam estar na casa dos sessenta.

Uma noite, tendo de sair e não estando o marido em casa, Ray atravessou a rua, bateu no apartamento das velhas. "Conversei com os meninos e decidimos uma coisa, se vocês aceitarem.

Querem ser as avós adotivas deles? Na verdade, estou usando um modo bonito para dizer que tenho uma proposta. Meu marido trabalha e eu também. Às vezes, os meninos terão de ficar sozinhos. Quero saber se vocês podem ficar em casa, tomando conta deles, enquanto trabalho." As mulheres, deliciadas, nem quiseram discutir preço. Concordaram. Diz Ray que o rosto das três mudou, desde então. Alguma coisa nova acontecia na vida delas. Tudo porque alguém decidiu forçar uma brecha. A sensação que tenho diante dos alemães fechados e hostis é esta: estão à espera de quem force uma brecha. Prontos para se abrir, ansiosos por uma comunicação, porém, condicionados por anos, ou séculos, sei lá, de contenção, orgulho.

Jovens (XIX)

Prepare os olhos, prepare os ouvidos, porque você será bombardeado diretamente com uma terminologia musical rica, cheia de sutilezas, cujas variações e diferenças somente a prática do som vai permitir identificar: Rock/ Rap/ Reggae/ Rock eletrônico/ New dandy/Japan rock/ Latin rock/ Jazz-rock/ Poli-rock/ New wave/ Rock amarelo/ After-punk/ Funk/ New romantic/ Rockaço = rock duro.

Tennessee Williams

Jornais e revistas anunciam a morte de Tennessee Williams, março de 1983. A primeira imagem que me ocorreu foi a de um homem voltando à sua terra natal, dirigindo um Cadillac e levando uma estrela de cinema decadente. Um dos sonhos de *Doce pássaro da juventude*. O personagem em São Paulo era Mauro Mendonça e a peça foi encenada no Teatro Maria Della Costa. Tennessee Williams representou muito para a geração hoje entre quarenta e cinqüenta anos no Brasil. Explosão, corte numa estrutura teatral-moral fossilizada. Jogou no palco o teatro da neurose, reescreveu Freud. Dissecou, fez um corte anatômico, colocou a sociedade norte-americana e o capitalismo no divã do analista. Impiedoso. Desde *Algemas de cristal* (The glass menagerie) a *Rosa tatuada* (The rose tatoo), passando pelo mais lindo personagem de todos os tempos, Blanche DuBois (Vivien Leigh) em *Um bonde chamado desejo* (A streetcar named desire), ou pela ninfomaníaca de *Gata em teto de zinco quente* (Cat on a hot roof).

Invejo os títulos de Williams. Eu ficava fascinado ao ler que ele escrevia noites e noites sem parar. Admiráveis as pessoas que conseguem se abstrair do mundo e escrever até a loucura e a exaustão. Williams foi rompedor, mais tarde sacrificado no altar do "social". Subitamente, o mundo mudou e se esqueceu do que devia aos Williams da vida. A nova ordem era a econômica, política, social. Ressuscitou-se Brecht, o teatro pobre, Piscator, Grotowski. O homem dentro do seu meio. O interior do homem, determinado por esse meio, o caos da alma humana, isso deixou de interessar.

Williams e autores como Nelson Rodrigues foram descartados, ninguém quis saber deles. Com a notícia da morte, veio o impacto do que Tennessee representou com sua gente doente, torta, patológica. Ele refletiu o que o mundo era, máquina fotográfica cheia de sensibilidade. Com sua câmera, rasgou cortinas de moralismo e puritanismo, ajudou a não sei se modificar, mas a desmascarar a hipocrisia. Só por isso merece imortalidade.

Steglitz

É isso! Steglitz. Um dos lugares em que Kafka morou, quando esteve em Berlim no final de sua vida. Steglitz vem muito citado em sua correspondência berlinense.

No futuro

Notícia de jornal, no dia 4 de novembro de 1982:
"BONN – toda a população da pequena cidade de Waldprechtsweier, proximidades de Karlsruhe, cerca de mil e duzentas pessoas, foi obrigada a deixar suas casas, evacuando a aldeia, enquanto técnicos do exército norte-americano e da polícia alemã tentavam remover um míssil *Pershing* 1 de sua unidade de transporte, que tinha acabado de sofrer um acidente, ao colidir frontalmente com um automóvel particular, cujo motorista morreu. A evacuação de Waldprechtsweier se tornou necessária por causa do perigo de explosão que ameaçava o míssil durante a operação de esgotamento dos reservatórios de combustível. O alto comando assegurou que o míssil se encontrava sem sua ogiva nuclear no momento do acidente".

A outra vida

Domingo, Klaus levantou cedo. Tomou café com leite vindos de uma comunidade rural. Comeu o pão de uma padaria alternativa, pão puro, de trigo integral. A geléia veio da loja de produtos naturais, nenhuma fruta adubada quimicamente. Klaus tem tempo para dar uma lida no *Die Tageszeitung*, dos jornais mais originais da Europa, inteiramente feito num regime de cooperativismo, onde cada redator escreve o que quer e cartas, convocações, manifestos e anúncios os mais curiosos podem ser encontrados. Chamado apenas de *Taz*, esse jornal é o órgão oficial da cena alternativa berlinense e tem uma tiragem de doze mil exemplares diários. Klaus, mulher e filha moram num apartamento em prédio ocupado. As negociações para a legalização dos contratos estão adiantadas. Há um fundo, caixa comum, no qual a cada mês os "condôminos" depositam dinheiro para despesas inevitáveis no processo. Klaus e sua mulher reformaram o pequeno apartamento com a ajuda dos companheiros.

Nessa comunidade existem eletricistas, encanadores, marceneiros, pintores, costureiras. Como é domingo, a família vai a uma festa na rua; há sempre uma, organizada por comunidades de bairros diferentes. Comidas, bebidas, conversação, brinquedos para as crianças, jogos, competições. À tarde, conjuntos rock ou punk aparecem. Mímica, palhaços, um guitarrista solitário, duas jovens que tocam música clássica, balões coloridos, barracas com folhetos, revistas, livros alternativos. Alguém faz um discurso. O dia passou animado. Amanhã Klaus estará, como sempre, dando suas aulas de desenho numa escola da comunidade, enquanto sua mulher estará no centro alternativo de línguas para estrangeiros. Uma creche cuidará da filha.

Essa é uma família normal, apenas seu meio de vida é "anormal" dentro da sociedade alemã. Klaus é um dos cento e cinqüenta mil berlinenses que se recusam a aceitar a estrutura vigente, preferindo viver à margem, montando esquemas de vida menos opressores, em que haja maior espaço de movimentação, menos condicionamento de cabeça e possibilidades de realização como ser humano. A cena alternativa alemã (eles não usam o termo movimento, por considerá-lo menos abrangente) conta atualmente com quinhentas mil pessoas, entre militantes e simpatizantes. Essa cena tem início recente.

Desilusão

O milagre econômico trouxe melhoria no nível de vida e grande capacidade aquisitiva, baseado num princípio: o bem-estar do indivíduo repousa na quantidade de coisas que ele pode comprar. Acreditava-se que a felicidade estivesse ligada ao progresso tecnológico e assim as ciências ganharam o valor de pára-religião. Os alemães foram adquirindo televisores, toda a parafernália de eletrodomésticos, necessários e desnecessários, computadores caseiros, dois e três carros, barcos, pranchas de surf e windsurf, lanchas, uma segunda casa, férias no exterior, fins de semana em estâncias, temporadas de esporte de inverno, motocicletas, bric-à-brac eletrônicos variados (*video games* etc.), brinquedos sofisticados para as crianças. Criou-se uma sociedade de abundância que, apesar de tudo, não trouxe a esperada bem-aventurança. A vida não parecia melhor, havia um vácuo, faltava qualquer coisa. Se a maioria não detectou e continuou a desfrutar, mergulhada na estagnação, parte das pessoas perceberam que havia uma falha no sistema. Vazava água. Pagava-se um preço por essa pseudofelicidade.

    A tecnologia desenfreada e a produção cada dia maior estavam levando a indústria à automatização, criando desempregos. Nunca foi tão grande o número de aposentados por invalidez. Em 1979, cinqüenta e seis por cento dos aposentados eram inválidos ou mutilados. Descobriam-se as manipulações em torno das centrais nucleares. O projeto para sua disseminação (o programa inicial era a construção de quatrocentas centrais nucleares com o "objetivo de deixar de depender do petróleo") estava por trás do aumento de aparelhos elétricos nas casas, entre outros fatores.

    O custo dessa sociedade é enorme: destroem-se reservas florestais, envenena-se a água, a atmosfera, a comida torna-se cada vez mais química, o barulho aumenta, o estresse é constante. Os automóveis produzem quinze mil mortos e quinhentos mil feridos por ano; para não dizer do custo administrativo que representam os departamentos necessários à racionalização e ao controle da circulação. Os grandes desastres como os da usina norte-americana Three Mile Island e o envenenamento da aldeia italiana de Seveso assustaram os alemães. Em 1972, uma pesquisa mostrou que sessenta por cento das pessoas interrogadas acreditavam e confiavam no progresso. Oito anos mais tarde, nova pesquisa demonstrou que somente trinta e um por cento mantinham o otimismo.

Assim não

    Na década de 70 a cena alternativa se desenvolveu com rapidez. Ela foi agrupando conjuntos diversos como ecologistas, remanescentes da revolta estudantil de 68, o que restou da dissolução da APO (posição Extraparlamentar), setores da Fração do Exército Vermelho, organizações políticas ligadas ao Terceiro Mundo (o milagre econômico alemão foi construído também à custa de matéria-prima trazida da América Latina ou África, ou com *royalties* que subdesenvolvidos pagam por importação de tecnologia, às vezes desnecessária; ou pela mão-de-obra infinitas vezes mais barata que na Alemanha), além de associações de mulheres, grupos religiosos, e qualquer pessoa que tivesse em mente um projeto alternativo para o futuro. A idéia geral, ainda que pareça vaga e ampla, é sólida e convergente: criar um meio que consiga recusar as normas da sociedade capitalista consumista, construir uma política à margem dessa estrutura. Meio que devolva ao homem condições humanas, há muito perdidas. Ele foi massificado, robotizado, automatizado, envenenado, diminuíram sua capacidade de pensamento e raciocínio. A filosofia da cena alternativa engloba também aspectos subjetivos como o relacionamento deteriorado entre as pessoas, provocado, em instância maior, por essa estrutura desumana e materializada. A cena alternativa monta a utopia agora ao contrário. *Assim não* é o desafio que os alternativos estão lançando à atual sociedade.

Quando vejo as condições gerais que geraram a cena alternativa, me espanto com o paralelismo, semelhança com o Brasil. Sociedade de abundância, consumismo desenfreado. Quanto mais possuir, mais feliz será, foi o slogan dos anos 70. A grande diferença estava na relação: a Alemanha consumia, *mas tinha com que comprar*. País riquíssimo e desenvolvido. O Brasil vivia a idêntica situação, só que sendo pobre e subdesenvolvido. O nosso "milagre" foi ou não foi algo gerado de fora para dentro, com o objetivo de criar uma situação falsa, apoiada numa dívida planejada para atingir a sujeição econômica em que vivemos agora?

Não-resignação diante da repressão, constante denúncia dos meios que o Estado e a sociedade empregam para submeter as pessoas, fuga ao tédio que traz apatia e conformismo, além da violência, são propostas dos alternativos.

Utilizar ao máximo o potencial da mente, da imaginação, fantasia, estimular a criatividade em todos os níveis. Reconquistar qualidades perdidas na história. O reencontro com a natureza não é mais romantismo, e sim necessidade. Usar as mãos, repensar os problemas de cada dia. A cena alternativa desenvolve-se nos mínimos gestos. Por exemplo: um alternativo jamais compra cigarro pronto. Prefere enrolar o seu. Além de mais barato, é uma atividade manual, exige concentração por alguns momentos.

Vacas e lingüiças

A cena alternativa é uma força social, porque comove setores variados e tem crescido. A grande imprensa já tenta assimilar um pouco dela, enquanto a publicidade tem seus olhos gulosos voltados para a cena. Coisa comum é ver um ônibus de turistas, em Berlim, passando diante de casas ocupadas, com o guia informando do que se trata. Um dos mais famosos centros alternativos da cidade, o *Mehringhof*, entrou na lista dos pontos mais fotografados.

Se você se interessa pelo assunto, assim que chegar a Berlim, procure nas livrarias o manual *Stattbuch*. Mil páginas para colocar a pessoa em dia com o assunto. Endereços que contam a descrição dos programas e projetos de trabalho de cada grupo. Descobre-se, entre outras, que são 35 as gráficas ligadas à cena, 28 associações de desempregados, 21 pontos para técnicas alternativas, 80 grupos que cuidam de estrangeiros, 90 endereços de todos os tipos para as mulheres, *free-clinics*, 50 casas para drogados, centenas de livrarias, quiosques de postais, discotecas, sebos, lojas de produtos naturais, oficinas mecânicas, cinemas, teatros, conjuntos musicais, lojas de roupas, coletivos de formação profissional de aprendizes, centros psicoterápicos, creches, escolas maternais, coletivos de médicos, advogados, dentistas, arquitetos, oficinas de consertos de todos os tipos, de pedreiros e pintores a técnicos de rádio e televisão. E, com destaque, às comunidades rurais. Em Berlim, o pátio de manobras de um ramal abandonado de estrada de ferro foi transformado em fazenda alternativa, com a criação de porcos, carneiros e vacas e hortas, além da fabricação de manteiga, queijo, lingüiças e salsichas.

Para que marido?

Dois endereços vitais são: a *UFA-Fabrik* e o *Mehringhof*. UFA foi a grande companhia cinematográfica da Alemanha e Europa. Está na história do cinema. Competia com Hollywood. Ela realizou *Metrópolis, O anjo azul, O gabinete do doutor Caligari* nos seus estúdios gigantescos em Babelsberg, Potsdam. Em Berlim Ocidental, em Tempelhof produziam comédias ligeiras de largo consumo. A companhia foi desativada, ficou um tempo abandonada. São vinte mil metros de terreno às margens do Canal de Teltow (aquele em que vi, na hora do almoço, os pescadores sonolentos). Um dos mais antigos grupos alternativos da cidade, o Kommune, alugou a UFA do Senado por quatro mil marcos mensais. As reformas foram financiadas pela *Netzwerk* (A Rede), o banco alternativo. Ali vivem cinqüenta pessoas. Camarins transformados em apartamentos, os grandes palcos divididos para habitações, *kneipen*, teatro, restaurante, lojas, oficinas de consertos em geral. A UFA-Fabrik promove espetáculos e roda pela cidade, e país, num ônibus que conduz a troupe do circo.

É famoso o seu circo. Nos terrenos criam-se galinhas, plantam-se hortas. Promovem shows, montam peças, imprimem livros e revistas, produzem vídeos e realizam sessões de cinema. A comunidade é autogerida, sem autoridade concentrada numa só pessoa. A organização lembra, às vezes, o kibutz, onde as tarefas são feitas em rodízio, da comida à lavagem de pratos, ou coleta do lixo. As mulheres e filhos, por exemplo, não dependem de um só homem, "do marido". Todos ajudam todos, todos trabalham por todos, um alimenta o outro. Esse princípio de solidariedade é uma das diferenças essenciais com a vida da sociedade normal, em que as pessoas se fecham, são trancadas, segregadas. Pessoas que, inclusive, não se tocam. Passar por essas comunidades é ver um amontoado de gente colorida, com vestes descontraídas, cabelos compridos, brincos. Primeiro é uma sensação de bicho louco, mas depois se vê que de bicho louco eles não têm nada. A Fabrik tem padaria, playground para as crianças e um centro de educação de adultos. Mantêm o único cinema de bairro do Tempelhof (aqui estava o antigo aeroporto da cidade, construído no III Reich; continua de pé, não foi destruído; hoje é base militar americana).

Um bairro que, apesar de contar com duzentos mil habitantes, não possuía uma só sala, a última foi fechada nove anos atrás. "Queremos viver depois que esse colosso econômico cair por terra. Nos preparamos para o tempo em que cada um deverá assar seu pão, semear e colher, saber que a cabeça não é para ser usada apenas para cifras e cálculos, nem as mãos para manipular peças das linhas de montagem ou ligar o botão da televisão. Se nos tornarmos numerosos, vamos morrer, ou matar esse sistema de economia capitalista que vive do consumo e da abundância." Assim sintetiza a filosofia da comunidade o jornal *Fabrikzeitung*.

Olhando de fora, é mais um edifício típico de certas áreas berlinenses. Prédio de tijolos entre marrom e vermelho, bicicletas na entrada, canos aparentes. À direita da porta de entrada, no alto, o nome: *Mehringhof.* A palavra dividida, o *hof* ficou embaixo. Letras azuis, tudo em minúscula. À direita da designação, uma máscara vermelha, com olhos desconfiados, virados para o lado. Aqui foi antiga fábrica, de cinco mil e trezentos metros quadrados, hoje ocupada por vinte e seis coletivos unidos em uma sociedade anônima proprietária do lugar. Escolas livres para adultos e crianças, centro de assessoria fiscal, centro de alfabetização, posto de informação sanitária, cursos de artes marciais, centro de pesquisa de energia solar, outro de energia produzida pelo vento, cooperativa de filmes, creche, institutos de formação profissional para projetos alternativos, quatro editoras, escritórios para a defesa legal de minorias, teatros para adultos e crianças, os escritórios da *Netzwerk*, além de abrigar a União dos Trabalhadores Turcos. E o *Spectrum*, café muito na moda, sempre lotado.

Mehringhof funciona em autogestão coletiva, sem lucros, e todos são obrigados a trabalhar na administração, limpeza e manutenção do edifício. As decisões são tomadas democraticamente em assembléia geral, que elege um *presidium* cuja gestão é de um ano. Durante o dia o Mehringhof é um formigueiro, com centenas de pessoas entrando e saindo, seja para levar crianças à escola, para comprar um creme natural para a pele, fazer visitas, consultar advogados ou pedir financiamento no banco.

Também um banco

Em 1978, trinta e oito pessoas tiveram a idéia de um banco diferente dos usuais, meros tomadores de dinheiro. Hoje, a *Netzwerk* é uma realidade com seis mil subscritores em toda a Alemanha, sendo três mil em Berlim. Esses subscritores fornecem o capital que já financiou trinta e oito projetos e tem mais vinte em estudos. A ação desse banco tem sido discutida, com acusações do tipo: está se transformando em empresa capitalista. O que não é verdade, apesar dos limites difíceis em que ele atua.

Toda a cena alternativa vive de tempos em tempos momentos de polêmica, em que os mais ortodoxos criticam os métodos mais liberais e maleáveis (o jogo de cintura) de certos grupos. Prova de vitalidade. Há diferenças de modos de ação, quase nunca a respeito da filosofia total. Afinal, é uma coisa bastante nova e que vai precisar de ajustes e reajustes, principalmente porque envolve setores complicados, como a ocupação de casas, ou a não-aceitação das escolas do Estado, enquanto que o Estado não aceita os métodos de educação alternativos. Das discussões sobre a participação ou não na política, acabou nascendo uma organização, a Lista Alternativa (Alternative Liste), fundada em 1978, que tem como slogan: "Pela democracia e proteção do meio ambiente". Em 1981, a Lista conseguiu fazer nove deputados no Parlamento berlinense. Funciona à base de voluntários.

Dezenas

Por toda a Berlim, há dezenas de centros, cada um funcionando à sua maneira e desempenhando um papel. Como o *Kukuk*, Centro Cultural e de Comunicação de Kreuzberg, também com teatro, café, locais para ensaios de conjuntos musicais, encontros de pessoas. Ou como *Kerngehäuse*, antiga fábrica, construída em 1888, onde existe importante centro de experiências de reciclagem e reutilização de produtos usados. Aqui vivem quarenta e cinco pessoas.

Choque

"A vida não é nada assim. É uma coisa completamente diferente", dizia Tucholsky, antecipando a Alemanha de hoje, o mundo de agora. A frase é de 1925 e poderia ser adotada como lema para as sociedades alternativas da Alemanha. Essa gente que anda em busca de uma coisa simples: o viver normalmente. Não aceitar mais a anestesia, o mecânico, o que vem pronto. Os alternativos propõem tratamento de choque. Pode-se imaginar o medo que provocam. Por enquanto, vejo um muro em torno deles. Diluído, porém não menos feroz, erguido pela sociedade que eles combatem. Dessa maneira, são dois muros em Berlim: o de concreto e o metafísico. Os alternativos têm uma longa batalha, sem prazos. Fico com uma sensação curiosa: de que o destino dessa cidade é, um dia, ser inteiramente alternativa, civilização nova, construída e reciclada intramuros. Sociedade que vai oferecer ao resto da Alemanha, e quem sabe ao resto do mundo ocidental, uma nova proposta. Tudo ainda é laboratório, testes, provas. Se não vier a destruição total, Berlim poderá ser cidade-estrela, a que vai nos ensinar a viver.

Jovens (XX)

"A direita não tem futuro, a esquerda não está mais na moda. Todo o poder para ninguém." Grafite no muro.

Alucinação

Estava comendo um doce no quarto, me percebi diante do espelho. Olho raramente no espelho. Mesmo quando vou fazer a barba, não me contemplo. Vejo a barba, os locais a serem raspados, algo prático, direto. Nada de me enfrentar, olhos nos olhos, observar a testa, as rugas, a pele que começa a ficar flácida, as entradas nos cabelos. Agora, me fixei e me achei com cara de louco, um alucinado.

Perfume

Anotação solta num papel, escrita em Viena: "Havia no corredor do hotel um cheiro de perfume, fiquei parado, chave na mão. Alguma mulher saiu de um desses quartos há pouco, foi fazer um programa, jantar, passear, namorar, se divertir. Ou saiu, apenas. Quem é, de onde veio, para onde deve voltar? As pessoas que se cruzam nos pequenos hotéis. Ninguém guarda os rostos dos outros, ninguém sabe quem é quem. E estamos todos aqui tão próximos". Perfumes e o ruído de pulseiras me devolvem à infância, eram as marcas dos domingos, quando as tias, jovens e solteiras, desciam para o centro.

Vazio

Outra anotação, também de Viena: "Volto ao hotel, curioso para ler um artigo que a *Penthouse* publica sobre *Os anos de violência de John Lennon*. Artigo chatíssimo, aborrecido. Se aquilo era a vida de Lennon, encerrado o tempo inteiro em seu apartamento-castelo em Nova York, era (apenas) preferível estar morto. Porque já estava enterrado. Levava uma existência rotineira, obsessiva e tediosa, maníaca, as pessoas todas preocupadas com tarôs, sortes, destinos e psiquismo".

1961

Portão, rua transversal à Karl-Marx-Allee, tem uma placa: agosto de 1961. Continuo andando e a memória me joga na entrada do aeroporto de Cumbica. Jânio renunciou em agosto de 1961. Cheguei ao jornal *Última Hora* às duas da tarde e me enviaram a Cumbica. O renunciante iria de Brasília direto para a base aérea. Passei a tarde, a noite (choveu muito), Jânio chegou, ninguém entrou. Ele saiu na manhã seguinte, sábado pelo meio-dia, abriu o vidro, deu uma declaração inconseqüente, partiu. Inconseqüente como seu governo.

Nefertiti

Museu egípcio, estátua de Nefertiti. Emoção, como poucas vezes tive em museus. Busto de 3.500 anos. Astral diferente dentro da sala. Fluidos em torno daquela mulher de pescoço liso e longo, pose ereta, dignidade sem tamanho. Arrogante, sem demonstrar. Com Nefertiti existe a possibilidade de aproximação. Ela guarda sua distância, mas não exclui uma beleza simpática, acessível. Nefertiti hipnótica. Está viva, pede o toque.

Jovens (XXI)

As estatísticas dizem que eles são 5,5 milhões entre 17 e 23 anos. Dentro dessa cifra, conta-se com 13 por cento de "jovens marginais": aqueles que não aceitam a sociedade como está estruturada atualmente, apesar de sua riqueza e aparente bem-estar social. Jovens que estão procurando viver à margem (alternativamente) dessa estrutura que é a imagem de seus pais, os produtores do "milagre alemão". As pesquisas mostram que ao menos 150.000 jovens aderiram a alguma seita religiosa e pseudo-religiosa. Até 1979, o número de suicídios entre 15 e 20 anos era de 1.500 por ano. Acentue-se que trinta anos atrás não chegava aos 900. A taxa de suicídio entre estudantes é da ordem de 24 em cada 100.000, o dobro do registrado entre jovens que já iniciaram sua vida profissional. Vida cada dia mais difícil de ser iniciada. Porque eles saem das universidades e não encontram empregos. Aqui é preciso estar atento às estatísticas, porque esses jovens não são desempregados, eles pertencem ao rol dos nunca empregados. Drogas e tóxicos são os paliativos que eles encontram. Abuso do álcool, das drogas e o não-emprego têm conduzido a conflitos às vezes graves. Cerca de 300.000 jovens, nos últimos anos, já se viram envolvidos em disputas com a lei, em delitos de propriedade.

Um puta chato

A estudante paulista me segurou o braço. Tinha atravessado a rua correndo, ao me ver.
— Pelo amor de Deus, me diz. Me diz depressa, onde posso ouvir música brasileira? Não agüento mais, estou ficando louca. Faz um mês que estou aqui e preciso ouvir música brasileira.
— Não pode ser outro tipo?
— Não, tem de ser brasileira. Adoro música.
— Brasileira não tem.
— Como não tem?
— Tem discos. Conhece a Ka De We? Aquele lojão perto da Wittenbergplatz? Pois vai lá no terceiro andar. Cheio de importados com novidades brasileiras. Tem Gal, Gil, Ney, Milton, Chico,

Elba, Clara Nunes, Hermeto, Waldik Soriano, Conjunto Farroupilha, Sebastião Tapajós.
– Quero música ao vivo.
– Não serve música pop?
– Quero a brasileira, é uma loucura não ter música brasileira.
– Já que está aqui e vai voltar dentro de dois meses, por que não aproveita? Tirando a música brasileira, você tem de tudo. Aliás, de tempos em tempos também os brasileiros pintam por aqui. A Elba Ramalho, o Sivuca, a Clara Nunes, a banda do Arrigo Barnabé, além daqueles conjuntos que ninguém sabe como foram formados, que tocam sambão para meia dúzia de mulatas rebolarem, e os alemães enlouquecerem. Agora, aproveita a cidade, menina. Tem tudo, desde a Filarmônica do Karajan, até os conjuntos punks dos alternativos. Ouviu falar do *Dollar Brand*? Jazz africano. Quando é que você vai ouvir jazz africano no Brasil? Nunca. Então, aproveita para ver o que tem e esquece um pouco o samba. Vai ouvir rock, pop, folclore, música de câmara, música gelb, funk, vai ver os shows, a ópera. Tem uma ópera por noite, vai ver os musicais americanos importados inteiros. Usa o que a cidade tem.
– Merda! Que discurso! Você é um puta chato!
Meses depois, Dudu chegou a Berlim.

Marines

Voltava de um passeio a Steinstücken no alto do ônibus 18. Sempre andei no "segundo" andar, primeira fila, para ter visão panorâmica. Ao passar pela Potsdamer Chaussee vi soldados norte-americanos em manobras simuladas. Traziam uniformes de combate, cores variadas, para camuflagem no mato. Só que o mato na Potsdamer é ralo. Os jardins das casas, as infalíveis árvores berlinenses dando muita sombra, uma e outra moita. Os marines (seriam marines? vi tanto filme com marines que eles são a primeira coisa que me vem) corriam um pouco, se escondiam atrás de arbusto, moita, cerca, logo voltavam ao combate, valentes e destemidos, dispostos a libertar a Alemanha. Súbito, de cima do ônibus, percebi o ridículo da manobra, sem propósito da situação.

    Construíram
    Const/Ruíram
    Const
    Constranger
      stranger
        gerar
    estrange(i)rar
      range
      Ranger

Espanto

Dudu era percussionista da banda de Arrigo Barnabé.

Quando passou por Berlim, Dudu sentiu a cidade e desbundou. Ficou. Montou sua banda com alguns brasileiros e dois alemães. Logo chegou o carnaval e Dudu ensinou aos alemães a batida das marchas. Num centro estudantil próximo à floresta de Wannsee, o carnaval pegou fogo.

Fui cheio de preconceitos: coisa de brasileiro que "precisa fazer carnaval", somente porque no Brasil também é. Quebrei a cara. Baile animadíssimo, o salão acabou sendo pequeno, nem sabia que tinha tanto brasileiro na cidade. Fantasias bonitas, decoração simpática. A batida era de vodca ou de *Schnaps*, a aguardente branca de cereal; fajuta, mas quebrava o galho. O bar vendia salsichas no pão, o toque alemão. Serpentinas e confetes, sem dizer de um lança-perfume que de repente deu o ar da graça. Brasileiro é assim: leva feijão-preto para a feijoada, uma cachaça para a caipirinha, farinha de mandioca para a farofa, queijo-de-minas e goiabada; as malas chegam abarrotadas com pertences

exóticos aos olhos alfandegários. Agora, aquele lança-perfume foi demais.
Espanto: dentro, o salão quente, mulheres de pernas de fora, samba lascado. Olhando pela janela: a neve caindo sem parar. Doze de fevereiro de 1983, dia da primeira nevasca de inverno em Berlim. Parecia filme mal dublado, as imagens não combinavam.

Liqüidificador musical

Se as marcas do século XXI são o som e a eletrônica, Berlim já chegou lá. Da Filarmônica, onde Karajan pontifica, à mais modesta *kneipe* escondida em cantos retirados como Rudow ou Lübars, há um elo de ligação, um tom afinado que vai do oboé ao sintetizador. Se o assunto interessa a você, logo ao chegar procure um livro de capa vermelha, em que as palavras *Rock City Berlin* estão rompendo um muro de tijolos. Bíblia para se descobrir os quinhentos e tantos conjuntos musicais que existem, mais os endereços de teatros, cabarés, escolas de música, lojas, estúdios, gravadoras, fotógrafos especializados, discotecas, livrarias de partituras, jornais. Inclui Berlim Leste, onde existe o DDRock, expressão que significa Rock da Alemanha Oriental. DDR são as iniciais, em alemão, da RDA.

Rock City mostra como alguns conjuntos têm nomes insinuantes: Acqua Minerale, Alone, Anonym, Apopletic Fit, Bad Boy, Barbed Wire, Basta, Beatitudes, Compagnia Mastodôntica, Crollo Nervoso, Déjà-Vu, Demian – olha aí o Hermann Hesse –, Devil's Soldiers, The Dynamite Cats, Enola Gay (foi o nome do avião que levou a bomba atirada em Hiroxima), Fun with Knives, Die Goldenen Vampire (Vampiros Dourados), Kobra, Leningrad Sandwich, Mad Wolf and the City Indians, Mean Tangerine, Neonbabies, Stoned Rabbit, Tangerine Dream, The Thirsty Animals, Die Tödliche Doris (A Doris Mortal).

Para Anais Prosaic, analista de música contemporânea, Berlim funciona como um "liqüidificador" para as novas idéias musicais. A cidade se transformou no gueto cosmopolita de artistas que fogem às pressões da Alemanha Ocidental, buscam escapar das mentalidades sérias, organizadas, monótonas, e encontram em Berlim o sentido de liberdade e gratuidade. O isolamento produz o estímulo, inventam-se fontes de distração, criam-se lugares e centros de interesse. O futuro não existe nem aqui nem lá, mas cada um sabe e desenvolve idéias, estilos e formas. A atmosfera cultural da cidade favorece todas as expressões, a tolerância é a marca mesmo diante das atitudes mais extremas de vida, vestimenta e posições.

Rotina exasperante

Cercada pelo muro, dotada de um amplo movimento alternativo, palco das maiores manifestações políticas contra ou a favor de qualquer coisa, picadeiro de diferentes grupos de punks (dos mais ingênuos que te pedem somente vinte *pfennige* para uma bebida, aos agressivos que no metrô rondam e ameaçam com correntes na mão – só que nunca vi nenhum batendo em ninguém), abrigo de centenas de casas ocupadas, Berlim facilita qualquer gênero de neurose, escapismo, atividade, o álcool, a droga, do radicalismo político (os caóticos se dizem pacifistas, mas promovem verdadeiras guerras com a polícia) à criatividade nacional.

Nessa cidade febril e constantemente inquieta, os grupos musicais se formam e se dissolvem com rotina exasperante. Duram, às vezes, o tempo de um ou dois shows, os elementos se separam, formam novos conjuntos. Cada qual inventa o seu tipo de música. O *Kobra*, um dos bons, garante que produz o *orient rock*, mistura de "guitarras dos anos 70 com pincelada de funk balcânico". Ficou claro? O *Katapult* e o *Atztussis* (formado só por mulheres) são politizados e compõem música antifascista, conclamando à violência contra o Estado. O PVC, saído das casas ocupadas de Kreuzberg, tem um slogan engraçado: "Desemprego para todos". *Die Gelb's* (Os Amarelos) tiraram o nome – e compõem em função disso – de uma afirmação de Kandinsky de que o amarelo é a cor mais excitante, a que ilumina e faz vibrar todas as outras. Afirma Anais: "A música amarela é sinônimo de emoção, liberdade, invenção e improvisação". Um dos conjuntos mais bemsucedidos é o *Malaria*, conhecido internacionalmente, e formado por cinco garotas vestidas de negro. Depois do *Malaria*, vêm o *Die Haut* (A Pele) e o *Birthday Party*, composto por australianos, cuja selvageria dos concertos desperta a maior curiosidade.

Shows a cada instante

Uma cena musical intensa possibilitou o aparecimento de pequenas gravadoras alternativas que dão chance aos que não penetram no fechado círculo das multinacionais. Selos independentes que sobrevivem muito bem como a *Marat Records*, a *Monogam*, a *Talent*. A facilidade tecnológica aliada a um relativo poder aquisitivo leva os conjuntos, mesmo os menores, a produzir videocassetes de seus shows. Exibidos depois em cafés, restaurantes, discotecas, *kneipen*, festas.

A todo instante, hora, lugar, acontece um show. Os espetáculos começam na rua, com cantores avulsos, tocadores de realejo, estudantes com guitarras, podendo-se ver até pequenos conjuntos de música de câmara, executando clássicos em plena calçada. Tem uma ópera diferente por dia, operetas no Theater des Westens, espetáculos nos cabarés, orquestras nos cafés, concertos de órgão nas igrejas (são seiscentas igrejas, templos, sinagogas: quem disse que a Bahia tinha muita igreja?). O afluxo de estrelas internacionais (e nacionais) é incessante, vai de Joan Baez a Nina Hagen, Dalida a Dylan Thomas, Johnny Holliday a Dollar Brand, David Brubeck a Ray Charles, Sammy Davis Jr. a Simon e Garfunkel, Milva (uma italiana que faz excelente carreira na Alemanha, é adorada), David Bowie, e centenas de outros. Maratona impossível de ser acompanhada e assimilada.

Sensação de carrossel alucinado. Só de ver os cartazes que enchem os muros e os postos de publicidade, trocados a cada dia,

Salsa. Molho apimentado latino-americano para os loiros alemães. E onde? Logo no *Waldbühne*, o auditório que os nazistas construíram na floresta para suas manifestações, para delícia das novas gerações que na platéia cantavam e dançavam. Berlim é o lugar alegre que abriga constantemente todos os tipos de música do mundo inteiro, num verdadeiro liqüidificador musical. Coisa boa para o público e para a intensa criatividade.

cada semana, ficamos mareados, perdidos na escolha. Revistas de programação como *Tip* e *Zitty*, jornais como o *Tageszeitung*, unidos a folhetos xerocados e mimeografados, a convites feitos à mão, passados nas filas, nos lugares da moda, nos centros de movimento, pôsteres pregados nos muros, grafites, mantêm o público bem informado sobre a cena musical. Obtida a informação, corra. Porque as lotações sempre se esgotam, da Filarmônica à Ópera, do grande show trazido da Broadway ao grupo punk/funk organizado de manhã para tocar na festa da noite.

Disputam-se os ingressos, seja no *Metropol*, um dos templos berlinenses, localizado na Nollendorfplatz, e que foi o antigo teatro de Piscator, seja no *Tempodrom*, circo permanente montado nas proximidades da antiga chancelaria de Hitler (desmontada pedra por pedra pelos soviéticos). Ou então no *Quartier Latin*, teatro onde sempre tem manifestações interessantes, localizado na barra pesada da Potsdamerstrasse. Para não dizer do *Waldbühne* (Palco na Floresta), gigantesco auditório construído na encosta de uma colina e rodeado por bosques, vizinho ao Estádio Olímpico. Cabem trinta e cinco mil pessoas. O Waldbühne foi pequeno para conter o público dos Rolling Stones. Aliás, os ingressos para os Stones se esgotaram em duas horas.

O que é isso?

Os alemães nacional-socialistas teriam ficado espantados se tivessem sobrevivido ou pudessem dar uma olhada no futuro. O Waldbühne foi erguido, como toda construção fascista, imponente e grandioso, para servir de palco a manifestações do III Reich. Mas, em junho de 1982, durante o festival *Horizonte*, um insólito espetáculo podia ser contemplado: mulatos e negros tocando ritmos latino-americanos de todos os tipos, principalmente a salsa, para uma platéia composta de milhares de loiros e entusiasmados alemães, que dançavam e cantavam juntamente com Mongo

Santamaria, o monstro dos bongôs, Celia Cruz, Tito Puente, Willie Colon e outros.

Karajan

O grande mito. Adorado, odiado, endeusado, criticado. Lenda, de qualquer modo. Conseguir ingressos para a Filarmônica, apelidada o circus Karajani, quando Karajan rege, é mais difícil do que atravessar o muro do Leste para o Oeste. Existe um lote de ingressos com destino fixo, pessoas que mantêm assinatura. Karajan regeu, eles estão lá. As agências que vendem bilhetes para o público – e existem muitíssimas – têm seus clientes habituais, para os quais é reservada outra parte dos lugares. Resta o consolo de ser dos primeiros a chegar, quando a venda se abre, para conseguir poltronas, nem sempre nas melhores localizações. Ainda que o prédio da Filarmônica tenha sido construído de tal modo que é difícil uma localização ruim, por mais longe que se esteja. Não há "lugares cegos" (como no Municipal de São Paulo) ou "surdos", de onde nada se vê ou se ouve mal. Há sempre a esperança de que alguém cancele a reserva, o que não é incomum. E, então, os ingressos são colocados outra vez à venda. Aí entra a confraria dos que sabem o macete para conseguir tais ingressos. Existe uma lista, você coloca o nome nela, depois vai para a porta da Filarmônica em horários estranhos, duas, três, seis da manhã. Códigos, sinais, senhas, identificam os que estão na lista. Coisa de sociedade secreta; e é. Todo mundo fala baixo, cochicha, como se fossem conspiradores. De repente, vindo ninguém sabe de onde, surge o mensageiro com os desejados bilhetes. Faz-se a distribuição.

Por falar em Karajan, em outubro de 1982, a *Newsweek* publicou uma reportagem: *O maestro e sua magia*. Começava com uma anedota corrente nos meios musicais. Quatro dos maiores maestros do mundo estavam reunidos, a bater papo. Egomaníacos, discutiam quem era o melhor.

— O meu "som de Chicago" é reverenciado por todos e fui nomeado cavaleiro pela rainha da Inglaterra, declarou Sir Georg Solti.
— Bem, a minha turnê com a Sinfônica de Boston foi um sucesso sem tamanho. Sou o nome japonês mais conhecido e respeitado depois da Sony, disse Seiji Ozawa.
— Sim, porém existe alguém que seja tão celebrado como maestro e também compositor? A minha *Missa* foi inspirada diretamente por Deus, disse Leonard Bernstein.
— Eu não inspirei *Missa* nenhuma, gritou Herbert von Karajan.

Portão Silesiano

O nome mais bonito de estação, que me faz sonhar, fantasiar, é Portão Silesiano, *Schlesisches Tor*. Ponto final da linha 1 (a verde) que inicia em Ruhleben. Encravada em Kreuzberg, o bairro turco. Portão Silesiano é sonoro, enigmático, tem vibrações. Esse metrô tem um apelido: "Expresso do Oriente".

Muro, por toda a parte

Um dia, depois de muito pensar numa frase de Hans Christoph Buch, me bateu forte certeza de que o muro não existe apenas em Berlim. Há um muro dentro das pessoas, com as dificuldades cada vez maiores de relacionamento. Muro entre o homem moderno, ilhado em seus preconceitos e sua abalada "autoridade" e domínio, e a mulher cuja cabeça se abre e avança. Muro entre as gerações. Entre raças. Entre desenvolvidos e subdesenvolvidos. Entre socialismo e comunismo, militares e civis. Há um muro entre o nordeste brasileiro e o sul. Um espesso e intransponível muro entre Brasília e o resto do país. Muro entre o sistema que nos governa e o povo. Muro entre favelas cariocas e os habitantes dos prédios e das casas. Muro em São Paulo, a cercar pessoas fechadas em seus apartamentos, protegidas por grades, circuitos internos de tevê, alarmes, guaritas, cães. Muro, por toda a parte.

Bilhete brasileiro

Maria Eli mandou recorte do *Jornal da Tarde*. São Paulo, capital, primeiro semestre de 1982. 58 pessoas assassinadas por ladrões. 350 pessoas baleadas e esfaqueadas durante assaltos. 9.961 assaltos praticados. 251 agências bancárias assaltadas. 35.000 furtos nas ruas, residências etc. 11.209 automóveis roubados. Embaixo, ela acrescentou: "Não é melhor ficar em Berlim?".

Steglitz-Kafka

Foi fácil seguir Kafka em Berlim. Difícil foi em Praga. Ali encontrei dissimulação e informações vagas ao tentar encontrar a casa onde nasceu. Dedos apontavam, vagamente, na direção de uma rua na labiríntica cidade velha. Até que entrei no museu da sinagoga e fui acompanhado por uma velha e simpática vigilante. À saída, perguntei, por perguntar, estava quase desistindo:
– Sabe onde é a casa?...
Não me deixou terminar:
– Do escritor? Te mostro.
Era a poucas quadras dali, numa esquina. Havia um busto no ângulo de uma parede, um Kafka com penteado Elvis Presley, parecendo um garoto look-generation, desses que encontro nas ruas de Berlim. A passagem de Kafka por Berlim foi no final de 1923, início de 1924, antecâmara de sua morte. Deixou Berlim em março, para morrer em junho. A saúde explica o estado de espírito instável, os medos súbitos, a enorme calma em seguida. Mas a Berlim dúbia, ambígua, contraditória, retratada por Kafka me

parece a mesma de hoje. Feroz-pacífica-violenta-serena. Há um espírito nas cidades que nem mesmo uma guerra pode destruir, subsiste abaixo do solo, impregnado.

"Um gesto maluco, audacioso, este de vir a Berlim. Na minha situação é uma ousadia sem limites, sem nenhum ponto de conspiração, a não ser compulsando a história do passado, por exemplo, a campanha de Napoleão na Rússia" (carta a Oskar Baum, 26/setembro/23). No meio de uma carta a Max Brod (25/outubro/23), Kafka fala dos "terrores de Berlim". Dois meses mais tarde, ainda a Max Brod (17/dezembro/23), refere-se a "este feroz país estrangeiro e, o que é mais difícil, neste mundo feroz em geral". Dois dias depois (19/dezembro/23) escrevia a Robert Klopstock: "A Escola Superior de Judaísmo Científico é para mim um oásis de paz nesta Berlim feroz e nos ferozes conflitos da minha vida interior".

Um passeio ao Zoo foi dramático (a Max Brod, 2/outubro/23): "Assim que ali cheguei, perdi a respiração, comecei a tossir, me deixei dominar por um medo horrível e vi todas as ameaças desta cidade se voltarem contra mim". Havia as compensações. "Em Steglitz a vida é agradável, as crianças, tranqüilas, a mendicidade não assusta... Fico feliz em caminhar pelas alamedas sossegadas" (a Robert Klopstock, 16/outubro/23). "Levo uma vida quase rústica, fora do alcance tanto da crueldade quanto da pressão pedagógica de Berlim" e "Minha rua é praticamente a última da cidade, depois daqui tudo se afunda na tranqüilidade de jardins e vilas" (a Max Brod, 25/outubro/23).

Seus dias eram curtos, confessava. Acordava às nove da manhã, mas passava boa parte do tempo deitado, principalmente depois do almoço. Há um trecho curioso, absolutamente idêntico, em duas cartas que Kafka enviou: uma a Klopstock, outra a Brod, em dezembro desse ano. Ele revela: "Sou muito fraco para o ensinamento prático, muito inquieto para o teórico". Um de seus passeios favoritos era o Jardim Botânico, a poucas quadras de sua casa, quando morou na Grunewaldstrasse.

O que dizia a placa?

Fui em busca da primeira casa de Kafka. Ele forneceu, nas cartas, três endereços: Miquelstrasse, 8 (Steglitz), quando chegou, a 26 de setembro. Em novembro, mudou-se para a Grunewaldstrasse, 13, casa de H. Seifert. A partir de 1º de fevereiro, foi para a casa do dr. Busse, na Heidestrasse, 25-26. A Miquelstrasse fica no ponto final dos ônibus 19, 29 e 50, próximo a Roseneck. Travessa da Hohenzollerndamm. Uma rua de casas modernas, absolutamente anônima, poderia ser deslocada para o interior do Brasil, ou dos Estados Unidos, poderia ser Argentina. Possui a impessoalidade de um tipo de arquitetura moderna, standardizada para o mundo através de uma internacionalização de conceitos. Ou através de revistas de decoração, sabe-se lá. O número 8 é uma pequena vila, casas brancas com jardinzinho na frente. Nada restou dos anos 20.

Parti para a Grunewaldstrasse, número 13. Fácil de achar, ela começa no ponto final do metrô Osloer-Rathaus Steglitz. É exatamente a rua ao lado da prefeitura do bairro. Dezenas de casas antigas, não atingidas por bombas, ou restauradas. O 13 me pareceu da época, um sobrado amarelo, telhas vermelhas. Junto à porta, havia uma placa. Mas o portão do jardim estava trancado. E a placa escura demais para ser lida. Me debrucei sobre a cerca, mas as pessoas da casa começaram a aparecer na janela, a me observar com rostos intrigados. Se sabem que Kafka morou ali (e certamente sabem) devem ter dito: mais um intelectual curioso. Se não sabem, desconfiaram logo. Achei melhor não terminar o desenho que fazia da fachada.

A Heidestrasse foi mais difícil. Encontrei no mapa uma Heidestrasse. Um pequeno beco, final de uma vilazinha metida dentro do bosque, em Wannsee. A numeração terminava no 10. Não havia o 25. Foi na AutorenBuchhandlung, certa manhã, que me aconselharam procurar o maior especialista em Kafka, o editor

Klaus Wagenbach. Antes disso, ali mesmo na livraria, foi encontrado um livro de fotografias de Berlim, *Über Damm und durch die Dörfer*, de Renate von Mangoldt. Essa fotógrafa, apaixonada pela cidade, me dava a informação que precisava. Heidestrasse tinha outro nome. Chama-se hoje Busseallee, em homenagem ao dr. Carl Busse, que havia hospedado Kafka. Ponto final do ônibus 48. Grande bosque, mansões. A casa do dr. Busse, antigamente número 25-26, hoje é o 7. Amplo sobrado, nos fundos de um terreno ascendente, cercado por gramado e poucas árvores. Oito grandes janelas e uma varanda circular. A parede frontal ornada com desenhos simples, flores.

Era uma tarde cinzenta, muito fria, de janeiro, quase cinco da tarde, a rua deserta. Num jardim, um homem de botas amarelas empilhava lenha. Parei diante da casa 7, toda fechada, e fiquei esperando, vendo/imaginando Kafka sair para um passeio, Kafka atrás dos vidros (qual das janelas seria o quarto dele?). Teria escrito alguma coisa nesta casa? Essa estranha Berlim possibilita, quando se quer, uma intemporalidade, a eliminação de barreiras. Esse é um dos aspectos da cidade que me fascinam, me mantêm preso a ela. O recurso de me deslocar no tempo, conseguindo a atmosfera, a reconstituição de um clima particular, meu. Viajo por dentro de um tempo, cuja luz e ambiente eu determino, segundo uma memória que me ativa. Ou segundo aquilo que penso que seja memória, mas talvez nada mais seja que um envolvimento que busco, sem atingir, porque ainda não sei qual é, nem onde está. Apenas sinto que em Berlim me aproximei de meu santuário privado, pátio interior, sombreado e impreciso.

Bilhete brasileiro

Glorinha Mônaco comunicou: "Fui ao cabeleireiro, comprei vestido novo e saí arrumadinha no dia da eleição. Afinal, ia votar pela primeira vez na vida, merecia o arranjo de festa".

Achei a casa da máquina (II)

Solução do mistério: o edifício vinho-azul nada mais é que o instituto de provas marinhas, onde se analisam fatores temporais, climáticos, oceânicos. Onde também se verifica a resistência de materiais que terão contato prolongado com a água. Um simples departamento da Universidade Técnica.

Pacifismo

Cada manifestação reúne de quinhentas a oitocentas mil pessoas. O pacifismo é dos poucos assuntos em que os alemães são unânimes. Hoje em dia, são seiscentos grupos no país a trabalhar pela organização e manifestações. Os pacifistas englobam estudantes, feministas, protestantes, católicos, marxistas, verdes, liberais, conservadores. Tem de tudo. Não existe um só segmento da sociedade não representado. A Alemanha foi dos raros países em que o movimento de 1968 continuou em evolução, avançando e se transformando. O pacifismo é filho de 68.

Em 1983, além das concentrações regionais e passeatas, dois episódios comoveram a opinião pública mundial. Como a estrela humana que ligou as embaixadas "aliadas" em Bonn (refiro-me à aliança que durante a guerra derrotou o nazismo). E uma idéia nascida em Stuttgart ocupou as páginas da imprensa mundial: imensa cadeia humana, as pessoas se dando as mãos, ligou o QG das forças norte-americanas, em Eucom, à base de Willey, que deve receber parte dos malfadados *Pershing* 2. Cem mil pessoas se uniram por quilômetros e quilômetros.

Para os alemães, o problema dos euromísseis está acima dos partidos e das simples idéias políticas: é questão de vida ou morte, sobrevivência. À acusação de que estão servindo a interesses soviéticos, o movimento respondeu: "Pro inferno os blocos, capitalista ou socialista. Estamos usando o nosso direito da expressão democrática, sabemos o que nos convém e o que nos interessa.

Uma Alemanha forrada de mísseis é o que menos queremos. Se essa atitude chateia um dos blocos, azar o dele". De qualquer modo, o pacifismo representa um dos muitos instantes desse país que tenta mudar seu rosto. Numa entrevista à revista francesa *Le Point*, Richard von Thadden, antigo reitor da Universidade de Göttingen, um dos homens de confiança do ex-chanceler Schmidt, disse: "Os grupos de esquerda ou extrema esquerda não se constituem nos maiores componentes do movimento pacifista. Existem dentro dele também elementos de direita que estão inquietos com o desenvolvimento industrial do país. Toda uma fatia da população tem medo de um progresso técnico exagerado que poderia se tornar incontrolável. Por exemplo, a morte das florestas é o problema número um da Alemanha. É por isso que muitos filhos de camponeses que não têm nenhuma tradição de esquerda estão engajados nas fileiras pacifistas. Através dessa luta esperam deter a expansão técnica que destrói o meio ambiente. O sucesso econômico desempenhou um papel vital na consciência alemã após 1945. Porém, a inflação e o desemprego colocaram tudo isso em questão. Acho que o pacifismo é uma espécie de substituto político às virtudes da potência econômica, na qual acreditamos até esse momento. O pacifismo permite, pela primeira vez, à RFA existir politicamente sem se referir a seu poderio econômico.

"O protestantismo exerce papel fundamental dentro do movimento. Nas duas Alemanhas, o movimento se exprime particularmente através da *Kirchentag* (grande assembléia das Igrejas protestantes). A reforma de Lutero teve uma dupla conseqüência na psicologia alemã. A divisão do país em católicos e protestantes ensinou os alemães a viver com conflitos ideológicos, o que permitiu ao povo superar a confrontação política entre RDA e RFA. Os protestantes são mais abertos aos problemas do mundo que os católicos. Hoje, a noção de paz é uma nova expressão dentro do espírito que oscila entre a fé, a piedade e o olhar aberto para o mundo. É por essa razão que o pacifismo é tão importante em qualquer uma das duas Alemanhas."

Um dos melhores cartazes produzidos pelo movimento pacifista alemão. Não é preciso senão mostrá-lo e talvez traduzir aquela palavra gigante: NÃO.

Claro, tem manual

O movimento pacifista também tem seu guia. Cento e vinte e quatro páginas, editado pela Rowohlt, em 1983, fornece idéias gerais a respeito do assunto, informações sobre os vários grupos, endereços, programação. Chama-se *Livro de Ação para os pacifistas* e não deixa ninguém na mão.

Saiba que...

Para se ter idéia do dinheiro empregado em armamento nuclear e do que significa, basta dizer que um porta-aviões atômico custa tanto quanto a produção de 2,8 milhões de toneladas de trigo. Um bombardeiro a jato corresponde a 100.000 toneladas de açúcar. Uma redução para metade das forças armadas e armamentos na Europa central forneceria meios para a construção de hospitais em que poderiam ser atendidos entre 600 a 800.000 doentes.

Sorrisos

Berlim amanheceu povoada de sorrisos. Risos que tomavam todos os rostos, dentes claros aparecendo. Sorrisos nos muros, paredes, pôsteres, vitrines, estações, *kneipen*, centros culturais, ruínas, prédios ocupados. Contagiava olhar aquele pôster da Nicarágua, onde sete milicianos riam felizes, depois da revolução: *Nicarágua: vor uns die Mühen der Ebene*, cartaz para promoção de semana de debates sobre problemas políticos e culturais da Nicarágua, promovido pelo Centro de Artes de Kreuzberg. Um centro de intensa atividade junto a minorias, com ateliês, estúdios, auditório, localizado no que foi antiga igreja e convento, na Mariannenplatz, a linda praça cor de vinho, onde os turcos, nas tardes de domingo, se reúnem com as famílias na grama; ali é o coração do bairro. Por dez dias, o sorriso de uma mulher belíssima no centro do cartaz encantou e iluminou Berlim.

Vitoriosa. Satisfeita. Intensamente alegre. O sorriso amplo da morena de Nicarágua espalhou-se por Berlim inteira, dias e dias. Mudou um pouco a cidade, iluminou tudo. O riso espontâneo de uma alegria que vinha de dentro, que nasceu de uma conquista, de mudança radical em tudo. Riso é sempre bom.

Mulheres/Feministas/Lésbicas

Inventei que o melhor meio de aprender alemão seria sair pelas ruas a decifrar tabuletas, grafites, cardápios de restaurantes. A paciente professora Ute Hermanns concordou, para não me desagradar. Uma tarde, passávamos pela Knesebeckstrasse e diante de uma livraria, a *Lilith*, de jeito simpática, letreiro de néon, Ute disse:

– Espera um pouco, vou ver se saiu *Perto do coração selvagem*. O grupo daqui trabalhou muito pela edição de Clarice.

Como havia uns livros que me pareciam interessantes (para ler, ainda me virava, falar é que eram elas), fui atrás de Ute. No que entrei, uma mulher avançou sobre mim, aos gritos: *Ponha-se para fora, é proibido*. Nem entendi direito, ela repetiu: *Fora, fora*. Ute correu a me explicar que homens não podiam entrar nessa livraria. A mulher deu outro grito: *Fora*. Não me empurrou, nem me tocou, porque alemão não é disso. A *Lilith*, assim como a *Labrys*, são livrarias exclusivamente de e para mulheres. Um amigo (certamente machista-chauvinista) garantiu que nem grávida entra, porque não se sabe se o bebê é homem ou não. De todo jeito, discriminação continua sendo discriminação, venha de que lado for.

À parte esses exageros normais em movimentos de posições obrigatoriamente radicais, a cena feminista (ou feminina) alemã é ativa, ampla, organizada. Possui uma revista muito bem-feita, de distribuição nacional, a *Courage*. Existem em Berlim centros de proteção, informação, ajuda, amparo psicológico e também jurídico, além de *free-clinics*. Os principais endereços são: *Frauenzentrum*, na Stresemannstrasse, 40, em Kreuzberg, rua que fica entre a estação Halleshes Tor e o muro (antigamente terminava numa das praças mais importantes de Berlim, a Potsdamer). *Feministisches Frauengesundheitszentrum*, na Kadettenweg, 77 (assistência de saúde). *TUBF – Therapie und Beratung für Frauen*, Mommsenstrasse, 52, Theffra, Suarezstrasse, 23 e *PSIFF – Psychologische Initiative für Frauen*, Horstweg, 27, auxiliam em terapia e psicologia. Assuntos gerais: *Frauenhaus*, fone 826-3018, Frauenforschungszentrum, Danckelmannstrasse, 13 e *Lesbisches Aktionszentrum*, Kulmerstrasse, 20-A. Exclusivos de mulheres são: Café *Cralle*, Hochstädter Strasse, 10 (em Wedding) e o *Café-bar für Frauen*, Graefestrasse, 92 (Kreuzberg: tome o ônibus 28, te deixa perto). Na Bleibtreustrasse, 5, há uma galeria de arte, a *Frauengalerie Andere Zeichen*.

Mulheres e homens

Work in progress. Continuo encaminhando o livro. A relação homem-mulher no Brasil. Dificuldades de ligações. Separações. Gente que se ama e não consegue viver junto. O que se passa nas cabeças? Depois de anos e tanto o romance está claramente delineado, tenho vários trechos armados. Pedaços de capítulos chegam aos borbotões. Reminiscências. Situações acionadas por visões-impressões berlinenses e que desencadeiam ligamentos com o Brasil. Cartas me trazem os amigos, os problemas, o meu país. Leitores desconhecidos me elegem confidente. A distância provoca álibis. Escrever uma história atual, de amor. Ao contar o projeto a uma amiga, ela comentou: "Se viver uma história de amor é difícil, imagine escrever". Um livro sobre o amor, com final feliz. Happy end. As pessoas estão precisando de um final feliz no Brasil. Penso no título antigo: *Afinal, o que estamos fazendo em Berlim?* Não, *O beijo* é melhor.

Carta a um poeta brasileiro

Caríssimo Cláudio Willer,
Mergulhado na banheira, flutuo numa solução de permanganato de potássio, qual Danton dentro de águas violáceas. Leio um livro que encontrei esta tarde, *As ever*, carta (de e para) entre Allen Ginsberg e Neal Cassady. Tenho paixão (já disse em algum

lugar) por dois tipos de livros: biografias e correspondências. As cartas de Ginsberg-Cassady falam de literatura, poesia, drogas, amor, viagens, american-way-of-life, marginais, beat generation. Percebo que nos últimos meses venho sendo tocado e retocado pela beat generation, através de pequenos sinais, acionando a memória que me leva a uma série de situações.

Em tardes melancólicas e solitárias, eu passava horas no Museu do Rádio, na Funkturm, junto ao Messegelände, olhando velhos aparelhos, lembrando os tempos de infância quando ouvia a Rádio Nacional, o programa *Balança, mas não cai* e ajudando minha mãe a fazer faxina geral na casa, um costume do interior. Aqui, a página de um catálogo do construtor de rádios em 1942.

1. Passo por uma loja que aluga e vende filmes em videoteipe e dou com um título: *Heart beat*. Estranho, porque é um filme nada comercial, nem de interesse tão amplo, mas enfim estava lá. Filme que vi em Nova York, anos atrás, e mostrava o relacionamento entre Jack Kerouac, Neal Cassady e Carolyn Cassady, mulher de Neal. Os três formaram um ménage por anos. A película foi baseada num livro escrito pela própria Carolyn.

2. Numa livraria, encontro um sobrenome conhecido: Kerouac. Só que em vez de Jack, é Ian, sua filha, mulher hoje de trinta anos e que escreveu um livro na trilha do pai: *Baby driver*. A tradução do título para o espanhol é terrível: *Una chica de carretera*. A foto da contracapa mostra uma mulher bonita, rosto forte e marcante. Tentei sobrepor a foto de Jack, não consegui. Nem tinha necessidade.

O livro é fraco, porém mostra aspectos curiosos de Jack Kerouac. O homem que foi rompedor dentro da literatura, que pertenceu a um grupo que impôs nova visão de vida dentro da sociedade norte-americana, subitamente surge como um quadrado, mentalmente classe média, extremamente preocupado em examinar o sangue de sua filha, apenas para ter certeza que era sua, "sangue do seu sangue". O outro é Jack no final da vida, imobilizado numa cadeira, bebendo, vigiado pela mãe.

Aspectos da contradição humana, dos paradoxos em que nos metemos, da ambigüidade do homem. No entanto, não deixa de ser destacável. Ou a vida toda Kerouac teria procurado pela mãe? Primeiro a *mãe América*, cuja face ele rejeitava do modo que lhe apresentavam (e com ele toda a beat generation). Depois, a mãe verdadeira.

3. Numa outra livraria, compro um volume em inglês, *Literary San Francisco*, dicionário histórico de tudo o que houve naquela idade, um dos redutos dos beatniks. Há biografias, comentários, fotografias. De pessoas e de leituras – nos cafés e nas livrarias e nas salas de editoras (a *City Light Books* foi essencial no lançamento da literatura beat). Tenho compulsão por ver fotos das

pessoas, ficar olhando os rostos, a boca, imaginar como falam, ouvir as vozes. Nunca me esqueço o desapontamento que foi, certa vez, ao ouvir o disco onde há a voz de Ernest Hemingway, lendo trechos das obras e o discurso de aceitação do prêmio Nobel. Esse álbum sobre a cena literária de São Francisco foi organizado por Ferlinghetti e Nancy J. Petersy. E foi lá que encontrei uma opinião mordaz sobre o livro (e o filme) *Heart beat*: "Carolyn Cassady years later wrote an account of her life with and without Neal and Jack. It was published as *Heart beat* in 1976, and was schlepped into a Hollywood movie two years later, much to the mystification of those who had known the originals in real life – the films become a kind of spurious documentary (or 'pop doc')".

4. Começo de fevereiro, na *Akademie der Künste*, em Berlim, leitura de Allen Ginsberg. Disputo um lugar a seis marcos. Platéia cheia, gente misturada: homens de terno e gravata, tipos à vontade em jeans e tênis, punks, etc. Fiquei imaginando que talvez esses homens de terno e gravata, entre quarentões e cinqüentões, fossem jovens em fins da década de 50, começos de 60, quando os beatniks se promoveram no mundo. Eu queria ver Ginsberg. Ver. Como é esse homem sobre quem leio há mais de vinte anos? Poeta que atravessa a história literária dos EUA, homem-guia, homem-estrela. Não estrela no sentido de star hollywood, mas sim a estrela que apontou aos magos a direção da manjedoura. Queria ver o homem que rachou preconceitos (drogas, homossexualismo, política), desafiou uma sociedade, buscou no Oriente a compreensão para os problemas ocidentais (encontrou? não encontrou? cedo para se analisar o alcance da mistura jazz-zen-etc.). Uma coisa entendi, ao olhar aquele homem alto, de calças brancas compridas demais, camisa vermelha e gravata com laivos dourados: ele não é como nós. Sujeito de ótima aparência, para quem submeteu o corpo a toda sorte de experiências com drogas, bebidas e estimulantes. Algo em Ginsberg apontava na direção de onde surgiria mais tarde um Castañeda. Senti um arrepio ao pensar que Ginsberg tem quase sessenta anos. Os homens que desbravaram

terrenos neste mundo ultrapassaram a casa dos quarenta, dos cinqüenta: Beatles, Rolling Stones, Fidel Castro. Os jovens da revolução de 68 também estão nos quarenta ou próximo deles. Em Ginsberg há uma aura. Não é mitificação minha, existe um astral que o envolve e me faz gostar dele. Não me fez gostar enquanto cantava, num tom que misturava o monocórdio oriental com a monotonia melódica do country. Porém, quando leu seus textos, como um do *Nuclear octopus* (O polvo nuclear), Ginsberg cresceu, tomou o palco, se transformou. Que melhor lugar para se falar do polvo nuclear que Berlim?

Imagens começaram a me remeter de volta. Final da década de 50, pensão da Alameda Santos, em São Paulo, Brasil. O sábado é esperado com impaciência, porque é dia do caderno B do *Jornal do Brasil*. Não havia semana em que não houvesse um texto sobre Ginsberg, Gregory Corso, Kerouac, Ferlinghetti, Rexroth, Burroughs, Orlovsky (que esteve na leitura com Ginsberg, em Berlim). Foi no caderno B que lemos pela primeira vez Norman Mailer, e me lembro que Zé Celso Martinez Corrêa passou semanas com o artigo colado na parede ao lado de sua cama, um mundo de trechos assinalados a lápis vermelho. Eu fazia confusão, não via muito bem como relacionar os beatniks e sua forma de ver o mundo, aquele botar o pé na estrada em longas peregrinações pelos Estados Unidos, a sua poesia violenta e nova, a sua recusa em participar de uma sociedade com a qual não concordavam, a sua rejeição num país mais desenvolvido ainda, o seu protesto (já) contra a nuclearização de engrenagem, eu não sabia como colocar tudo aquilo em termos brasileiros, sendo o nosso um país onde tudo estava (e está) por fazer. Ao transferir aquele comportamento para termos brasileiros, tudo perdia o sentido, as peças não se encaixavam. Os beatniks nos encantavam com sua revolta que, na época, nos parecia meio sem rumo, mas que hoje pode ser visualizada num contexto mais amplo e abrangente.

Herdeiros de um existencialismo reciclado, do ovo beatnik nasceram hippies e punks, e todos os alternativos que se opõem a uma sociedade que, superdesenvolvida, ameaça se fossilizar, mergulhada na estagnação. Uma sociedade que avançou tanto que cedeu lugar ao automático, abandonou o humano, e acabou caindo dentro de problemas sociais e econômicos profundos. Curioso, europeus e americanos costumam se vacinar contra tifo, febre amarela, malária, ao entrarem em países do Terceiro Mundo. E nós do Terceiro Mundo não somos obrigados a uma vacina antiindustrialização, "desenvolvimento" quando viajamos para os "desenvolvidos".

 P.S. 1: Desse modo, em Berlim me reencontro, uma vez mais.

 P.S. 2: Não imagine pelo que digo que incluo Norman Mailer como beatnik. Por coincidência, seu *White negro* foi publicado no mesmo caderno B que esperávamos com ânsia.

 P.S. 3: As leituras de poesia *beat* nos bares e locais públicos antecederam o trabalho dos poetas alternativos brasileiros que estão nas ruas. Não me esqueço da influência de Evtuchenko; todos produtos do mesmo tempo. Lembrança Lindolf Bell e Álvaro Alves Faria.

 P.S. 4: Por que eu estava mergulhado numa banheira de águas violáceas? Uma alergia de pele me levou a um tratamento de meses, e lá ficava eu.

E o Leste?

Por que não falo da "outra" Berlim, a que fica do "lado de lá", a do Leste? Não posso falar, não vivi lá. Fiz passeios ocasionais. Foram muitos. Ia ver as peças de Brecht no *Berliner Ensemble*, atravessava com amigos para dar umas voltas – que não passavam do centro, ali pela Alexanderplatz. Uma vez fomos mais longe, até Köpenick, onde nos sentamos num bar, a tomar uma cerveja boa e gelada, oito vezes mais barata que a cerveja do Oeste. As observações que fiz foram incidentais, casuais, eu diria superficiais. Fui sempre bombardeado por boatos, exclamações, cifras que não sei se correspondem à verdade, porque cada um diz uma coisa em relação a esta Berlim, que tem uma atmosfera diferente (sente-se no ar), mais sóbria, austera. Fiquei um ano e meio no Oeste e tenho medo de certas afirmações. Como analisar um lugar de rápidas passagens? Não posso.

Oh, ja-ja-ja (I)

Peter Orlovsky, poeta norte-americano, companheiro de Allen Ginsberg na leitura conjunta na *Akademie der Künste*, foi um estrangeiro que percebeu logo e, em seguida, incorporou à sua poesia, ao show, essa característica alemã (não me parece só berlinense) de afirmar *oh, ja-ja-ja*, ô!, sim-sim-sim, afirmar, *oh-ja-ja-ja*, afirmar, mesmo quando está negando, *oh, ja-ja-ja*. Um dos paradoxos alemães. Orlovsky, simpático e agitado, irônico, transformou a expressão em elemento de sua poesia-apresentação. Negando na afirmação, incluía-se neste grupo que afirma seu país, mas nega o sistema que o governa, os rumos para onde caminham as coisas. E nisso, *oh, ja-ja-ja*, Orlovsky poderia ser também alemão. Ou brasileiro. *Ja-ja-ja, oh!*

Oh, ja-ja-ja (II)

No Europa Center, shopping do centro de Berlim, a atração é o relógio de água. Os turistas embasbacados esperam o clímax: a uma da tarde se esvaziam os tubos e a água faz um movimento colorido e ruidoso, provocando excitação.

Olhe essa vitrine e segure-se: já viu sapato maior que aquele? Número 54 ou 56. De homem e mulher. Qual será o tamanho de um sujeito que tem tal pé? A loja, chamada *Pesão*, também atrai.

A torre de tevê de Berlim Leste (365 metros de altura), visível por todos os lados, exibe sua bola de alumínio prateada. Quando o sol bate, forma-se uma cruz nas placas metálicas.

"Vingança do Vaticano", ironizam os ocidentais.

"Não é cruz, e sim o sinal +, de soma. Significa mais socialismo", rebatem os orientais.

Carros estacionados ao longo da Ku'damm ostentam placas: *vende-se*, um dos grandes mercados de automóveis.

Numa loja, a vitrine exibe radiante Lamborghini. Duzentos mil marcos. Oitenta mil dólares. Verdade que só existem três em Berlim?

Casais maduros entram na *Discoland*. Nostalgia de rocks e músicas de época. Jovens se penduram na balaustrada do *Twenty One*.

As lanchonetes *Wienerwald* (Bosques de Viena), sucesso da década de 60, vivem vazias. Vendem frango frito. O dono é amigo do líder direitista Strauss. Tem algo a ver com a decadência? Boicote?

Se quer motociclistas vá à *Spanische Allee*, próxima a Wannsee. São milhares. Um imenso mural vive recoberto por mensagens que se amontoam umas sobre as outras, é o elemento de comunicação.

As livrarias (agora) exibem em abundância livros sobre o III Reich. Cinqüenta anos da ascensão de Hitler. Chegou o tempo de explicar tudo direitinho ao povo, aos jovens.

A ascensão do Reich, os homens do Reich, a filosofia do Reich, os campos do Reich, os massacres do Reich, a arquitetura do Reich.

Tropical Déco, Cultura Industrial, Fabergé, Gallé, História dos Bondes de Berlim, Mansardas de Berlim, Sinagogas de Berlim, Castelos de Berlim, Pontes de Berlim (li que são 538).

Já escreveram tudo que era possível escrever sobre essa cidade? O que estou fazendo agora?

arquitetura Jugend, Zille – o humorista-crítico da cidade, postais de Schiefler.
arquivo da Bauhaus.
Gropius, Mies van der Rohe, Alvar Aalto,
Escher, Klee, Morandi, Leonor Fini, Photorealism,
Die Berliner Sezession,
Ein Bitt, bitte!
Käsekuchen, turistas de mapa na mão,
arquitetura apressada do fim da guerra,
arquitetura melhorada dos anos cinqüenta,
em sessenta tem milagre econômico, refinamento.
em setenta especulação imobiliária,
a flecha corisca por dentro do círculo: casas ocupadas,
Berlim so wie es war,
Gut gelaunt geniessen,
Royal Air Force – British Berlin Yacht Club
Dogs Patrol Warning
R 6, HB, Lotto, Totto, Spiel 77, Berliner Bank, Deutsche Bank, Commerzbank (quanto o Brasil deve aos bancos alemães?), Eduscho,
Veja primeiro o que Quelle tem
leaving american sector
can   tor
can't   or   oder
canto
cantochão
E os mortos no muro? Visite o museu.

Vai te buscar

Estava à vontade, me sentindo em posição cômoda, meus problemas brasileiros afastados de mim. Uma cúpula de cristal a me proteger, redoma onde a minha realidade não me atingia. Até o dia em que liguei a televisão para o noticiário e o que entrou na sala? Transmitidas ao vivo, as imagens do quebra-quebra havido em São Paulo, no início do governo Montoro. Ali, dentro de Berlim, violando meu refúgio, entrava São Paulo, a minha gente, a romper vitrinas, saquear roupas e comidas. Uma sensação desagradável de deserção tomou conta de mim, inteiramente. Ao mesmo tempo, uma impressão de que não há mais fuga no mundo de hoje. A nossa realidade vai nos buscar onde quer que a gente esteja.

Mistério matutino

Seis da manhã, tocam a campainha. Com insistência. Quem pode ser? Me assusto. Passo a corrente (mesmo numa cidade em que a violência não é como na maioria das grandes capitais, sempre podem acontecer surpresas), abro minha porta, acendo a luz do corredor, toco o botão, espero. Vejo subir a escada um rapaz de uns vinte e cinco anos, bem-arrumado. Polícia? Ladrão? O quê? Correio não pode ser a essa hora, mesmo que fosse telegrama urgentíssimo. O rapaz anda desajeitado. Sente-se mal ou está bêbado? Chega até mim e desanda a falar rapidíssimo. Aviso que compreendo mal o alemão, peço que vá devagar. *Langsam, langsam*, dizia Frau George no meu intensivo. O moço não parece ouvir. Não compreendo nada e não sinto cheiro de bebida. Digo a ele que toque num vizinho, no andar de cima, tem uma gente simpática. Engraçado, eu nem estava puto da vida, nem com medo. Somente intrigado, me detestando por não saber o alemão, nessa hora. O rapaz ficou no hall, indeciso, dizendo para si mesmo:

"Não entende alemão, não entende alemão". Virou-se, desceu. Fechei a porta, fui olhar pela janela, caminhava pela rua, com o mesmo jeito sem jeito. O que procurava, queria?

Delírio no Portão Silesiano

Trens suspensos pela cauda,
óculos frios, aros de aço dormem sem lentes
a fumaça branca das fábricas rasteja pelo asfalto
que cheira Johannisbeere negra cozida.
Cães danados ladram aos carrinhos de bebês,
atletas de sunga fazem exercícios nas barras de aço trefilado,
mulheres musculosas e suadas se olham nos espelhos contentes com as intermináveis viagens do metrô
que atravessa o Portão Silesiano.
Pandas exaustos rondam pela janela fotografando turistas
que correm para procriar em cativeiro
e assim salvar a espécie.
Gramados imensos com vastas extensões secas,
brilham com o esperma estéril de homens nucleizados.
Colombo coloca de pé a ogiva de um foguete.
Cercas sem telas sem arames sem mourões impedem o jogo
de futebol dos loucos do hospício de Wiesbaden
onde computadores controlam as vidas.
Hortas seminais, os buracos dos Pershings estão assinalados: Reservé occupied reserviert com cartões tirados dos aviões da Panam BUA AF que circulam pelos corredores aéreos autorizados.
Arbeit-arbeitseos, domingo, paz do domingo, paz.
Tintas esparramadas: tanta cor cinza campos organizados.
Botas e bonés, campainhas e echarpes voando sob as rodas estrangulando bailarinas.
Cabelos de nuvens, dores musculares nas patas sem ferraduras, caminhões vermelhos incendiados.
Contagem regressiva guitarras sem cordas, guitarras embriagadas, cabelos secos, relógio de água do Europa Center, punks em Oranien.
Bancos caem nas fontes nas tardes de verão, sacos plásticos estouram ao sol

descartáveis, como as vidas humanas.
A efígie de Ludwig, rei da Baviera.
O homem come lápides nos túmulos, granitos se desintegram, ácidos, pós, fumaças, Christianes Fs, torres submersas, pavões nas ilhas, cartas entregues sem destinatário, Brezel de areia comido pelo vento da Ku'damm.
Sonderpreis, genau, richtig, billig, oh, ja-ja-ja.
Passeios dominicais pelos bosques, velhos de terno andando pela floresta, gente andando pelos campos, andando, andando, como Herzog e Wenders andaram a pé, atravessaram a Europa.
Alemanha, por que tanto medo do futuro?

Diferente

"Quem é diferente ou quer ser diferente, deve vir para Berlim. Aqui você é normal sendo diferente. Sente-se bem sendo diferente. As pessoas que não concordam com a visão de mundo que foi imposta a elas por educação e condicionamento se refugiam em Berlim", escreveu Stefan Schaaf, de vinte e oito anos, jornalista do *Die Tageszeitung*.

Folhas

Pequeno parque junto ao metrô Turmstrasse. Outono.
Sentado num banco frio, há uma hora contemplo as árvores, vendo folha por folha se desprender, sem interrupção, uma atrás da outra. A haste frágil se solta, a folha revoluteia, desce dançando e se deposita com suavidade sobre o cascalho negro. O amarelo da folha é forte e posso ver com clareza as nervuras. Milhares delas, vermelho sobre o claro. Algumas folhas ainda mantêm o tom esverdeado. Há uma incógnita. Não, a palavra é outra, talvez

transcendência, nas folhas que caem. Mortas. Estarão mortas verdadeiramente? O jardineiro fez um monte delas, bastante grande, e se foi, enquanto outras folhas se desprendem continuamente, ritmadas. Amarelas sobre o cascalho negro. Não consigo me levantar daqui, e as folhas caem. Caem.

A folha
que se desprende
me prende.

Berlim foi aquilo que sempre considerei o ideal para uma cidade. Nem megalópolis, nem província. Oferecendo vantagens e desvantagens das duas. Nesta cidade me reencontrei muitas vezes, divisei luzes e instantes que estiveram dentro de minha vida em determinados momentos. Cidade mágica, complexa, paradoxal, refúgio e verdade. Cidade que é aquilo que queremos que ela seja.

Anos Noventa/De volta a Berlim

Milhares de páginas (em livros e na mídia), em centenas de línguas, foram geradas pela queda do muro, debatendo o destino de Berlim, o fim do socialismo, o ocaso do comunismo, o futuro da Alemanha, da Europa, do capitalismo. Este livro passa ao longo disso. Recorro, uma vez mais, a Bernard Cailloux, escritor que nasceu na cidade de Erfurt, Turingia, parte oriental e mudou-se para o ocidente antes da divisão da Alemanha. Em 1978, ele radicou-se em Berlim e "precisou de dez anos para se adaptar, conhecer e começar a compreender a cidade". Dez anos para um alemão. Portanto, não esperem de mim a definição de uma cidade indefinível. Nem análises político-econômicas sobre a questão da reunificação alemã, como será a Alemanha e seu papel na Europa, agora que a Europa é um país. Não vim ao mundo para explicar nada.

Aqui estão informações/apontamentos sobre os primeiros tempos após a queda do muro. Visões de 1992 e de 1994. No final, a visão 2000. Olhar estrangeiro, vôo de pássaro. Videoclipe. Sensações/visões de uma cidade/país através do olhar do homem comum nas pequenas situações do cotidiano. Apesar de existir agora uma cidade só, vou ainda utilizar as denominações Berlim Ocidental e Berlim Oriental, como questão de referencial. Cada um sinta a sua maneira.

Penetrando nas mudanças

O DAAD nos colocou em um apartamento da Schluterstrasse, a uma quadra da Ku'damm. Aqui Rubem Fonseça morou em 1989. Primeira visita à cidade sem o muro. Agora, casado outra vez, tinha Márcia para dividir impressões, existia outro olhar para me fazer contemplar de maneira diversa recantos familiares. Nem nos preocupamos em desfazer malas. Partimos. Turmstrasse permanecia igual. Há, em certos lugares, uma imobilidade tranqüilizadora, às vezes necessária para nos recompormos. Ainda mais para um brasileiro. Decidimos passar pela Keithstrasse, 16, onde morei. Reencontro comigo. O nome na campainha era outro, não o do antigo morador, um professor de Física. Talvez o apartamento continuasse alugado. O balcão que eu mantinha sempre cheio de vasos com flores estava vazio. As janelas empoeiradas. A galeria de arte Büchen (Berlim-Hannover) existente no térreo fora substituída por uma loja de computadores.

Caminhando, descobrimos o que eram as "miniplataformas" de foguetes. Guindastes de construções. Altos, esguios. Elementos antes raros, uma vez que ali pouco se construía e quando se construía eram edifícios baixos. Os sons de serras, vibradores de cimento e betoneiras eram quase desconhecidos pelos berlinenses. Agora, em índices bem mais baixos do que no Brasil, eles se incorporaram ao cotidiano. Logo todos repetiriam para nós o chavão: Berlim se tornou um canteiro de construções.

Passamos pela esquina da Kurfürstentrasse com a Budapesterstrasse, vizinha a Keithstrasse, onde existia um terreno baldio, cheio de poças de água, usado como estacionamento. Nos quinze meses que morei aqui, entre 1982 e 1983, o terreno permaneceu intocado. Assim estava em 1987, quando da comemoração dos 750 anos da cidade. Agora, se mostrava ocupado por um prédio moderno, marrom, com lojas e escritórios. A cidade está sendo reconstruída, reformada, restaurada. Modernizam fachadas, aumentam andares. Quadras inteiras fechadas por tapumes. Cores tomam as paredes, tentando eliminar a Berlim cinzenta. Pinturas *trompe l'oeil* imaginativas dominam enormes espaços. Janelas tortas parecem verdadeiras, portas se abrem para o vazio, sapatos ameaçam pisar sobre nossas cabeças. Há humor. Pena que a longa locomotiva pintada nas paredes frente à estação S-Bahn de Savigny Platz esteja descascando e desaparecendo.

Perdido no Palácio das Lágrimas

Friedrichstrasse. A velha estação fez parte, com intensidade, de minha primeira temporada berlinense. Uma vez por semana eu circulava em Berlim Oriental. Tinha fascínio por aquela cidade com atmosfera dos anos 40/50, estacionada no tempo, marcada pela artilharia da guerra, mal iluminada à noite, deserta, misteriosa, com um cheiro diferente, sem poluição visual (a não ser slogans socialistas), ameaçadora – sem detectar de onde vinha a ameaça – com vitrines semivazias e supermercados onde tudo tinha um aspecto grosseiro, rude, mas autêntico, simples, quase ingênuo aos olhos capitalistas, sem o nervosismo da concorrência nas embalagens vistosas e enganadoras.

As impressões ali era muito pessoais, não compartilhadas interiormente por Márcia, que não viveu um tempo mais longo na cidade (no entanto, sensível, ela sentiu o clima uma vez quando visitamos o professor Engler e sua mulher Christina). Na Friedrichstrasse Bahnhof, no início dos anos 80, eu me esforçava para esconder o receio diante dos policiais rígidos, a olhar e reolhar meu passaporte, conferindo a foto e finalmente guardando os 5 marcos do ingresso exigido pela RDA. Conhecia de cor e salteado as escadas que conduziam ao saguão, sempre cheio, apelidado *Palácio das Lágrimas*, no qual os guichês se dividiam. Filas para habitantes da RDA, para alemães, para berlinenses ocidentais e para estrangeiros. Aqui familiares e amigos se encontravam, se despediam. Certa vez, em 1987, nas comemorações dos 750 anos da cidade (fui fazer leituras para o DAAD), tentamos visitar Engler, que nos esperava do "lado de lá". Havia tal multidão que foi impossível atravessar. Levaríamos seis horas para chegarmos aos guichês.

Agora, quando desembarquei na estação, fiquei confuso. Placas estavam mudadas, outras renovadas e abertas várias antigas portas muradas. Acesso livre a qualquer plataforma. No *Palácio das Lágrimas*, onde se operava a passagem, me perdi. Tinham desaparecido as divisórias. Meu olhar não encontrava apoio, de tal modo estava habituado aos guichês que se abriam e fechavam com um ruído seco. Aquele barulho metálico, que me incomodava, permanece em meus ouvidos. Nas paredes as marcas de azulejos repostos, onde se fixavam as divisórias. O chão mostrava sinais do que tinha sido a fronteira. Por instantes, me vi tomado pela mesma inquietação que me dominava nos anos de 1982 e 1983. Condicionado ao velho regime, tive a sensação de que não podia cruzar as marcas do chão. Dispositivos eletrônicos me denunciariam, eram tecnologia de ponta. No entanto, pessoas iam e vinham, nem estavam aí. Não era normal. Portanto, a normalidade que se instalara me parecia anormal. O espírito da Berlim intramuros continuava presente na minha cabeça.

Onde estive "preso"

Não encontrei os muros sujos, amarelados, batidos por luzes fracas. A cor desbotada, encardida, das paredes no lado oriental tinha sido substituída por uma pintura recente. A banca de jornais que antes exibia toscas publicações orientais reluzia com a imprensa "livre". Iluminada com exuberância, simbolizava a mudança, exibindo revistas de capas coloridas e todos os tipos de jornais, em lugar das publicações socialistas, tristes, tediosas, manuais de slogans e louvor ao regime. O que talvez faltasse ao leste fosse melhor produção gráfica, redatores mais modernos. Lixo por lixo, oriente e ocidente se equivalem. Na rua, reluzentes Mercedes como táxis, em lugar dos Trabis cacarecos que ficavam estacionados no ponto, à esquerda, no lado que conduzia ao *Berliner Ensemble*, caminho tão percorrido.

Rodeei, buscando o antigo posto de saída. A porta onde se devia chegar até meia-noite, hora em que se esgotavam os vistos diários. Diminuta construção. Portas fechadas. Num canto, atrás de grades, localizei, e fotografei, as placas *RL-Tranzy*, que indicavam o caminho a percorrer. Ali estava a janela da saleta onde permaneci preso por uma hora, 10 anos atrás, por estar saindo com marcos orientais no bolso. Era proibido. Fui acusado de contrabandear divisas. Vi as amassadas lixeiras de metal onde costumava atirar as moedas que me sobravam, para não ser surpreendido com dinheiro no bolso. Repletas de latas de Coca-Cola (inacreditável! Coca-Cola aqui, onde existia apenas a Club-Cola, no frasco bojudinho). Mato crescendo entre pedras, nos buracos do piso. Por toda a parte, sujeira e lixo amontoados. Como imaginar que tinha sido

A minha "prisão". O antigo posto de saída da DDR. Duas janelinhas. A da esquerda era de uma saleta onde fiquei detido por uma hora, até provar que não era "contrabandista" de divisas.

As placas Tranzy, já obsoletas.

A Club-Cola, que pretendia ser substituta da Coca-Cola, produto proibido dentro do regime comunista até a queda do muro. Para ser misturado ao rum que vinha de Havana e fazer o Cuba Libre.

território proibido, não ultrapassável? Os sonhos morriam nessa linha. A sala de trânsito não passava de construção anacrônica, com jeito de ter sido erguida às pressas, adaptada grotescamente para se transformar em fronteira. Fechada. Em torno, começavam a reformar o setor, a casinhola deveria cair em seguida, memória indesejável. Na Alemanha, apagam a memória com demolições, na certeza de que assim as lembranças se esvaem. Aconteceu com o bunker de Hitler, com a prisão de Spandau, com os prédios onde funcionou a Gestapo.

Voltamos para a estação. Estavam abertas plataformas que nem supúnhamos existir. Aqui e ali se viam as portas dissimuladas pelas quais (me contavam os amigos em 1982) funcionários privilegiados da RDA podiam atravessar livremente de um lado para o outro (leiam *O saltador do muro*, de Peter Schneider). Desapareceram os intershops sempre rodeados por bêbados em busca de bebidas baratas.

Muro, mobília de rua

Depois de uma salsicha com *curry wurst* em um *imbiss* reluzente de novo, tomamos o S-Bahn, descemos no Zoo regurgitante. Ao menos o U-Bahn, o metrô normal, continuava o mesmo com sua cor abóbora. Direção Schlesisches Tor. Passamos pela Wittenbergplatz, minha estação habitual, quando morava em Keithstrasse. Restaurada (foi a primeira linha de metrô de Berlim), ganhou cara dos anos 30, mas a sensação é de cenário plástico. A próxima, Nollendorfplatz. Aqui existia uma estação aérea, desativada e transformada em "mercado de pulgas". Um bonde amarelo fazia as vezes de bar. Com a queda do muro, o bonde sumiu, a estação está reformada, os trens voltarão a circular pela superfície.

Descemos em Schlesisches Tor, o Portão Silesiano. Adorava esse nome, enigmático. Continua a ser a última estação da linha dentro de Kreuzberg. Andamos alguns metros, atravessamos a Oberbaumbrücke sobre o Spree, antes fechada, e chegamos a

Mühlenstrasse, onde se localiza a *Galeria do Ocidente*, um dos três segmentos do muro original conservados como memória. Há um pequeno museu com os habituais souvenirs, postais, fotos, livros e pedaços de concreto. Custam mais quando têm resquícios de grafites.

ZERTIFIKAT
Original-Mauer-Stein

über die Echtheit eines Bruchstückes der

Berliner Mauer

das daselbst herausgebrochen und mit dieser

Nummer versehen wurde.

Die Mauer. O comércio. Um certificado confirmava a autenticidade do fragmento retirado do muro. Descobriu-se que foram falsificados não apenas fragmentos, mas também certificados.

A demolição

Fotos: Dirk Hoffman

O reencontro de uma rua com ela mesma. Bernauerstrasse.

Placas e tubos sendo retirados. Crianças observam.

Passeio pelo território ex-proibido, o espaço entre dois muros.

A quem pertencem esses terrenos? A questão continua de pé.

Die Mauer. Volto a ele. Sua história se fechou, começo, meio e fim. Apelidado *Mobília da rua* (Strassenmöbel) pelos berlinenses ocidentais, nos anos 60, década da contestação e dos manifestos, nele foram colados milhares de pôsteres, comunicados, memorandos, folhetos, bilhetes, fotografias, mensagens e desenhados os primeiros slogans contestatórios. A partir dos anos 70, vieram as "tatuagens", desenhos. Cada um, artista ou não, da Alemanha e de todas as partes do mundo, ali encontrou espaço para manifestação.

A intensidade das cores modificou um dos apelidos da cidade. De *Atenas do Spree* (o rio) tornou-se *Atenas do Spray*. Serpente petrificada, como foi chamado por Heinz J. Kuzdas. Em 1988, anônimos gravaram em Potsdamer Platz: *Berlim se libertará do muro (Berlim wird Mauerfrei)*. O muro sempre refletiu o espírito dos tempos (Zeitgeist) através das manifestações que acolheu. Se cada fase/frase tivesse sido registrada, fotográfica/cronologicamente ou através de filmes e vídeos, seria possível montar-se um documentário sobre o que representou cada época. Com o tempo, esgotados os espaços, pinturas foram se sobrepondo. Nos fragmentos que restaram será preciso utilizar técnicas de reconstituição de afrescos para retomá-las. Grafites, afrescos modernos.

Durante 28 anos, além da maioria anônima, artistas de renome correram para usar o espaço e, claro, desfrutar da repercussão que isso provocava na mídia. Ali tudo se representou, do acadêmico absoluto ao moderno delirante. Pode-se ver desde frases do poeta e ensaísta Christian Enzensberger aos trabalhos de Christopher Boucher e Thierty Noir, de Nora Aurienne, Jonathan Borofsky, Peter Unsicker, Keith Baring, H. J. Kuzdas (que montou um livro histórico, *Berliner Mauer Kunst*, A arte do muro de Berlim), Kiddy Citny, Richard Hambleton (*Secret Mission*), Cremenz, Marcel Antonio, Agner Arellano, Edson Armenta, R. M. de Leoni, Dan Luciano, Raul Rodrigues, Luciano Castelli, Gordon+Rudi, Birgit y Kurt Hoffmeister. Trabalhos individuais e coletivos. Uma criação original foi a de Benoit Maubrey, que pintou no muro um

conjunto de alto-falantes e abaixo um orifício semelhante ao de um parlatório de prisão, com a inscrição: *Falar aqui.*
As inscrições se sucederam. Desde o mero registro de nomes e datas, até slogans, poesias, indignações:
Phantasie hat Keine Grenzen (A fantasia não tem limites), Grenzen é fronteira.
Sommer Schluss Verkauf (Descontos de verão).
Mauer Go Home (Muro, vá para casa).
Deutscher Sekt für allle. I am living in a box (Champanhe alemão para todos. Estou vivendo numa caixa).
Volkszählung, Unzählbares Deutschland (Censo da população, Alemanha incalculável). *Sie wurden ermordet: Van der Lubbe, Ernst Thaelmann, Andreas Baader, Ulrike Meinhof, Gudrun Ensslin, Jan Karl Raspe, Norbert Kubat, 50.000.000 im Zweitwn Weltkrieg un viele ndere, jetzt reicht's!!! Und mein Vater!* (Foram mortos – lista de nomes – 50 milhões na Segunda Guerra Mundial. Agora chega. E meu pai). Os nomes misturavam comunistas como Thaelmann e terroristas como Meinhof e Baader.
Ghetto love; wir hier (Gueto de amor; nós aqui).
Jesus lebt (Jesus vive).
Mehr bier, mehr Fleisch, weniger Orwell, God Bless (Mais cerveja, mais carne, menos Orwell, Deus abençoe).
Latenight mit sinnloser Formel für einen Teufelskreis (Latenight, uma forma sem sentido para um círculo vicioso). Latenight é o talkshow de David Letterman, nos Estados Unidos.
Why be normal? (Por que ser normal?)

Refúgio no silêncio

Para se chegar a Steinstücken, um de meus pontos favoritos, eu tomava o ônibus 18 na estação de metrô Oskar-Helene Heim, junto aos quartéis e ao bairro residencial americano. Terminada a ocupação (em 1994, retiraram-se as tropas americanas, inglesas, russas e francesas), os conjuntos para os soldados se tornaram residências para estudantes. Seguia pela Clay allee, Potsdamer Chaussee, Königstrasse, entrava à esquerda, percorrendo a Kohlhasenbrucker, até penetrar no estreito corredor Bernhard Beyer, no qual havia apenas a pista, árvores e o muro quase asfixiando. Ler página 47.

Um quilômetro e pouco e chegava ao enclave. Vila mínima, visitada apenas pelos parentes dos que ali moravam ou por eventuais conhecedores de uma deliciosa Gästhaus, cujas mesas ficavam no jardim debaixo de macieiras. Atrás do jardim, o muro. Comia-se torta de cerejas com café ralo contemplando a parede cinza. Em 82/83, sempre que ali chegava – eu ia com freqüência – ficava curioso para saber o que acontecia do outro lado. Havia frestas no muro entre as placas pré-moldadas. Ainda não se usavam os blocos inteiriços que marcaram a derradeira fase.

Através das frestas conseguia ver apenas o segundo muro, a torre de vigia e a estrada interior, por onde circulavam vigilantes. Ouviam-se latidos. Muitas vezes, pensei cruzar o muro, atravessar por dentro do "lado de lá" e me colocar frente a Steinstücken. Seria necessário sair cedo, procurar um meio de chegar, conseguir mapas que indicassem o transporte, perguntar. Eu sabia (ou era parte dos mitos?) duas coisas: estrangeiros despertavam desconfiança e nessa região morava parte da nomenclatura do Partido; a vigilância estava no ar.

O ônibus agora é o 118 e a nova direção Drewitz. Antigamente, havia um ônibus especial para Drewitz, saía do sul da cidade, das margens do lago Wansee e ia direto para Berlim Oriental, levando passageiros diferentes: aqueles que, pela idade ou por serem privilegiados, tinham autorização para entrar e sair do Leste. O 118 penetrou na Bernhard Bayer. O corredor sumiu. Descemos onde antes era ponto final. Caminhamos até a esquina, onde o muro impedia de continuar, obrigando a virar à esquerda para entrar em Steinstucken. Não há muro, somente matagal, areia e a cem metros bosques ralos. À nossa direita, entre as árvores, passou um trem, o reativado S-Bahn 6, as janelas iluminadas. Foi linha morta, invadida pelo mato.

Reencontrei a casa em cujo quintal havia uma criação de patos marrons e galinhas. Logo adiante, o supermercadinho. A Gästhaus está fechada, o quintal abandonado, cheio de folhas, galhos secos e jornais. Costumava passar horas em uma mesa, tomando kirsch, comendo bolos com café aguado, lendo e escrevendo. Foi o último período em que tive todo o tempo para não fazer nada. Hoje, não sei o que fazer de minha vida. Ali me desligava. Refúgio dentro do silêncio de estarrecer. Outro mundo. Um planeta intemporal. Curioso, sempre vim sozinho a Steinstücken. Meu lugar. Não existe mais. Este é um símbolo do que sinto em relação a mim. A vila perdeu sua originalidade, é agora apenas um ponto distante.

Ciclovia do espanto

O muro fazia uma curva, seguia para a esquerda. Penetramos no que foi terreno proibido. Tranqüilidade, são nove da noite e ainda há luz do dia. A rua se chama Stein. Vamos na direção do bosque, penetramos no caminho asfaltado dos vigilantes armados. Indefinível sensação. Adrenalina correndo à custa de lembranças. As mudanças da história. Estamos no meio do terreno que permaneceu inacessível por 28 anos. Todas as memórias lidas, sabidas, vêm à cabeça, imagens não se ajustam. Descompasso. A "estrada da morte" tem o aspecto de ciclovia inocente.

Uma adolescente de bermuda e jeans, walk-man nos ouvidos, olhar perdido, fazendo o cooper, passa por nós e desaparece. Em seguida, uma velha e seu cachorro, figuras inseparáveis da paisagem berlinense, passeiam pela estradinha na pacífica tarde. Como? Não há memória? Nem por um instante passa pela cabeça o que esse caminho significou? A memória existe/inexiste, a vida segue seu curso. Ciclos se fazem, se desfazem e se refazem e, nesse momento, mais importante que o antigo medo é a sensação de liberdade. Então, esse lugar se torna simbólico. É a complexidade alemã, suas contradições, temores, questionamentos.

Estamos nas proximidades de Babelsberg, a Hollywood alemã, onde funcionaram parte dos estúdios da UFA (Universum Film AG). A UFA transformou-se em DEFA (Deutsche Fikm AG) depois da guerra. Existiam também os estúdios UFA próximo a Tempelhof, hoje uma comunidade alternativa (ver página 296). Nesse estúdio pontificaram Fritz Lang (*Metropolis, Mabuse, M-O Vampiro de Dusseldorf*), Robert Wiene (*O gabinete do doutor Caligari*), Joseph von Sternberg (*O anjo azul*). Chegamos a uma rua arborizada, mergulhada na penumbra, a Mendelsson-Bartholdy. Ex-Berlim Oriental. Imponência aliada ao ar de desleixo, desalento. Mato crescendo nos jardins, paredes cariadas. Barulhos de pratos, talheres, um rádio ligado, um choro de criança, o grito de uma mulher. Normal. Sem ser. Tudo deserto.

Fosse mais cedo, poderíamos enfrentar uma boa caminhada pela Ernst Thaelmann Strasse, chegando à Floresta de Potsdam, onde se encontra a célebre Einsteinturm, torre construída em 1921, arquitetura ousadíssima para a época, destinada inicialmente às experiências em torno da Teoria da Relatividade.

Voltamos a pé, a noite caindo, a iluminação das ruas pálida, triste. Steinstücken se mostrava sombrio, esperamos pouco no ponto. Os horários continuam a ser cumpridos. No ônibus, fui olhando para o trecho de campo de onde vinham os ruídos da serra que ouvi em uma tarde de 1982 e que me trouxeram nostalgia. Que serra seria aquela nesse deserto? Penso nisso. Quem serrava alguma coisa do outro lado do muro, tantos anos atrás, não tinha idéia de que o seu ato seria lembrado, fixado em um livro – que ele jamais lerá – publicado num país distante. Que gestos de nossa vida ficam nos outros?

Superar o muro

Dalila Staude, antes de nos levar até o bairro de Lübars, que encontrei completamente irreconhecível, nos mostrou um álbum de fotos tiradas por sua sogra Ursel Pliess. O que ela fez documenta a reação das pessoas comuns. Aquela parede cinza estava ali e incomodava, nunca foi aceita, digerida. Quando o muro começou a ser demolido, ela apanhou a câmera e percorreu pontos que tinham feito parte de sua vida. Documentou o que pôde, montou as fotos com todo cuidado, em seqüência, e escreveu um pequeno comentário extremamente significativo: "Este álbum é dedicado a meus filhos, netos e outros descendentes. É uma lembrança do muro com o qual, durante mais de 28 anos, me vi confrontada, já que a minha mãe e meu filho Karsten e sua família moravam na zona fronteiriça (na Schmollerstrasse e Lohmuhlenstrasse) e para visitá-los era necessário um passe de livre trânsito. O muro marcou minha vida de tal maneira (e olhem que foram os melhores anos de minha vida) que demorou meses para eu superá-lo, sendo que fotografá-lo contribuiu bastante. Natal de 1990". A Schmollerstrasse é uma curtíssima rua, de uma quadra apenas, colada ao muro em Treptow, lado oriental, pouco acima de Neuköln. Quanto a Lübars, há uma cena em meu romance

O álbum de Ursel. Checkpoint Charlie livre para passagem.

O beijo não vem da boca em que o personagem olha pela janela e vê o muro, plantações de trigo e arbustos crescendo nas fendas do concreto. Quem ler o livro hoje e procurar, um dia, localizar a paisagem, não vai conseguir; ela se acabou.

Foto: Ursula Pliess

A demolição vista de uma janela do lado oriental.

Curiosidades oficiais

Algumas breves informações, dessas que encontramos em folhetos oficiais, mas que são curiosas. Para uma idéia geral. A Alemanha unificada passou a contar com 16 estados, 78 milhões de habitantes e Produto Social Bruto de 2,75 trilhões de marcos. A zero hora do dia 3 de outubro de 1990, a bandeira vermelha-amarela-preta passou a ser a única. Desapareceu a bandeira vermelha-amarela e preta com hastes de trigo ladeando um compasso no centro, o símbolo da RDA.

Mais 10 bairros

Berlim é um estado, capital Berlim, com população de 3,4 milhões, localizada em uma superfície de 883 km^2, sendo 107,04 de áreas verdes, 156,95 de bosques e 55,55 de lagos e rios. Antes da guerra, a cidade tinha 4,3 milhões de habitantes, reduzidos a 2,5 milhões em 1945, quando se contaram 620 mil casas destruídas. Aos bairros existentes na antiga Berlim Ocidental (página 45), após a fusão (li todo tipo de terminologia: anexação, união, junção, incorporação) juntaram-se dez bairros de Berlim Oriental: Köpenick, Treptow, Hellersdorf, Lichtenberg, Prenzlauerberg, Marzahn, Hohenschonhausen, Weissensee, Friedrichshain e Pankow. Hoje, o maior é Köpenick, com 127,3 km^2, seguido por Reinickendorf (89,95 km^2), Spandau (86,48 km^2), Sehlendorf (70,53 km^2). O menor é Friedrichshain (9,8 km^2), ainda que seja densamente habitado, 11.207 habitantes por quilômetros quadrados. O segundo é Kreuzberg (10,38 km^2), campeão em densidade: 14.576 habitantes por km^2. O mais povoado é Neuköln, com 310 mil habitantes.

O dinossauro

A nova cidade ficou com três casas de ópera, 53 teatros, 115 cinemas (cerca de 30 mil lugares), mais de 6 mil *kneipen* e restaurantes, 170 museus e coleções de arte, 300 bibliotecas com 6,7 milhões de livros, 150 grupos de música de câmara, 1.300 bandas de jazz e rock. Detalhe descoberto na manhã em que perambulamos pela Invalidenstrasse (ex-Lado de lá): a Berlim de museus unificados ganhou um gigantesco e fascinante esqueleto de dinossauro, com 12 metros de altura, datando 150 milhões de anos. No Museu de História Natural.

Curto-longo

A linha de metrô mais curta continua sendo a U3, cor negra no mapa, que vai de Wittenbergplatz a Uhlandstrasse. Tem 1.195 metros. A mais longa, a U7, azul, vai de Rathaus Spandau a Rudow e tem quase 32 quilômetros.

Migração

Após a queda do muro, em 1990, a Alemanha recebeu uma torrente de solicitações de vistos de longa duração, asilo, e autorização de retorno, solicitado por minorias alemãs de outros países do leste. A URSS foi a campeã de pedidos: 147.950, seguida pela Romênia, 146.495, Polônia, 143. 027, Iugoslávia, 23.075, Bulgária, 8.341, Checoslováquia, 1.708 e Hungria, 1.336. Isso foi parte do fluxo migratório para a Europa, composto por russos e eslavos, que somou 12 milhões de pessoas, provocando em Paris um congresso para debater a Ordem Mundial das Migrações e a cooperação econômica entre países ricos e pobres.

Outra vez capital

O primeiro Parlamento da Alemanha unificada decidiu, em junho de 1991, que a sede do Bundestag é a capital Berlim. E em outubro de 1993, apesar do lobby dos funcionários públicos e dos políticos que desfrutam em Bonn de um excepcional nível de vida, dos mais altos da Europa, decidiu-se que a partir deste ano 2000 Berlim é outra vez a capital alemã. Foi também uma forma de "indenizar" a cidade pela frustração de não ter sido escolhida como sede das Olimpíadas 2000. O custo da mudança de capital foi orçado em US$ 17 bilhões, um décimo da dívida externa brasileira. O Parlamento já funciona em Berlim desde 1999.

Speak english

Ao chegar à nova cidade compramos um guia. O da Reise-und-Verke é o melhor, mais fácil de ser consultado, bem dividido em setores e com indicações dos ônibus e S-Bahn que passam por cada rua. O antigo, apenas de West Berlin, tinha 67 pranchas. O novo tem 120. O antigo delineava o muro com traços vermelhos, fortes, e não omitia as ruas do "lado de lá". Ainda que os guias do "lado de lá" ignorassem o "lado de cá". Ost Berlin terminava no muro. O resto era mancha amarelada. Agora, as duas cidades se interpenetram. Esse novo guia teve a sutileza (psicológica?) de manter assinalada a trajetória do muro, indicada por uma linha azul pontilhada. A não ser nos trechos em que ele foi conservado. Encontramos o novo plano do metrô subterrâneo (U-Bahn) e de superfície (S-Bahn). Emaranhado de linhas. Continua o melhor sistema de transportes públicos do mundo. Não se entende por que os berlinenses entopem as ruas com tantos carros. Necessidade absoluta para quem estava familiarizado com a cidade antiga é conhecer os novos números dos ônibus. Uma cartela com um disco giratório facilita. Logo descobrimos outra diferença: já se fala inglês nos postos de informação, lojas e restaurantes. A ranhetice germânica de ignorar quem não fala alemão curvou-se à globalização e à abertura. Pelas ruas vemos japoneses (fotografando), espanhóis, franceses, italianos, poloneses, ingleses, latino-americanos aos montes, russos, poloneses, húngaros. Mas ainda se usa pouco cartão de crédito, com exceção de restaurantes muito luxuosos ou grandes lojas. O que vale é dinheiro vivo.

Falando em dinheiro

Proprietários ou herdeiros de contas bancárias tiveram prazo para converter o saldo de marcos orientais em marcos ocidentais. A troca foi feita na proporção de 2 por 1. Quem tinha 100 recebeu 50. Até maio de 1990, a cotação era de 3 marcos orientais para 1 ocidental. De maio a julho passou a 2 × 1. Com a unificação veio a paridade. Os depósitos bancários tiveram aplicada a paridade até 6 mil marcos. Acima disso valeu o 2 × 1. As notas de marcos orientais foram enterradas em minas de sal ou urânio na antiga RDA.

Cidade mais leve

A construção do novo centro governamental nos meandros do rio Spree, o Spreebogen, foi o ponto de partida do replanejamento urbano da cidade. Concursos internacionais permitiram a arquitetos estrangeiros trazerem idéias novas. Incrível, a Alemanha "abrindo-se" aos estrangeiros. Os conceitos que orientariam os edifícios públicos diziam que as construções deviam se integrar aos bairros, deixando de parecer fortalezas inacessíveis. Com isso a cidade ganharia leveza, contrapondo-se aos (ainda muitos) prédios prussianos pesadamente plantados no solo.

A reforma do edifício do Reichstag – inaugurado em 1894, teve projeto original do arquiteto Paul Wallot – correu por conta de Sir Norman Foster, arquiteto inglês que venceu uma concorrência internacional da qual participaram 800 escritórios. Os trabalhos foram iniciados em 1995 e custaram 604 milhões de marcos (330 milhões de dólares). O Reichstag, após 66 anos, foi reaberto como sede do Parlamento alemão no dia 19 de abril de 1999, em uma sessão a qual compareceram 669 deputados. Para eliminar prováveis conotações com o Terceiro Reich, o edifício se chama agora Plenarbereich Reichstagsgebauede, Área Plenária, Prédio do Parlamento Imperial. Em 1995, o Reichstag compareceu em toda a imprensa mundial: o artista americano Christo envolveu totalmente o prédio em um tecido de alumínio e polipropilênio, que conferia, quando iluminado artificialmente, um estranho e fantástico brilho ao conjunto. A batalha de Christo para embalar o Reichstag tinha começado em 1977 e provocou memoráveis sessões do Parlamento e incontáveis negociações de convencimento. Será que terminaram agora as partidas de futebol que, aos sábados, domingos ou feriados, latinos e turcos jogavam na extensa praça gramada em frente ao prédio?

A chancelaria e outros edifícios em torno do Reichstag couberam à dupla Axel Schultes e Charlotte Frank, com um projeto que estabelece uma ponte urbanística entre as partes leste e oeste da cidade. O arquiteto alemão Helmut Jahn ganhou a concorrência para o Centro Sony. Ali estará a Casa do Cinema (não esquecer que o Festival de Cinema de Berlim é um dos três mais importantes do mundo, ao lado de Cannes e Veneza), uma construção em forma de concha. O italiano Giorgio Grassi encarregou-se do Parque Kolonnaden, na parte sul de Potsdamerplatz, construção que terá 76 mil metros quadrados.

Brasileiros levam cores

Os brasileiros Marcelo Ferraz e Francisco Fanucci, do escritório Brasil Arquitetura, São Paulo, venceram o concurso internacional para a "latinização" do Gelbes Viertel (Bairro

Amarelo), em Hellersdorf, ao norte de Berlim Oriental. A arquitetura a serviço de moradias, distante dos megaprojetos faraônicos que tornaram a Potsdamerplatz o maior canteiro de obras do mundo. Marcelo e Francisco foram chamados para dar vida e cores a um conjunto habitacional de periferia, onde vivem 10 mil pessoas. Lugar que era bom exemplo do design burocrático em série, chapadão e monótono, que marcava a arquitetura socialista, cuja base são os pré-moldados. Eles usaram três cores, azul ultra-marino, rosa e amarelo, combinadas com o branco da cal, para contrapor ao habitual cinza das construções alemãs. As praças de entrada estão marcadas com obras de Krajcberg, Amilcar de Castro, Siron Franco e Miguel dos Santos. Os azulejos trazem estampas criadas pelos Kadiwéu, tribo de Mato Grosso do Sul. Em junho de 1998, seis índias foram as convidadas de honra em festas acontecidas no conjunto. Nas varandas e entradas, foram colocadas treliçados de madeira (muxarabis) que ajudam na ventilação e entrada de luz.

Futuro na praça arenosa

Potsdamerplatz. Por décadas, o centro nervoso da cidade. Como a chancelaria de Hitler estava vizinha, foi dos locais mais bombardeados. Terminada a guerra, a área foi devastada, o bunker do Fuhrer alagado e aterrado. Por muitos anos, o que se viu dos observatórios ao longo do muro foi um extenso areal, minideserto desolado entre duas cidades, percorrido apenas por policiais e pequenos animais como coelhos, gatos, cachorros.

Poucos anos após a queda do muro, e com muitas polêmicas e manifestações (Wim Wenders sugeriu que a praça permanecesse intocada por dez anos, para então se decidir, de cabeça fria, o que realizar ali), a Potsdamerplatz transformou-se em um febril canteiro de obras, com nervosa movimentação de homens, guindastes, escavadeiras, dragas, betoneiras, basculantes. Empresas como a ABB, a Roland Ernst ou Daimler Benz ergueram complexos que vão abrigar escritórios, praças, cinemas, teatros, shoppings, restaurantes, e sintetizam a cidade do futuro, segmentada, com ar condicionado e iluminação artificial. A ordem alemã, a tecnologia e a neurose pela limpeza deram o ar da graça. Todo material (cimento, cal, pedra, ferro, pedras, tijolos, aço, alumínio, vidro) chega ao local por vias de acesso especialmente construídas, que não passam pelo centro da cidade. Essas vias incluem trens e navios. Diferente das cidades brasileiras, nas quais betoneiras circulam pelas ruas, em qualquer horário, vomitando restos de concreto que endurecem nas pistas, tornando-se armadilhas para os pneus e os amortecedores dos veículos. As construções de Potsdamerplatz têm sido atração. Visitas organizadas e orientação por meio de um centro informatizado, o *Info*. Turistas nostálgicos querem ver o que está sendo feito em lugar tão histórico. Obra por obra, existem às toneladas no mundo inteiro.

Insegurança, depressão

"A passagem para o capitalismo quase enlouqueceu a ex-Alemanha oriental", assinalou Fernando Gabeira na *Folha de S. Paulo*. "Os psiquiatras chamam o fenômeno de choque psíquico, mas a verdade é que ele está levando um número cada vez maior de alemães para o hospital e fazendo subir de maneira preocupante o número de suicídios." A insegurança afetou a todos, provocando a depressão ou estimulando a agressividade. À euforia com o fim do socialismo cedeu lugar a realidade. O desemprego atingiu rapidamente 2,6 milhões de pessoas, altíssimo numa população de 16 milhões. Os orientais acreditaram em melhorias que não aconteceram de imediato. Mergulharam no sistema capitalista e consumista, sem conhecerem as armadilhas dos crediários, juros, febre de vender a todo custo. Endividaram-se. Doentes e doentes mentais perderam as pensões. Aumentou o número de mulheres agredidas pelos parceiros. Motivos:

Incerteza quanto ao futuro.
Perda de identidade.
Falta de perspectiva na sociedade.
O povo humilhado na derrota em 45 sofreu com o regime socialista em mãos de burocratas. Súbito, quando acreditava unir-se aos irmãos ricos, descobriu-se inútil, desnecessário e desprezado.

Dor de cabeça

As dores de cabeça aumentaram para os alemães ocidentais. Segundo o jornal inglês *The Economist*, o Instituto Allensbach fez uma pesquisa, constatando que o percentual de pessoas se queixando de enxaqueca e dores de cabeça subiu de 25%, em 1889, para 33% em 1992, enquanto do lado oriental houve diminuição de 33% para 28%. Outros dados:
Insônia: cresceu de 24% para 28%.
Problemas digestivos: de 19% para 24%.
Cansaço: de 23% para 27%.
Motivos dos males ocidentais: preocupação com o pagamento das contas.
Na Alemanha Oriental, a insônia caiu de 39% para 35%, os problemas digestivos de 30% para 18% e o cansaço de 38% para 28%.

Menos empregos

Winfried Hammann, especialista em urbanismo e diretor do Modern Architeture for Industry and City Development, escreveu na revista *Humboldt* (Internaciones, número 75, 1997): "De repente havia o dobro de tudo, o que para as estatísticas era ótimo, só que não podia mais ser financiado do jeito antigo... No entanto, cinco anos depois tornou-se evidente a existência de um outro buraco enorme em Berlim: um rombo no orçamento que crescia com a mesma velocidade das escavadeiras das construções, e que terá atingido 12 bilhões de marcos no ano 2000... Na indústria de transformação, restaram apenas 120 mil dos mais de 500 mil empregos na região (dados de maio de 1997)... Hoje existem na cidade 300 mil empregos a menos do que em 1990, uma parte das estruturas de produção não está suficientemente modernizada e qualificada e a outra parte (30%) planeja transferir a produção para o exterior... Famílias de renda média e baixa despedem-se e voltam para suas regiões de origem ou mudam-se para as cercanias da cidade... Tão cedo Berlim não se tornará normal como outras metrópoles européias ocidentais".

Sempre os mesmos

Saímos do *Paris Bar* (lotado, caro, ponto de artistas, intelectuais e grã-finos, servido por garçons esnobes), na Kantstrasse, 152, após um almoço do DAAD. Era um dos lugares de Fassbinder, no final de noite. Márcia, Henry Thorau e eu caminhamos e conversamos. Henry levava sua bicicleta pela mão. As calçadas são larguíssimas, um desperdício diriam nossos especuladores imobiliários. Uma jovem passou. Parou, virou-se e com o dedo em riste na cara de Henry despejou: "Não estão vendo que ocupam toda a calçada, não deixando espaço para os outros?". Henry, gentil: "Somos três, o espaço sobra, estamos passeando e conversando, sem incomodar ninguém". E ela: "Calçada não é lugar para conversa, nem para passeios. É para andar". E se foi, bufando. Reencontrei a mania alemã de cagar regras.

Cães e crianças

Tempos atrás, havia muitos cachorros e poucas crianças. Agora, não sei se os cachorros diminuíram, mas as crianças aumentaram. Vêem-se por toda a parte, nas idades mais variadas. E muitas mulheres grávidas. Márcia notou que nos supermercados há gôndolas e gôndolas com produtos (leite, comidas, vitaminas, etc.) para bebês. Por toda a parte, lojas com acessórios como carrinhos, andadores, brinquedos, fraldas, mamadeiras, chupetas. Para se observar uma tendência não é preciso uma tese de sociologia, basta olhar o consumo.

Feministas e lésbicas

Antigamente existia somente a livraria *Lilith* a vender apenas livros escritos por mulheres e freqüentada somente por feministas e lésbicas. A *Lilith* ainda existe na Knesebeckstrasse 86, perto da Savigny Platz. Porém agora existem outras no mesmo gênero. A *Schwarze Risse*, Gneisenausstrasse 2-A (metrô mesmo nome), em Meringhof (bairro onde o movimento alternativo foi intenso nos anos 80), e a *Adhara Buchertempel*, na Pestalozzistrasse, 35 (Paralela a Kant, metrô Wilmersdorf), em Charlottenburgo. Homem não entra. Como não entra em bares e cafés como o *Ada* (Anklamerstrasse, 38, Mitte, Berlim Oriental), o *Schoko-Café* (Mariannenstrasse, 6, em Kreuzberg), o *Pour-Elle* (Kalckeuthstrasse, 10, Schoneberg), o mais antigo do gênero na cidade, o *Goldfinger at Sparbar* (Grunewaldstrasse, 21, Schoneberg) ou o *Die 2 am Wassertum*, com um agradabilíssimo jardim no verão.

Tantos heróis?

Atravessamos a pé o Portão de Brandemburgo, o setor mais movimentado da nova cidade. Ainda não assimilei a idéia de Berlim não dividida. Multidões de todas as nacionalidades, muitos jovens. Berlim ganhou uma identidade turística inexistente nos anos em que aqui morei. Havia turismo interno, a cidade exercia rejeição e fascínio sobre os "caipiras". Os estrangeiros não se sentiam atraídos. Agora, centenas de ônibus *sightseeings* despejam viajantes curiosos munidos de câmeras e filmadoras. Gente que corre para os camelôs que estão por toda a parte. Em busca de souvenirs da RDA. Há certa necrofilia nesse consumismo. Querem os restos de um país morto.

A queda do muro favoreceu o comércio dos postais mostrando o processo de demolição. Aqui, módulos são retirados inteiros. Alguns foram para museus, outros para hotéis, houve particulares que ofereceram altas somas por eles.

O mercado diverte. O exército soviético devia ser imenso em Berlim Oriental. Ou então, se não fosse tão grande, cada soldado devia dispor de um formidável sortimento de fardas, o que exigiria armários de belas proporções nos quartéis. Deve ter sido igualmente um exército de heróis. Dizem que o comércio no Portão de Brandemburgo é controlado pela máfia polonesa. Tudo o que acontece em matéria de violência, roubo, estupros, agressões, tráfico é atribuído às máfias polonesa e russa. A Guerra Fria nunca termina! Faz anos que o muro caiu e continua farto o estoque de fardas, camisas, coturnos, cintos, bonés, capacetes e condecorações. Pode ser que exista uma indústria a confeccionar fardas-souvenirs.

Quanto às condecorações, talvez importem estoques da Rússia. Há medalhas e fitas de todos os tipos, formas e cores. Milhares de heróis liquidando os prêmios recebidos (Por bravura?). Que atos terão justificado tais condecorações? Ou não chegaram a ser usadas e já estão nas pontas de estoque? O que se comenta é que os soldados russos não queriam ir embora. Aqui tinham bom nível de vida que seria reduzido à miséria na Rússia em crise. Em uma viagem de trem, passamos pelos quartéis russos. Davam a impressão de terem sido devastados por um furacão, janelas abertas, portas arrebentadas, vidros quebrados.

Vistos à venda

O sujeito mirrado oferecia vistos, em um inglês primário, suficiente para negociações. Esses vistos, em um papel levemente salmão, vendidos legalmente, eram os que recebíamos na fronteira do muro. Eles nos autorizavam a ficar até meia-noite na RDA ou permitiam cruzar o país nos trens invioláveis. Caros. "São históricos e raros", garantiu o vendedor. Só que vislumbramos, embaixo da banca, um monte de blocos virgens. Certamente um espertinho da polícia, diante da futura inutilidade dos vistos com a queda do muro, previu o bom negócio e passou a comercializá-los. Há vistos em branco e utilizados. Guardaram todos os documentos que passaram pelas fronteiras? É possível. Não havia toneladas de documentos nos arquivos da temida Stasi, a polícia secreta, muitos apenas registros aparentemente simplórios de conversas entre vizinhos? Ou há gráficas fazendo trabalho extra? Na indústria do turismo vale tudo. Não garantem que há pedaços de muro fabricados no fundo do quintal?

Outro exibia binóculos afirmando que tinham pertencido aos guardas que permaneciam nas guaritas do muro. Ironizei, lembrando mitos que circulavam nos anos 80.

– Têm câmera dentro?

— Esses custam caro. Precisa encomendar.
— Quanto?
— Dois mil marcos. Eram da elite da Stasi. O senhor deixa mil de adiantamento e vem buscar amanhã.
— Dá para conseguir também as fotografias que eles tiravam com os binóculos?
— Oh-já-já-já! Leva um mês e não sei quanto custam.

Estações fantasmas. Geisterbahnhof

Por que carrego o fascínio pela decadência? Leituras e filmes de juventude? Adorei livros tipo *A estalagem maldita* (Jamaica Inn), de Daphne Du Maurier, e filmes com ambientes sombrios. Em Berlim, eu hesitava. Tirar da cabeça ou conservar o mistério? As *estações fantasmas* do metrô podiam agora ser visitadas (ver página 104)? Eram quinze embaixo de Berlim Oriental, pontos de passagem dos trens de Berlim Ocidental: Unter Den Linden, Friedrichstrasse, Oranienburgerstrasse (O nome da estação em cerâmica, caracteres góticos), Oranienburger Tor, Nordbahnhof, Nordbahnhof (Zinnowitzerstrasse), Stadion der Welt Jugend, Franzosischestrasse, Stadtmitte, Bernauerstrasse, Rosenthaler Platz, Weinmeisterstrasse, Jannowitzbrucke e Henriich-Heine-strasse. O U-Bahn não parava, diminuía a marcha. Na penumbra das plataformas de azulejos enegrecidos por espessas camadas de poeira, podíamos vislumbrar os vultos dos soldados que vigiavam dia e noite. Outro emprego que me espantava, tal a monotonia. Todos os dias eles se enfiavam como ratos nas estações fechadas, semi-arruinadas, buracos sujos, mal iluminados por pálidos tubos de néon. Passavam o turno observando a população de Berlim Ocidental dentro dos trens iluminados ou, quando não havia trens, olhando monitores de tevê que exibiam buracos vazios. Quando foram abertas, muitas estações revelaram cartazes de cinema ou propaganda política, originais, do ano

1961. Em Potsdamer Platz foram encontradas, em bom estado, uma fotografia de Wilhelm Pieck, presidente da RDA até 1960, o cardápio do café e um out-door do sabonete Konsum, de 1959. Agora, reformavam tudo, mas ainda podíamos ver, nos lugares em que as barreiras foram destruídas, portões enferrujados, blocos de concreto à margem dos trilhos.

Nomes de ruas

Com a unificação, Van Gogh ganhou uma rua. É a antiga Erich-Correns – e quem foi Erich-Correns? Gustav Bob – e quem foi Gustav Bob? – é o novo nome de uma rua que tinha uma denominação curiosa: Hinten dem Rathaus. Algo assim como o fundo da prefeitura. Herman Hesse, tão lido no Brasil nos anos 70, ganhou um lugarzinho, substituindo Kurt-Fischer, que devia ser importante, pois tinha rua e praça em sua homenagem. Todavia, o que o tão americano Mark Twain tem a ver com Berlim? Ali está sua rua. Por que não Christopher Isherwood (que escreveu *Good Bye*

Marlene Dietrich. Finalmente, em 1998, a Alemanha homenageou a grande atriz com um selo. Mas não existia em Berlim uma rua com seu nome e não há uma placa no edifício e na rua em que ela nasceu.

Foto: Programa do Festival Homenagem

Rainer Werner Fassbinder Werkschau

DICHTER
SCHAUSPIELER
FILMEMACHER

Culto ao rebelde. Vivo, Fassbinder foi odiado pelo establishment alemão, por causa de suas denúncias, por colocar sempre um punhal na ferida. Dez anos depois de morto, homenagens, retrospectivas, endeusamento. E intitulado "o inesquecível".

Berlin, o livro que deu origem ao filme *Cabaré*, que mostrou como poucos o clima pré-nazista), um homem que amava tanto a cidade? Marlene Dietrich também é ignorada. Agora, em 1998, ela foi homenageada com um selo de correio.

A pequeníssima Kafka Strasse, escondida para lá de Kladov, quase em Potsdam, é homenagem ao escritor? Por que não em Steglitz, onde ele morou mais tempo? Alfred Döblin, o autor de *Berlin Alexanderplatz*, não tem o seu nome perto da praça que o inspirou. E Fassbinder, que adaptou genialmente o livro, um dos maiores da literatura alemã? Ao menos, o cineasta ganhou imensa retrospectiva na Alexanderplatz, na torre de televisão. Seu apartamento foi remontado como estava no dia em que morreu, em 1982. Há uma certa morbidez nos detalhes. Objetos pessoais, biblioteca, roteiros, fotos, pôsteres e 60 aparelhos de tevê a exibir continuamente seus filmes. Aquele que foi um cineasta maldito, porque colocava o dedo nas feridas alemãs, transformou-se em um ícone. Às vezes, a história pede pouco tempo para revisões.

Thomas Mann merecia algo maior que as duas curtas ruas que levam seu nome em Prenzlauer Berg e em Woltersdorf; as duas no ex-lado oriental, olhem só! Já Indira Gandhi foi recompensada com larga avenida. Mann significa mais para a Alemanha que Indira. Por que Goethe, que está em mais de dez locais, não cedeu um local, melhorzinho, para o autor de *Os Bruddenbrook*?

Kaiser recebeu de volta

Indo (sempre a pé) para o DAAD, cuja sede fica agora na Jagerstrasse (ex-Berlim Oriental), passamos por um grupo de prédios em demolição. Um conjunto habitacional construído pela RDA em "terrenos históricos". Operários retiravam da rua as placas com o nome de Otto Grotewohl. Esta foi a Wilhelmstrasse (no século passado era um campo de batatas), homenagem ao kaiser

Friedrich Wilhelm, endereço de personagens célebres (do kaiser a Hitler, que aqui ergueu sua Chancelaria e o bunker em que se suicidou). Nas vizinhanças localizavam-se embaixadas e ministérios. Em 1949, a Wilhelmstrasse passou a se chamar Otto Grotewohl. No entanto, 43 anos mais tarde, o kaiser teve o nome devolvido à sua rua, local nobre.

Marx, o campeão

Sempre gostei de subir até Frohnau, no norte da cidade. Era o limite máximo. Agora, podíamos seguir adiante, penetrar no bairro de Hohen Neuendorf, onde descobri, juntas, as ruas Salvador Allende, Emile Zola, Rosa Luxemburg, Karl Liebknecht (morto junto com Rosa, está em 31 denominações de ruas, praças e becos), August Bebel, Ferdinand Lassalle, Kurt Tucholsky, praça Ernst Thaelmann, eminente comunista de antes da guerra, a artista plástica Khate Kollwitz, Clara Zetkin (aparece 19 vezes). Belo grupo de grandes socialistas. Ali, a rua Goethe transforma-se de repente em Friedrich Engels, que por sua vez se torna Karl Marx (super peso-pesado aparece 42 vezes em Berlim Oriental, claro) que vira Lenin em pouco menos de mil metros. A Karl Marx Allee, no centro, chamou-se, até novembro de 1961, Stalinallee, mas esta história é mais antiga.

Curso da história

Passear entre o que foi Berlim Ocidental e Berlim Oriental, entre as duas ex-Alemanhas me leva a pensar no curso da história. Tudo o que significou para o antigo regime vai sendo arrancado. Porém e o que está na mente das pessoas? A estação de S-Bahn Marx-Engels Platz ainda figura no mapa, porém os letreiros sumiram das plataformas. Por um momento, o viajante neófito sente-se perdido, pensa que tomou a direção errada, uma vez que lê nas placas: Hackescher Markt (a uma quadra daqui está o excelente restaurante *Hackesher Hof*, na Rosenthalerstrasse, 40, com tradicional comida alemã, raridade em Berlim). A insegurança só termina na próxima estação, Alexanderplatz. No entanto, lá fora, as estátuas de Marx e Engels continuam de pé. Se é para apagar, apague-se tudo. Também a Leninplatz não existe, assim como a Leninallee. Ho Chi Min não teve melhor sorte. E até a Platz der Akademie se foi. Nos primeiros meses, após a abertura, aconteceram ao menos 70 mudanças. A maioria dos mapas e guias trazem contínuas erratas e imagino a confusão que isso provoca nos alemães, tão racionais e lógicos, que se espantam, às vezes, até com os desvios nas ruas em obras. E no interior, para citar apenas uma, Karl Marx Stadt, cidade de grandes movimentos trabalhistas (foi chamada Manchester alemã no século 19), assim que o muro caiu tornou-se Chemnitz.

Na próxima?

Grafiteiros escreveram no memorial Marx-Engels, Berlim Oriental:
Melhor sorte da próxima vez

Burocracia ou discriminação?

Fui ao banco descontar um cheque do DAAD. Via a minha frente as pessoas entregarem os cheques e receberem o dinheiro. Tudo sem uma palavra. Entreguei o meu, a caixa perguntou se eu queria notas de 500, 200 ou 100. Respondi: de 100. Ela ouviu meu sotaque, pediu o passaporte, olhou para a foto, para a minha cara. Levantou-se, foi a outra funcionária. Conferiram o cheque do DAAD. Digitaram algo no computador, me olharam. Foram a um terceiro, cara de gerente, mostraram o cheque, me apontaram. Este terceiro telefonou, sabe deus a quem. Finalmente, assinou o cheque, não muito seguro do que fazia, olhando-me seguidamente. A segunda mulher carimbou, a primeira voltou e me pagou, pediu endereço, telefone. O cheque não era grande coisa para a Alemanha, 3 mil marcos. Fiquei observando, a caixa continuou atendendo os outros sem sequer olhar os rostos.

Um dia é da caça, o outro...

Por anos, amigos alemães achavam bizarro o hábito brasileiro de sair do carro, passar uma tranca na direção, ligar o alarme, acionar a chave secreta que corta a gasolina, a outra que desliga o sistema elétrico e, finalmente, sair levando o toca-fitas para dentro do cinema, bar, restaurante ou reunião de trabalho. Para eles, era inusitado. Houve um que chegou a fotografar pessoas conduzindo toca-fitas como se fossem bolsas. Agora, esses amigos têm travas na direção e sistemas sofisticados de alarme nos carros. Agora, posso ir à forra. Quantas vezes, no bar, levei um susto ao ver as pessoas entrando com a roda da bicicleta na mão. Para não roubarem. Assim, Berlim civiliza-se, adquire normalidade, maioridade como metrópole. Foi-se a tranqüilidade. Espera-se que cheguem as grades nas janelas (outra coisa que espantava europeu no Brasil). Ou guaritas. Nos passeios, olhando os novos prédios que se levantam por toda a parte (Márcia é arquiteta) não vejo mais janelas abertas no térreo, mesmo em pleno verão. Na Kantstrasse há uma loja junto da outra vendendo travas e alarmes. Abre-se o muro, fecham-se as portas.

Spandau / Prisão / Jardins

Queríamos olhar a prisão de Spandau, a mesma que me deixava perplexo pela imponência e inutilidade do aparato, uma vez que destinada a um só homem, Rudolf Hess, o último da elite do Reich a sobreviver, guardado por quatro potências. O mapa de

1982 assinala os quartéis ingleses (*Smooth Barracks*) com uma linha vermelha pontilhada, na Wilhelmstrasse. A prisão é indicada com grossos traços vermelhos e a legenda *Strafanstalt*. Os mapas de 1987 estão modificados. *Smooth* virou *Smuts* e sobre a prisão se lê a legenda *Spandauer Kriegswerbrecher Gefangnis*. Os mapas de 1992 assinalavam apenas Smuts Barracks. Os traços da prisão desapareceram, no local existem manchas verdes, que indicam gramados, parques ou jardins. Nada mais.

Spandau. Jardins, bucolismo. Mas aqui foi a prisão que abrigou os condenados em Nurembergue. O último a sair, morto, foi Rudolf Hess. Este terreno foi ocupação do exército inglês.

A prisão. Monstro arquitetônico, pesadão e sombrio. Custamos a nos orientar com as novas linhas de ônibus. Nada resta. A prisão começou a ser demolida após o suicídio de Hess no dia 17 de agosto de 1987. Ele enforcou-se com um fio elétrico. A demolição teve que ser vigiada por tropas, a fim de evitar os caçadores de souvenirs, principalmente os nostálgicos do regime hitlerista. Ali estiveram de prontidão principalmente grupos neonazistas em busca de relíquias.

Nos terrenos foram construídos jardins, cresceram gramados, tudo é colorido. Crianças passeavam ao sol, brincavam em playgrounds, mulheres circulavam com sacolas de compras. Queríamos fotografar através das cercas (aqui havia muros espessos, de tijolos vermelhos, enegrecidos pelo tempo), porém o velho receio reapareceu. Antigamente, era absolutamente proibido fotografar, os guardas tinham autorização de atirar (ver página 132). Nosso condicionamento permaneceu, até Márcia apanhar a câmera e fotografar os jardins batidos pelo sol de primavera, ainda pertencentes ao exército inglês. Havia árvores bem formadas ao lado de outras muito novas. As velhas árvores teriam pertencido ao pátio da prisão? Eram tudo o que restava? Testemunharam os passeios dos líderes do Reich?

A decadência dos peep-shows

Os peep-shows (ver página 141) revelam sua decadência. Se em 1982/83 havia quase um em cada esquina, em 1987, quando fui participar dos 750 anos da cidade, fazendo uma leitura no DAAD, a indústria do sexo mostrava cansaço, tentando novos sistemas de funcionamento. Florescentes empresas nos anos 70 e 80 entraram em declínio, mas foram reativadas com a abertura do muro. Milhares de orientais fizeram filas gigantescas diante das casas que ofereciam mulheres nuas ao vivo, filmes pornôs, revistas e todo tipo de "sacanagens", hetero e homo, absolutamente proibidas na antiga RDA. Há alguns anos, os peep-shows estavam deixando de ser bom negócio. As casas que exibiam mulheres nuas ao vivo quase se acabaram. Muitas estavam em velhos edifícios, localizados em terrenos que subitamente se tornaram valiosos. Além disso, leis moralistas, saturação, maior liberdade nos costumes e principalmente o medo da aids minaram os peep-shows. A *Sexyland*, na Martin Luther Strasse, que foi um verdadeiro templo, oferecia agora mulheres desengonçadas, tristes, feias, diferentes das loiras "voluptuosas" ou morenas "fenomenais" dos anos 80. Tudo mais para a deteriorada boca do lixo de São Paulo do que para uma metrópole do sexo. Na Joachimsthaler Strasse, esquina da Kant, próximo à Ku'damm, encontra-se hoje o Museu Erótico Beate Uhse. Aqui foi um peep-show popular e freqüentado, animado por DJs animadérrimos, a convocar com vozes roucas: *Entrem, entrem! Convidem para a cabine solo as mulheres mais gostosas! Elas sabem todas as perversões! Satisfazem todos os gostos! Todas as taras do mundo! A magnífica taitiana! A exótica turca! A bávara com peitos de aço! A fenomenal francesa depilada!* Beate Uhse, ex-prostituta, criou uma rentabilíssima empresa de sexo, espalhada pela Alemanha inteira.

Kleine geld, kleine geld

Nunca vi tanta gente pedindo dinheiro na rua. *Kleine geld* (Um dinheirinho, um trocado) pedem os bêbados da estação Zoo. *Kleine geld* pede o grupo de punks. *Kleine geld* pede o casal de latinos em Nollendorfplatz. Há mulheres com crianças nos braços e a voz chorosa. Técnica que podem ter aprendido no Brasil, onde a lamúria procura despertar a compaixão. Três vezes em restaurantes fomos abordados por jovens aidéticos. As figuras trazem os símbolos da doença. Parecem saídos de filmes de terror. Pele sobre ossos, o rosto como uma caveira, palidez extrema. A repulsa e o medo fazem todos enfiar as mãos nos bolsos para expulsar o infeliz da frente, o mais rápido. *Kleine geld* pede o brutamontes de camiseta regata, exibindo músculos de Schwarznegger. Se não temos *kleine*, damos o que sai do bolso. Se o ritmo prosseguir, não vai demorar para encontrarmos nos cruzamentos vendedores de bugigangas, lavadores de pára-brisas, pedintes em cadeiras de roda, o golpe do completar a passagem, o auxílio para comprar o remédio da receita. Truques que o Terceiro Mundo pode exportar, incluindo trombadinhas e ladrões de toca-fitas. "Técnicos" poderão ajudar a produzir uma ferida sangrenta com carne crua por baixo de um pedaço de gaze.

Topografia do terror: Sachsenhausen

Tiramos o domingo para percorrer a periferia da parte oriental. Utte Hermanns nos acompanhou, pretendíamos fazer longos trajetos, observar o campo, aldeias. Estranha sensação continuava a nos acompanhar por bairros antes vetados ao livre trânsito para gente como nós. Nem eram tão vetados, o clima é que parecia opressivo, a qualquer momento teríamos que explicar o que estávamos fazendo ali. Utte foi providencial, porque nesse dia estavam fazendo reparos nas linhas, havia confusões (mesmo entre os alemães que não compreendiam os avisos), andava-se duas, três estações, trocava-se de trem. Demoramos 40 minutos entre Savignyplatz e Friedrichstrasse, percurso feito em 15 minutos, normalmente. Fomos até Lichtenberg, tomamos outro trem na direção Wartenberg, mudamos em Hohenschoenhusen, um longo trecho até Schönflies, passando por campos cultivados com trigo. Sol, uma chuvinha, sol outra vez. Nova baldeação em Hohen Neuedorf West e enfim Oranienburg. Almoço nas mesas da calçada do Hotel Restaurant Oranienburg Hof, à sombra de árvores, e enfrentamos leve caminhada de 20 minutos, a pé, até o campo de concentração (Strasse der Nationen, 22. Aberto de terça-feira a domingo de 8,30 às 18 horas).

Aqui, entre 1933 e 1935, em uma antiga cervejaria, foram "internados" os opositores de Hitler. A partir de 1936, tornou-se "campo de custódia e proteção" para líderes sindicais, comunistas e social-democratas. Depois da *Noite de Cristal* (9 para 10 de novembro de 1938), abrigou também os judeus. Tudo parado no tempo. A aldeia conservada como nos tempos da RDA; talvez como no final da guerra. Ruas desertas, jardins selvagens, mato, casas deterioradas, com terrenos em volta. Numa confluência duas placas, uma indicava um cassino e a outra, o campo. A entrada deste é belíssima, jardim muito verde, árvores, paz. Teria sido assim quando o campo funcionava? A fachada esconde o horror. Atravessamos a porta de entrada, todas iguais nos campos. No centro do pátio de chamadas um poste enferrujado me chamou a atenção. O que essas luzes iluminaram em noites de inverno? Objetos-testemunhas. Sempre penso neles. No museu, a história contada pelos socialistas coloca em foco as vítimas comunistas, mais do que os judeus. A famosa foto da reunião dos três grandes (Stalin, Truman e Clement Atlee, que substituiu Churchill) em Potsdam, exibe apenas Stalin, os outros desapareceram. Estar junto aos beliches reais que abrigaram os prisioneiros me deixou forte impressão. Quem esteve ali poderia imaginar que todo o sofrimento seria transformado em voyeurismo?

O que mais impressiona é a "clínica". Na sala do diretor, sobre a mesa, uma caveira. Um prisioneiro que tinha todos os dentes perfeitos, nenhuma cárie. Segundo a placa, ele foi morto para sua caveira ser colocada ali, como souvenir. A sala tem uma vista agradável para o campo. Nessa clínica se faziam experiências "científicas". Os célebres experimentos dos médicos nazistas.

Fico sabendo que os prisioneiros eram alugados a empresas por 6 RM (Reichmark, o dinheiro do Reich) cada um, por dia. Destes 6, eram descontados 60 fenigues pela comida e 10 pela roupa, portanto a SS recebia 5,30. A média de prisioneiros alugados por dia era de 270. Portanto, lucro diário de 1.431 RM. Cada morto rendia cerca de 200 marcos entre roupas, dinheiro e ouro. O preço estimado da cremação era de 2 marcos por pessoa (salário do SS, combustível para o fogo, manutenção de fornos).

Há um cômodo particularmente tétrico (além dos fornos crematórios), visto através de maquetes, fotos e uma planta. Os prisioneiros caminhavam por um corredor e entravam em uma saleta, devendo sair pela porta em frente. Não sabiam que no meio da parede havia um orifício. Na sala ao lado, um oficial da SS empunhava uma pistola com o cano apoiado no orifício. Cada prisioneiro que passava levava um tiro, era arrastado para os fornos. Há a foto de um atirador considerado o campeão, acertava direto no coração, sem jamais cometer erro. De tempos em tempos, os mais eficientes recebiam uma folga de vários dias, como licença-prêmio.

Fizemos um passeio pela vila vizinha. Não havia casas novas. Quase todas aparentando mais de 50 ou 60 anos. Significa que o lugar existia enquanto o campo funcionava. Impossível ignorá-lo. As chaminés estavam a cem metros da casa mais próxima. Acaso filtros eliminavam o cheiro dos corpos cremados? Em 1996, grupos de extrema direita incendiaram algumas alas do campo. Lendo – em 1999 – os *Diários de Walter Klemperer*, publicados pela Companhia das Letras, vejo que os alemães sabiam dos campos.

Topografia do terror: Gestapo

Reativar a memória é forma de evitar a repetição da história. Caminhando nos arredores das ruínas da estação de Anhalter, onde existe o bunker do filme *As asas do desejo* (Der Himmel Uber Berlin, 1987), de Wim Wenders, vimos o cartaz *Topographie des Terrors*. Exposição organizada pela Martin-Gropius-Bau, destinada a chamar a atenção sobre o território delimitado pela Niederkirchnerstrasse (antiga Prinz-Albrechtstrasse), Wilherlmstrasse e Anhalterstrasse. Aqui se concentraram as instituições mais temidas do III Reich: a Gestapo, o Estado Maior da SS e a RSHA, Diretoria de Segurança do Reich. Nesse pequeno espaço, diz o catálogo, "existia excepcional concentração de poder e terror". Domínios de "Himmler, Heydrich, Kaltenbrunner, personagens tenebrosos, aqui se planejou a aniquilação dos judeus, idealizada no Encontro de Wansee; daqui partiam as informações sobre cada cidadão, destinadas a manter controle absoluto da população. Funcionários burocráticos, em suas mesas de trabalho, planejavam e administravam o terror, distantes e fora da visão dos lugares onde o horror

Topographie des Terrors

Gestapo, SS und Reichssicherheitshauptamt auf dem »Prinz-Albrecht-Gelände« Eine Dokumentation

Topografia do terror. Uma exposição iluminou recantos esquecidos nos quais funcionaram os comandos que implantaram o horror na Alemanha nazista.

acontecia". Talvez se saíssem das mesas pudessem contemplar as prisões e salas de interrogatório e tortura dos porões, nas quais pessoas foram mortas ou se suicidaram.

Fotografias e documentos indicam o que aconteceu e onde. Restam fragmentos de paredes e muros, trechos dos porões/prisões, reencontrados em escavações arqueológicas. Uma plataforma sobre pequena colina de escombros possibilita visão total do território-sede do terror organizado. Percorrer a exposição, ver as fotos, gráficos, mapas, plantas, ler os documentos, memorandos, ordens (tudo se escrevia, tudo se conservava, havia total certeza sobre o futuro do Reich) é completar, ao vivo, em curto espaço de tempo, um curso arrepiante sobre uma das mais temíveis formas de desprezo pela condição humana.

O silvo agudo do S-bahn

Berthold Zilly nos encontra na estação Zoo. As plataformas para o S-Bahn que viviam desertas (a não ser bêbados e contrabandistas de bebidas, domésticos e inofensivos, poucas pessoas saíam dali para Wansee) estão superlotadas, é um trem atrás do outro, os indicadores de direção giram velozes. Berlim perdeu a atmosfera de ser sempre domingo pela manhã. Há movimento, clima febril, os rostos arrancaram a ansiedade enigmática. A maioria dos passageiros vai para Postdam ver o palácio Sanssouci, o seu parque e o Neues Palais. Os S-Bahn novos ou pintados são uma surpresa. Desapareceu o silvo agudo, característico (quase disse pessoal), que eles emitiam ao parar. Sabia-se a distância que uma estação estava próxima, os silvos orientavam como faróis.

Na estação de Friedrichstrasse terminava o trajeto para quem vinha de Berlim Ocidental. Agora, os letreiros avisam: Direção Alexanderplatz. Emoção ao percorrer, pela primeira vez, a linha que vai ao coração do "lado de lá". Descemos na Mark-Engelz Platz, hoje Hackescher Marquet. À espera do bonde que nos levará ao jardim de Cristina e Erhard Engler. Viagem longa, cidade deserta. Sabemos que estamos em Berlim Oriental olhando para os edifícios gastos, sujos, remendados, contemplando os letreiros das lojas e dos bares, desenhados em tipografias arcaicas pelos padrões do moderno design ocidental. Não há vôos de imaginação, jogos criativos. De repente, me pergunto: precisamos de mais? Tudo está indicado de maneira clara, pronto!

Candura do design

Dias antes, num sebo de Berlim Oriental, Márcia abriu um livro intitulado *SED*. Na capa havia uma referência a design, porém o título eram as letras que designavam o Partido Comunista Unificado da RDA. Um jogo de palavras: SED no livro é a abre-

Foto: Dalila Staude

O Reichstag foi empacotado pelo artista plástico americano Cristo em 1995. A operação demorou anos para ser aprovada e executada. O tecido escolhido era especial, tinha a trama grossa e era prateado, de maneira que o edifício brilhava ao sol. Foram usados 100 mil metros. Tornou-se ponto de atração, com milhares de pessoas a contemplá-lo cada dia. Menos o então chanceler Helmut Kohl que afirmou: "Isso nada tem a ver com arte". Mas se diz que ele foi dar uma olhadinha, secretamente, de um helicóptero.

viatura de *Schones Einheits Design*, algo como *Surpreendente desenho oriental*. Os autores Georg C. Bertsch, Ernst Hedler e Matias Dietz fizeram uma recuperação de exemplos representativos do design da Alemanha Oriental em todos os campos. Cremes dentais, detergentes, produtos alimentícios, eletrodomésticos, bebidas, cigarros, remédios, copos, pratos, taças, chuveiros, tomadas, pilhas, assim por diante. O que se vê é comovente na simplicidade, na ausência de rebuscamento, no kitsch declarado, no prático exacerbado. Foi realizada em Frankfurt uma exposição Design RDA, que provocou admiração entre os ocidentais. O publicitário Hartmut Grum definiu: "Dos objetos dessa exposição emanam vitalidade natural, força própria e candura".

Vergonha de si mesmo

A diferença entre as "duas" Berlins estava também na ausência de poluição visual. Atravessamos um passado sem data. "Veja o número de pequenos negócios fechados", diz Zilly apontando para vitrines empoeiradas, ou quebradas, portinholas escancaradas exibindo o interior vazio, como bocas banguelas. "Eram lojas, armazéns, padarias, papelarias, armarinhos, que de um momento para o outro se viram sem fornecedores. A máquina industrial estatal foi desativada em sua maior parte. Assim que caiu o muro, ninguém mais quis produtos orientais, todos se voltaram para o consumo no ocidente. De um momento para o outro, o povo sentiu vergonha da 'feiúra' dos objetos, da simplicidade, do quase artesanato, do atraso tecnológico. Até mesmo padarias que vendiam pãezinhos convencionais, cujas receitas passaram de geração para geração e tinham a freguesia certa, curvaram-se aos estilhaços do muro. O pão industrializado que vinha 'do lado de lá' passou a ser consumido".

O próprio povo do Leste condenou a sua indústria. O processo de privatização correu célere e muitas companhias obsoletas desapareceram. Empresas privatizadas passaram a adotar o regime ocidental de competitividade e concorrência. Antigamente, o sistema de trabalho era lento. O socialismo mais simples, o capitalismo complexo. Basta ver a questão dos seguros para tudo, divididos em categorias, segmentados, com preços altíssimos para bolsos orientais. E as aposentadorias cheias de minúcias judiciárias, coberturas diferentes, nuanças manhosas, detalhes exagerados, incompreensíveis? Operários acostumados a velhas máquinas se viram desavorados com a implantação de tecnologia de ponta. Os mais velhos perderam o emprego, não se adaptavam. Os novos tiveram de fazer cursos e reciclagens e foram contratados por períodos. Obrigados a se modernizar, para serem efetivados, se viam em permanente tensão e medo.

"Havia em Berlim Oriental produtos tradicionais, muito queridos, como certos biscoitos, refrescos, cervejas, doces, compotas, artesanatos, balas, geléias, manteigas. Não se acha mais nada. Evaporaram-se com a falta de consumidores, envergonhados com a sua singeleza", explica Berthold Zilly, o professor que enfrentou um feito heróico. Traduziu para o alemão *Os sertões*, de Euclides da Cunha.

Nossas coisas

Na paz do domingo, nessa longa e lenta viagem no bonde amarelo, cujas rodas rangem e se lamentam nos trilhos, relembrei outro passeio com Dirk Hoffmann. Ele contou do "saudável movimento que se esboçou, entre alemães orientais, de proteção a produtos que marcavam a cultura do povo, como defesa da própria identidade". Dirk apontava para cartazes nos muros: *Wir Bleiben Ihr Konsum* (Continuamos a ser a sua Konsum). É uma rede de supermercados tradicional, movimentada, que decidiu reagir à invasão. Outro slogan: *Berliner Pilsner* (A Nossa Cerveja). Insiste-se na palavra NOSSA para diferenciar, marcar. *Rugner, Nosso Queijo.*

O movimento destina-se a fazer com que a Alemanha do leste não perca a sua consciência de país. No caso do queijo, do leite, de geléias e outros, o objetivo é também ajudar, por exemplo, os camponeses que produzem. A intenção é abrir os olhos, mostrando que o ocidente não é o melhor. "Somos diferentes, nem melhores nem piores", proclama o movimento que se expande.

Muita gente sentia pertencer a uma classe superior ao poder comprar produtos ocidentais. Havia justificativas as mais curiosas, às vezes: "O cheiro é diferente, é bom". Depois da guerra, com a ocupação da Alemanha, a Guerra Fria e o isolamento a que a RDA se viu conduzida, parte da população acabou aderindo ao socialismo por crença, defendeu-o com idealismo. Muitos nasceram dentro do regime, não tiveram opção. Outros viveram inconformados. Sobre a antiga RDA perpassava sempre a utopia: viver do lado de lá ou, ao menos, conhecer, saber como era, poder comparar, ser livre para decidir. Um segmento sonhava em abandonar o país (no Brasil quantos não sonham com Miami, quantos não foram para o Japão?). Todavia, se as fronteiras fossem abertas, a Alemanha Oriental não se esvaziaria, como imaginavam os líderes. Boa parcela da população viveu tranqüila sob o socialismo e não é culpa dela a corrupção da cúpula, que desvirtuou uma idéia. O difícil, depois da queda do muro, disseram Zilly e Hoffman, foi, de um momento para o outro, passar a viver debaixo de normas e regulamentos que não eram os deles, eram opostos, cruéis, pode-se dizer. Detalhe: quando tiveram de fazer declarações de imposto de renda, os orientais não tinham a menor idéia de como proceder. Proliferaram pequenos escritórios de contabilidade especializados. Após a queda do muro, os problemas se tornaram tão grandes que os antigos problemas se minimizaram. De repente, não existia mais o socialismo, mas também não existia a crença na social-democracia e não se acreditava nos conservadores. Ficou o vazio.

Microondas e carros

Após o ponto final tivemos um trecho a pé até chegar ao jardim de Engler. Zilly apontou para um objeto ostensivamente exibido atrás do balcão de um pequeno bar: o microondas. Símbolo de status. Novidade também foram as lojas de informática, exibindo computadores de última geração. Não eram acessíveis na RDA. Portas de entrada dos prédios exibem fechaduras novas. Vindas do ocidente. Cervejas ocidentais começam a colocar seus outdoors, a poluição visual avança. Cartazes impressos substituem os antigos, feitos à mão. Locadoras de vídeo. Sex-shop avisando: *Se quer ver mais deve entrar.* Letreiros em inglês: City look. Palavras alemãs às quais o apóstrofo foi acrescentado. Publicidade: New Kids in the block, shows de Michael Jackson, Eurock, Genesis, Ringo Starr And Hiss All Starr Band, Simply Red, Ray Charles, Elton John, Prince, Zelt-Musik-Festival, Milva, Uwe Ochsenknecht.

Quintais. Garagens improvisadas com estacas e lona abrigam Renaults, Peugeots, Alfa-Romeos. Em algumas, o Trabant foi conservado em cima de cavaletes. Nostalgia? Assim que o muro caiu, o primeiro objeto do desejo foi o carro. As concessionárias quase não deram conta, economias de anos foram despejadas nas goelas de Mercedes, Audis, Porsches e outros. A relação do alemão com seu carro é obsessiva, quase neurótica. Ele chega a ser mais importante que a própria mulher para uma classe. O carro é coisa santa. Um estranho não deve tocar nele. Bater no carro é mortal. Uma conseqüência da febre do automóvel: mais acidentes nas estradas. Os orientais não estavam acostumados a dirigir carros velozes. Vantagens dos ocidentais: poluição menor. Conta-se que, em determinado período, os poloneses proibiram a entrada de Trabants no país. Tudo porque os alemães orientais, para se livrarem dos carros, iam até a Polônia, abandonavam o carro lá e voltavam de trem. Curiosamente, na hora do consumo e do dinheiro, nos tempos do muro, capitalismo e socialismo encontraram formas de convivência. Acontecia de famílias da RFA pagarem carros através de uma firma chamada Genex e seus parentes orientais retiravam o veículo na RDA.

Sistema de trocas

Este bairro, através do qual caminhamos, tem cara de classe média. Exibe sinais de decrepitude nas paredes, cercas, portas e janelas. No entanto, os quintais são grandes, há terrenos espaçosos em volta das casas, o que quase não se vê na antiga Berlim Ocidental, a não ser em bairros de classes mais altas. Engler me explicou, depois, a maneira de se reformar a casa. Se você tivesse a sorte de ter tijolos de sobra, fazia um anúncio no jornal, trocando-os por azulejos ou canos. Se tivesse uma torneira, poderia oferecê-la – mais uma soma em dinheiro – em troca de um chuveiro. Desse modo, melhorar a moradia poderia levar anos, as casas de materiais de construção ofereciam poucas opções, tudo racionado, caro.

O primeiro brasilianista

Nessa tarde, no jardim dos Engler, a mesa foi colocada ao ar livre. O dia era quente e acolhedor, ficamos à sombra das macieiras e cerejeiras. Zilly, Márcia, o professor da USP Willy Boille, a professora Ligia Chiapini com o marido. Dois convidados especiais, os professores Brisemeyer e Joachin von Pritzbuer. O primeiro, um batalhador pela literatura brasileira no Instituto Íbero-Americano, que esteve ameaçado de fechamento, quando o governo restringiu as verbas para a cultura. O segundo, com 84 anos, tinha vivido no Brasil nos anos 30, trabalhando em concessionárias de gasolina. Foi se apaixonando, aprendeu a língua, adorou os livros e quando retornou levou uma biblioteca, continuou em contato com nosso país, transformou-se em professor de português. Foi o primeiro brasilianista da RDA. Formou professores, aliciou alunos para uma língua distante. Morava em Rostock. Quando o regime socialista endureceu, ele teve dificuldades de conseguir material, porém amigos "contrabandeavam" livros brasileiros para ele. Nos últimos tempos do muro, Engler foi a ponte através de Ray-Güde Mertin, Moema e Johannes Augel. Falante, com um modo áspero que escondia uma pessoa doce, ele resumiu para mim, em uma frase, o que tinham sido os anos do muro: "Quem não tem saída desenvolve as coisas como um prisioneiro perpétuo".

De quem é?

Engler e Cristina estavam inquietos. Depois de terem lutado e esperado anos, tinham conseguido este pequeno lote na periferia de Berlim Oriental. Ergueram uma edícula, plantaram árvores, flores, verduras, era o refúgio dos fins de semana, algo semelhante às *kolonien* que povoam trechos de Berlim Ocidental. Mas agora surgiu um "proprietário", com documentos, alegando que o terreno pertence a ele e quer reintegração de posse. Enorme quantidade de gente enfrenta o mesmo problema, ameaçada de perder casas, apartamentos, terrenos. Naquele momento, ninguém mais sabia que leis valiam. Recomeça-se tudo ou volta-se aos tempos anteriores à ocupação soviética? Cinqüenta anos cancelados por uma penada? A Alemanha Oriental teve o mesmo destino de Rip Van Winkle, que, depois de longo sono em uma caverna, acordou em um mundo diferente e precisou continuar a viver em defasagem com o que ocorria a sua volta.

A quem pertencem os terrenos?

Caído o muro, começaram as discussões sobre os terrenos que se situavam entre os dois muros, uma faixa extensíssima. Localizar os antigos habitantes cujas casas foram derrubadas? Cada ministério reivindicou a posse, organizações se movimentaram exigindo parques, playgrounds, centros culturais. Imobiliárias se agitaram ante a perspectiva de enormes lucros. Todos garantem que as batalhas judiciais vão durar anos, conhecendo os advogados e o povo alemão e o seu apego a minúcias, detalhes, recantos escondidos das leis.

Ocupação

Ao abrir o muro, estimou-se que havia 20 mil apartamentos vagos, abandonados na RDA. A maior parte arruinados pela impossibilidade de conservação. Em 1990, na ex-Berlim Oriental nada menos de 110 casas foram ocupadas por berlinenses ocidentais.

Propriedades

Até o final de 1992, as pessoas que ainda possuíam velhos títulos de propriedades na ex-RDA, puderam validar os documentos nos consulados, solicitando a reintegração de posse ou indenização em dinheiro. Como o governo da RDA tinha desapropriado milhares de propriedades (grande parte no setor do muro), a questão de posse tornou-se complexa, o que emperrou os investimentos da RFA e estrangeiros na região. Os que reclamavam a posse de bens móveis (jóias, antigüidades, objetos de arte) tiveram prazo maior. Um ano e meio para reunir documentação e entrar na Justiça.

Esclarecer

Grafite em uma casa ocupada da Kastanienallee, uma das ruas mais antigas de Prenzlauer Berg (em espírito e população corresponde mais ou menos ao que é Kreuzberg):

Sem esclarecimento da questão de propriedade não haverá progresso na Alemanha Oriental.

Reformar um país

A questão das propriedades retardou a entrada de investimentos na RDA, porque os donos do capital não se sentiam seguros. Nos primeiros anos após a unificação, a Alemanha Ocidental colocou US$ 100 bilhões (a cifra foi noticiada, desmentida, reconfirmada) para subsidiar o consumo e resolver problemas de infra-estrutura. A rede de comunicações era deficiente e as estradas, sem conservação, esburacadas. Quem é que ia colocar o Mercedes, o Porsche, o BMW ou o Audi em tais rodovias? Um projeto foi esboçado rapidamente para o "processo de reconstrução da Alemanha Oriental". O que exigiu mais investimento foram as reformas e ampliações de ferrovias e rodovias, seguidas por medidas de reintegração ao trabalho, reforma de escolas, hospitais, asilos de idosos, modernização e reformas de prédios assistenciais, defesa do meio ambiente, urbanização e preservação dos monumentos, privatização dos apartamentos, residências universitárias e reforma de prédios universitários. A privatização das empresas, a cargo de um órgão denominado Treuhand (ocupou o prédio que foi Ministério da Aeronáutica, comandado por Goering no período nazista), se mostrou complicada. Grande parte das indústrias era obsoleta, quase sucata, dinossáurica e o fechamento puro e simples de centenas aumentou o desemprego.

A situação financeira gerou um monstrinho que a Alemanha desconheceu por décadas, a inflação. As taxas de juros subiram. E quem está pagando a conta são os contribuintes ocidentais. Os impostos, apenas em 1991, subiram 7,5%, índice que pode ser considerado alto, dada a economia estável do país. Resultado: insatisfação, ressentimentos. Quem leva a culpa? Os orientais. Os Ossies.

O fim do império estudantil

À medida que redescubro Berlim, lembrando aquela tarde de 1982, quando Utte Hermanns me levou ao S-Bahn e me fez penetrar no enigmático, descubro assuntos recorrentes nas conversas. Um deles é o corte de verbas. A cidade que era conhecida pela intensa atividade estudantil (incluindo memoráveis embates com a polícia), que era amada pelos jovens, que oferecia bolsas e facilidades para estudar, que dispunha de mil empregos *part-time* (muitos trabalhavam seis meses e passavam outros seis viajando, desfrutando de pacotes vantajosos), que dava descontos excepcionais em viagens de férias a Berlim, onde sempre se encontrava um quarto ou pequeno apartamento barato para morar (aluguéis saltaram para a estratosfera), essa cidade está se esfumando. O dinheiro das bolsas foi cortado, não se contratam mais professores, ao contrário, demitem-se, verbas de cultura são reduzidas. O governo confessa que adoraria ver o atual número de 130 mil estudantes passar para algo em torno de 80 mil. Pode ser que consiga. As carreiras universitárias não oferecem mais atrativos, professores estão deixando a cidade.

Trabalhadores hóspedes

Muitos alemães orientais, todos os dias, passam horas viajando para a antiga Alemanha Ocidental onde fazem "estágios" em indústrias, para se adaptarem ao sistema, ou exercem empregos que exigem mão-de-obra não-qualificada, voltando no fim do dia ao "seu país" – ainda que agora exista apenas um país. Esses alemães são chamados pela imprensa de "trabalhadores hóspedes".

Ligue já

Os orientais descobrem a delícia de telefonar dos orelhões para qualquer parte. Antes, ligar para o ocidente era perceber o telefone emudecido. As linhas ficavam bloqueadas, não havia correspondência. Um dos primeiros grandes problemas foi a unificação de sistemas telefônicos antagônicos: um moderno, digital, o outro beirando a pré-história. Prevê-se que serão colocados na cidade 60 mil quilômetros de cabos de fibra ótica. Com a liberação dos telefones, apareceram os trotes, principalmente dos que adoram obscenidades.

Ponte dos espiões

Nos primeiros anos da unificação, notou-se atividade febril na "unificação" das ruas cortadas pelos muros: asfalto, concreto, tubulação (como conciliar a velha e a nova?), meio-fios, recuperação de trilhos enferrujados, dormentes podres, restauração de pontes abandonadas, com estruturas comprometidas. Para um estrangeiro como eu, repleto de influências cinematográficas, foi uma emoção atravessar a ponte Glienicker, sobre o rio Havel, na Königstrasse (Berlinerstrasse no "lado de lá") a caminho de Sanssouci. Nessa ponte, fechada desde 1961, foram feitas algumas trocas famosas entre o leste e o oeste como as do dissidente Anatoli Sharantsky e a do piloto Gary Powers, cujo avião foi abatido em território russo.

Sanssouci, apoteose mental

O nome do castelo significa sem preocupações. Uma das sensações após a abertura do muro, tesouro arquitetônico fechado ao público por décadas. Teve a sorte de ser pouco avariado pelas bombas durante a guerra. A residência real em Postdam foi das mais importantes da Europa. Construída em 1740, por Frederico, o Grande, que tinha inclinações artísticas e literárias, abrigou Voltaire e Bach. Localizado em uma colina artificial, seus jardins descem em degraus, chegando a uma avenida que conduz ao *Neues Palais*, com mais de 400 cômodos, no qual é imprescindível visitar o Salão Gruta, apoteose decorativa, que mostra: os arquitetos de interiores sempre têm mentes exacerbadas, quando encontram alguém para pagar. No parque, se vê ainda uma obra de Schinkel, o maior arquiteto do seu tempo. É o Schloss Charlottenburg. Um dos cômodos é uma tenda romana, com paredes e teto cobertos de lona. Cada um abusava da fantasia mais do que o outro. Encravada no parque, encontra-se a curiosa Casa de Chá, em estilo chinês, uma das sensações de sua época, com decoração delicadíssima. Estava sendo restaurada quando visitamos. Nesse parque, no castelo Cecilienhof, Truman, Atlee e Stalin se reuniram depois da Segunda Grande Guerra para decidir os destinos da Alemanha.

Em Potsdam, cinéfilos (como eu), não percam tempo. Corram ao Filmmuseum que foi alojado nos antigos e elegantes estábulos projetados por Knobelsdorff. Abriga a história do cinema alemão entre 1895 e 1980. Magnífico.

O almoço pode ser no *Am Stadttor* (Brandenburgerstrasse, 1) para provar sopas excelentes (se for dia fresco ou frio) e o fígado berlinense. Sempre cheio, mas aceita reservas.

Noite oriental

A noite (bares, restaurantes, points) transferiu-se logo para Berlim Oriental. O templo da música tecno está no *E-Werk* (Wilhelmstrasse 43), localizado numa antiga estação de energia. Na Oranienburgue, no número 28, não deixe de entrar no *Oren*, indicação de Dalila Staude e seu marido Frank. Um vegetariano de primeira com especialidades do norte da África e do Oriente Médio; peça a berinjela recheada com molho de cogumelos. Os vinhos vêm de Israel. Nas proximidades da Potsdamerplatz, os cafés e as galerias, uns produtos de decoradores da moda, outros arranjados às pressas (mas cheios de clima) disputam clientes. No centro de Berlim Ocidental, conheça um dos bares mais longos da Alemanha, o *Am Lutzowplatz*, na praça do mesmo nome. O balcão tem pontos gelados sobre os quais os copos são colocados. Point de gente elegante. Na Grolmanstrasse (vizinha ao antigo DAAD), próxima a Savignyplatz (agitadíssima) o bar *Diener* é uma instituição freqüentada por artistas, publicitários e gente descolada, um pouco esnobe. Na ex-parte oriental, vá até a Husemanstrasse (próxima a Kathe Kollwitzplatz) e visite a *kneipe Restauration 1900*.

Mulheres

Fá Stollenwerk, brasileira, negra, 48 anos, psicóloga formada pela Universidade Livre de Berlim, conseguiu um feito excepcional: é vereadora pelo Partido Verde no bairro de Schoneberg, trabalha numa associação de casais binacionais. É dela a afirmação ao JB, quando esteve no Rio de Janeiro em 1996: "A queda do muro igualou para pior as duas Alemanhas. Antes, 90% das mulheres da antiga RDA trabalhavam. Agora, 55% estão desempregadas".

A odiada Stasi

Do que mais se falou foi da Stasi, a polícia secreta que vigiava a população inteira, obrigava cidadãos a se tornarem informantes, grampeava telefones, perseguia, punia, tornava a vida um inferno. Se alguém recebia uma visita ocidental, era obrigado a redigir um relatório comunicando quem era a pessoa e sobre o que tinham conversado. Com a abertura dos arquivos (180 quilômetros de estantes com material gravado e impresso), descobriram maridos denunciando as próprias mulheres, e vice-versa, amigos dedando amigos, professores ambiciosos testemunhando contra colegas nas universidades. A Stasi era uma neurose tão acentuada e seus métodos tão paranóicos que chegou a querer coletar coisas abstratas como o cheiro individual dos subversivos perigosos. Não há quem não tenha um caso para contar. As polêmicas com a Stasi envolveram inclusive dois dos maiores representantes da moderna literatura da antiga RDA, a escritora Christa Wolf (seu romance *Cassandra* foi publicado no Brasil) e o teatrólogo Heiner Muller (ele aborda o assunto em *Guerra sem batalha, a vida entre duas ditaduras*). Os arquivos estão hoje abertos à consulta pública. Um dos trabalhos mais completos sobre a ação da Stasi é o livro *The File* (O Arquivo), de Garton Ash.

O neonazismo

Até o final de 1992, o BKA – o FBI alemão – registrou mil delitos com motivação racista ou de extrema direita. Existiam, até aquela data, 6 mil skin-heads "registrados" (fichados). Grupos de estrutura ideológica difusa e estrutura pouco sólida. A preocupação tem sido os babyskins, jovens com menos de 16 anos que se dedicam, cada vez mais, ao terrrorismo.

"Por toda parte só vejo massas de estrangeiros, isso não posso entender, isso não é a Alemanha. Nós vamos vingar as lágrimas de nossos semelhantes e desatar juntos a última maré." Versos da canção "Blut und Ehre" (Sangue e Honra), do conjunto Kraft durch Froide e que simboliza bem o espírito que anima organizações de cunho neonazista que estão proliferando na Alemanha unificada. As ações dos skin-heads têm sido apoiadas por partidos políticos como a União do Povo Alemão (Deutsche Volksunion-DVU) e os Republicanos (REP), que conseguiram vitórias até expressivas em eleições no início da década. Dois personagens conhecidos procuram influenciar a opinião pública: Franz Schoenhuber, homem de televisão, que tem repetido em reuniões fechadas: "A Alemanha para os alemães", e Gerhard Frey, um jornalista que não se preocupa em esconder suas simpatias pelo nazismo, afirmando que pretende evitar que continue a "desfiguração do país por hordas de estrangeiros que sujam as ruas, ocupam as moradias populares e tomam os empregos dos disciplinados trabalhadores alemães", segundo um especialista em Alemanha, o jornalista William Waack.

Vítimas freqüentes desses grupos têm sido os prédios que abrigam refugiados ou centros de imigrantes através da Alemanha inteira. Foram registrados atentados em cidades como Quedinburg, Koblenz, Brandemburgo, Kremmeb, Neustadt, Hoyeswerda e Luebbenau, além de Berlim, Hamburgo e Munique. Bernd Wagner, especialista no assunto, afirmou que um terço da população da ex-Alemanha Oriental simpatiza com a direita radical, acentuando que os "neonazistas descobriram buracos na legislação para expandir-se". Os extremistas têm encontrado um campo fértil para suas ideologias amparados por um conjunto de fatores, assinala Waack: "O mundo dos alemães orientais desabou e o que está sendo posto em seu lugar até agora não é melhor. Eles perderam seus valores, sua orientação e, em boa medida, o estado paternalista. Sofrem com o desemprego e com o fim dos subsídios, terão de enfrentar preços reais para os aluguéis, tarifas públicas e transportes. Seus salários são cerca de 60% do nível ocidental, mas os preços são iguais". Na prática, os alemães orientais são considerados cidadãos de segunda classe.

No décimo aniversário da morte de Rudolph Hess, em 1997, a polícia conseguiu prender, preventivamente, cerca de 200 manifestantes com armas, cartazes e slogans anti-semitas. A repressão ao neonazismo é difícil, confessa o governo, quando pressionado pelas organizações internacionais e pelos governos. Existem cerca de 10 mil skin-heads "catalogados", gente de ideologia difusa, nebulosa, movida por um ódio indiscriminado, pelo amor à violência gratuita, sem organização definida ou "programas". São movidos pelos ataques imprevistos, súbitos. Não têm medo de nada e sua idade média oscila em torno dos 16/18 anos. O direito de asilo aos estrangeiros deixa-os irritados.

Igreja atrapalhava

Dirk Hoffman nos leva aos terrenos onde existiu a Igreja da Conciliação. Erguida em 1892, era das mais tradicionais de Berlim.

Com a divisão, ela se viu em situação insólita, no caminho dos jipes de segurança, na fronteira entre os bairros Mitte (Centro) e Prenzlauer Berg, rodeada pelos dois muros na Bernauer Strasse. Em 1982, muitas vezes fui contemplá-la do belvedere de madeira que existia no "lado de cá". Porém, ela incomodava o regime e, em 1985, foi implodida por ordens de Honecker. Quatro anos mais e estaria salva. Não chegou ao centenário. Seu lugar ficou demarcado por católicos. Era sagrado.

Curry wurst

Bernauer Strasse. No ponto em que estamos com Hoffmann, a rua está desimpedida e em ritmo de repavimentação. Olhando-se para o chão se percebe onde era ocidente e oriente. De um lado, liso, plano, perfeito, do outro, tudo esburacado, remendado. Tomamos o S-Bahn, descemos na estação Eberswalder. Ali há um imbiss, o *Konnopke's*, repleto de operários comendo salsichas com curry wurst (salsicha vermelha cortada em rodelas no molho de catchup e curry). Hoffman garante que esse prato tão típico foi criado nesse lugar, décadas atrás. Prenzlauer Berg sempre foi bairro operário em toda a história de Berlim. Uma característica dos imbiss modernos é que eles não vendem apenas salsichas e bulettes (almôndegas de carne e pão, tradicionalíssimas). Oferecem também o Donner Kebab (antigamente encontrável apenas em Kreuzberg. Carne de porco ou carneiro, fatiada, com alface, cebola, repolho vermelho, molho picante) e falafel, especialidades turcas. Por falar em comidas, estando nas redondezas vá a Gohrener strasse e procure o restaurante *Je Langer je lieber*. Desfrute a cozinha moderna alemã em um decor delicioso. Ou pode preferir o *Rosenbaum* (Oderberger strasse, 61), considerado um dos melhores no que já foi Berlim Oriental.

Dresden. Imperdível

A estação Zoo deixou de ser a principal em Berlim, o movimento dos grandes trens retornou para Hauptbanhof, antigo outro lado. Mais imponente, mais "estação". Reinava ainda, em 1992, confusão, com informações precárias e os quadros de avisos dando a sensação de serem acionados manualmente. Adivinhamos a plataforma para Dresden onde íamos passar o dia. Sacrilégio. Nosso trem saiu atrasado vinte minutos A viagem só não foi mais rápida porque o leito ferroviário estava em reparos. Para um filho de ferroviário, a estação de Dresden é fascinante, gigantesca. Parecia abandonada, mas estava em reformas. Saímos pela Pragerstrasse, reta, larga, arquitetura quadradona, feíssima, sem graça, pré-formatada. Pensar que se construiu tal avenida na cidade chamada a Florença do leste. Passamos pelo McDonald's, pela Karstadt (loja de departamentos) lotada, filas para entrar. Turistas de todos os tipos. Os alemães identificáveis pelas sandálias e meias. O que mais se compra são as fotos de Dresden destruída pelo bombardeio, vendidas por camelôs, em quiosques, papelarias. Nas ruínas da igreja luterana, um grande cartaz protestava contra a estátua ao Marechal do Ar, Sir Arthur Harris, apelidado "bomber", o que comandou o terrível bombardeio. Prepare as pernas, porque andar a pé é a melhor forma de ver. Caminhe ao longo do rio Elba. Perca horas diante das jóias (perca o fôlego) do Grünes Gewölbe (O Cofre Verde). Atenção ao conjunto que mostra a corte do rei em Délhi. Rápidas indicações: o conjunto de palácios barrocos Zwinger, a Semperoper, a Fonte das Ninfas, as paredes decoradas no Fürstenzug. A Melita nasceu nessa cidade, no 31 da Marschallstrasse.

As duas Alemanhas

Tenho uma amiga, Dalva Scherer, pessoa sensível, curiosa, aberta ao mundo, uma negra que se casou com um alemão e viveu lá alguns anos. Agora, retornou, mora em João Pessoa, escreve crônicas, poesias, ensaios para jornais do Nordeste, tem aguda consciência dos problemas da raça negra (sofreu na Alemanha e no Brasil) e continua alerta ao que se passa lá e aqui. Seu marido, Sebastian Scherer escreveu para mim este curto relato que sintetiza o panorama do povo alemão após a queda do muro. Ele é claro, preciso. A voz de uma pessoa lúcida:

Antes de novembro de 1989

Para quem nasceu depois da Segunda Guerra, a divisão da Alemanha era um fato quase natural. Ninguém pensava que o muro ia cair neste século ou no outro. E até os políticos mais velhos que ainda traziam lembranças de uma Alemanha unificada e que, retoricamente, não se cansavam de enfatizar o desejo dos alemães de se reunir num país só, na realidade já tinham perdido todas as esperanças que uma coisa dessas pudesse acontecer em futuro próximo.

A prova disso é que – quando caiu o muro – não se achou em nenhuma gaveta de Bonn um esboço, idéia ou um plano para lidar com este tipo de situação. Nem o governo tinha elaborado um esquema para tal eventualidade, nem a oposição nem os serviços secretos tiveram imaginação para especular sobre isso. A gente sabia que, enquanto existisse o racha entre as duas superpotências, Rússia e EUA, também não se mexeria com o muro de Berlim.

O relacionamento entre as duas Alemanhas tinha sido ritualizado. Eram raras as famílias que não tinham parentesco na outra. Por isso sempre existiu o relacionamento através da divisa. Mas viagens eram praticamente proibidas e ligações telefônicas impossíveis. Por falta de linhas, tinha que se esperar muitas horas ou dias para completar uma ligação. No entanto, pouca gente tinha telefone na Alemanha Oriental e as ligações eram logica-

mente censuradas. A gente mandava cartas de aniversário, de Natal, de pêsames. E, mais e mais, de pêsames. No Natal e Ano-Novo, expedíamos um pacote com chocolate, meias de nylon e pequenas coisas que os parentes viam pelos comerciais de televisão da Alemanha Ocidental, captada na maior parte das casas (Nota do autor: Erhard Engler nos enviou revistas e bolachas orientais. Uma bolachinha caseira, deliciosa, feita em uma daquelas padarias de esquina, segundo receitas antiquíssimas e artesanais. Tínhamos tomado café em sua casa, certa vez, e adorado. O que me chegou após quatro meses e a passagem pela revista da censura: farinha de bolacha. Foram trituradas para ver se não continham "mensagens", microfilmes, informações) *ainda que as lideranças ortodoxas de organização juvenil orientassem os jovens para subir nos telhados e colocar as antenas de modo que não fosse possível receber as transmissões das emissoras ocidentais.*

Enviávamos também dinheiro, cédulas de marcos que raramente escaparam do rotina da alfândega socialista: os guardas simplesmente surrupiavam o dinheiro. Como sabíamos que havia censura, não trocávamos informações nem opiniões. Se algum dia for possível analisar o conteúdo destas cartas, vai-se perceber como a comunicação ficou mais e mais formalizada, ritualizada, atingindo o ponto zero de conteúdo.

O governo da Alemanha Ocidental, por bondade com a Guerra Fria, contribuiu para a ritualização da comunicação, iniciando o costume de colocar, nos domingos antes do Natal, velas acesas nas janelas dos apartamentos, como símbolo de que não havíamos esquecido os "irmãos e irmãs" do leste. Assim nos livrávamos da consciência pesada de usufruir da riqueza do primeiro mundo americano, enquanto os "irmãos e irmãs" do leste sofriam as penúrias das filas, esperando batatas ou sonhando com frutas tropicais que quase nunca chegavam ao leste, por falta de moeda forte no caixa do Estado.

Primeiros encontros

A queda do muro chegou de repente, sem tempo para preparativos, reflexões, análises e, neste sentido, veio como um milagre. Milhares de pessoas do leste atravessaram uma divisa até então impenetrável, para ver se era verdade que do outro lado existia o verdadeiro paraíso (de consumo). Os ocidentais, por sua vez, foram ao leste para encontrar um mundo tão diferente do deles que chegou a ser não menos encantador. Ruas estreitas, quase desertas, calçamento ainda em pedra, ausência de asfalto. Cidades calmíssimas, sem out-doors, sem anúncios a néon nem cartazes (a não ser os que elogiavam ou exortavam o proletariado, herança do stalinismo), sem barulho de rádios portáteis. Um mundo que, de alguma forma, lembrava os mais velhos da vida dos anos 30 ou 50.

Esta diferença entre o dia-dia do ocidente capitalista e altamente urbanizado e o oriente socialista, muito pobre, e muito menos urbanizado, não deixava de complicar a comunicação entre as populações das duas Alemanhas. Os primeiríssimos encontros entre ocidentais e orientais eram espontâneos, curtos, curiosos, e cheios de sorriso e boa vontade (como, talvez, aquele entre Cristóvão Colombo e os nativos americanos em sua primeira viagem), porém as coisas não iam parar por aí. Pouco importava que os Ossies (neologismo ocidental para os moradores da antiga Alemanha Oriental, derivado da palavra Osten=leste) chegassem nos seus pequenos automóveis (que lembravam carros de criança, diante dos Mercedes e BMWs) e comprassem tudo o que tinha de bom e barato nos supermercados Aldi (cadeia conhecida por vender produtos de qualidade e bon marché). Pouco importava se pareciam gafanhotos frente aos balcões de bananas e laranjas... Isso servia para engordar os egos dos "tios ricos" ocidentais que rapidamente chegaram para ver os "sobrinhos pobres" com um olhar paternalista, como talvez um paulista contemplasse, nas décadas de 50 e 60, as humildes famílias nordestinas chegando do sertão em busca de trabalho.

Todavia, o efeito da novidade não durou. Logo os carrinhos orientais engarrafaram as avenidas, criaram confusão e problemas de poluição, uma vez que costumavam andar devagar, não conheciam as ruas nem as leis do trânsito ultra-rápido (e selvagem) das grandes cidades ocidentais. Era engraçado, uma vez ou duas, ouvir o sotaque engraçado do Ossies. Mas irritava ouvi-los por meses e meses, ainda mais quando se tornavam colegas de trabalho. Pior ainda: para os Wessies (de Westen = oeste) pós-modernos nas grandes cidades, os Ossies chegaram a representar tudo o que eles não gostavam: sotaque pesado, linguagem simples, falta de tom e estilo irônico tão estimado nas "cenas" metropolitanas. Típico foi o episódio no jornal Tageszeitung – um dos primeiros a "integrar" colegas orientais. Um dia explodiu uma briga entre um wessie e um ossie, simplesmente porque o Wessie não suportava mais. O Wessie alegava que nada tinha contra o trabalho do Ossie, mas que ficava com os nervos à flor da pele ao ouvi-lo chegar: era o jeito dele andar (devagar), de se comportar (sem graça), de falar (meu deus!) e de se vestir (impossivelmente brega e barato).

Conflitos políticos e estruturais

Além dos conflitos culturais, havia também os problemas políticos, econômicos e estruturais. Já que o governo de Bonn era conservador, ele decidiu revogar todas as expropriações feitas nas quatro décadas de socialismo na Alemanha Oriental. Como muitos ex-proprietários de casas, terrenos e fábricas da antiga Alemanha Oriental tivessem fugido ou se mudado para o Oeste, isto significava que, agora, boa parte dos Ossies passasse a viver com o medo de perder as casas e os terrenos. A desconfiança criada aumentou as mudanças econômicas e estruturais. Na antiga RDA (ou DDR) o nível de vida era baixo, mas todo mundo tinha emprego, salário, direito a creche, saúde e escola, e assim se sentia "parte da grande família". Agora, o que governava era a concorrência global do mercado e a maior parte do parque industrial da antiga DDR teve que fechar. Tendo vivido décadas isolado, este parque *estava desatualizado, desestruturado, arcaico e praticamente sucateado, segundo os conceitos do oeste, incapaz de produzir no ritmo exigido pelo mundo capitalista. Chegou, do dia para a noite, uma onda de desemprego que transformou grandes partes da DDR em desertos industriais, com a população sem emprego, sem o dinheiro necessário para desfrutar do paraíso de consumo e – mais importante – sem o sentido de vida e o prazer da auto-afirmação que o trabalho confere a um cidadão.*

A maioria das creches fechou por falta de recursos. As mães que, no socialismo, trabalhavam todas fora, com o desemprego passaram a ficar em casa e a cuidar das crianças, retornando à Idade Média em termos de emancipação. Os jovens ficaram sem inspiração e sem esperança de ganhar empregos, desiludidos com a discriminação que encontravam entre os Wessies. Muitas vezes, já que o socialismo tampouco servia como orientação, eles se agruparam em pequenas turmas "esquisitas", como as seitas de extrema direita, que prometiam que tudo ia melhorar com a expulsão dos imigrantes da Turquia... Tentavam assim, da pior maneira possível, passar o mico preto para outra minoria, ainda mais Ossie que eles.

Hoje em dia

Hoje, muitos Ossies já se assimilaram aos Wessies. Há pouco tempo, ao falar com um estudante pela primeira vez fui enganado: pensava que era um Wessie "normal" e fiquei surpreso quando ele me disse que não era. Tinha até cursado faculdade no leste e assimilado perfeitamente comportamento e hábitos... Existe uma migração interna que ainda não acabou e ameaça deixar o leste deserto mesmo, já que a mortalidade ali é maior do que a natalidade. O antigo Partido Comunista, com novo lema, está crescendo, juntando todos os perdedores da unificação, que não são poucos (cerca de 25% dos votos na extinta RDA). O governo tenta reverter a tendência com grandes esforços. Desde a unificação, foi criado um imposto especial para arrecadar fundos gigantescos para serem investidos na modernização da infra-estrutura da RDA e financiamento do salário-desemprego, etc. A transferência da capital de Bonn para Berlim (no meio da RDA) pode trazer benefícios para a cidade e seus arredores. Algumas grandes empresas investem em instalações ultramodernas. O ritmo de construção é febril e provoca inveja nos países vizinhos. O alvo do governo é transformar a RDA em uma das mais modernas e ao mesmo tempo ecologicamente preservadas áreas da Europa. A intenção é superar os conflitos sócio-econômicos e psicossociais entre Ossies e Wessies. Para chegar lá vai demorar muito. Com sorte, uma geração. Realisticamente, duas ou três. Até lá, os termos Ossies e Wessies não vão sumir do novo vocabulário alemão.

Março de 2000 eterno retorno

Retornei, seis anos depois de minha última viagem. Quero voltar a essa cidade quantas vezes puder. Sinto que pertenço a ela. Sou paradoxal e incongruente, neurótico e tenso, calmo muitas vezes. Como ela. Continuo sem entender por que entrar aqui me dá paz. Vim para uma leitura no Brasilianisches Kulturinstitut in Berlin (ICBRA). A primeira da nova sede, agora na Schlegelstrasse, próximo à casa de Brecht, na antiga Berlim Oriental. Ao meu lado, Berthold Zilly, professor e tradutor de Euclides da Cunha para o alemão, que interrompeu suas férias e viajou 100 quilômetros apenas para ler em alemão ao meu lado. A primeira leitura que fiz na Alemanha, em 1982, foi junto com Zilly, na Wolff's Bucherei, na Bundesallee.Daí a emoção que transpareceu na leitura. A noite terminou no Kellerrestaurant, no porão da casa de Brecht.

Lembramos que desembarquei na cidade no dia 11 de março. Quando cheguei pela primeira vez, em 1982, também era 11 de março. E pensar que deixei Araraquara definitivamente no dia 11 de março de 1957 para refazer/fazer minha vida em São Paulo. Coincidências? O que o 11 me traz de bom? E por que sempre que olho para um relógio são 11h11? Adoro números, ainda que tenha sido péssimo aluno de Matemática. Herança de meu pai, um obcecado por números, estatísticas. Tinha uma velha máquina de operações (assim diziam os antigos contadores) e executava cálculos tão rapidamente quanto as calculadoras eletrônicas de hoje, que ele teria adorado manipular. Assim, faço uma breve leitura cultural da cidade por meio dos números. São 880 corais (incluindo os de escolas e os de igrejas); 196 bibliotecas públicas (talvez mais do que no Estado de São Paulo inteiro); 182 cinemas (na relação não vi o Gloria, na Ku'damm, que costumava freqüentar nos domingos de manhã, para ver documentários (ver página 73); 170 museus (o mais freqüentado é o Pergamon, na Ilha dos Museus, no "lado de lá") e coleções particulares (outro slogan recente: a *metrópole dos museus*); 350 galerias de arte; 400 grupos teatrais (sendo que 200 estão continuamente em operação); 3 casas de ópera (em 1999 foram encenadas 33, das clássicas às modernas); 15 teatros particulares, 4 estatais e 14 cabarés e teatros de variedades; 10 orquestras de câmera e 8 sinfônicas.

Jornada de uma longa noite

A novidade, para mim, foi a *Lange Nacht der Museen* (Longa Noite dos Museus) que entra em seu sétimo ano. Assim como havia o Sábado Longo, em que as lojas funcionavam o dia inteiro, agora cerca de 50 instituições ficam abertas no período noturno. Com sucesso. A Longa Noite deste ano, em janeiro (a outra acontece em agosto), atraiu 45 mil visitantes aos museus. Algo me lembra o título da mais bela peça de Eugene O'Neill, *Longa Jornada de um Dia para Dentro da Noite*.

O lago branco

Drude, o jovem encarregado pela Internaciones para me receber, se desculpou: "Desculpe, mas só conseguimos reservas num hotel muito longe. É que a cidade está lotada, por causa do congresso internacional de turismo". Bandeirolas, *baners*, cartazes enormes saúdam o acontecimento. Quem diria? Turismo em Berlim. Não apenas dos caipiras alemães que lotavam as ruas nos finais de semana. Turismo internacional. O muro caído, o medo perdido, os turistas do mundo voltaram. Uns querem ver se ainda existem restos do muro, outros correm para o que foi o "lado de lá" (onze anos depois ainda ouvi a expressão). Atrações são a Alexanderplatz com sua torre de televisão e o mirante (tem quem jure que poderia ser a mais alta do mundo, mas os soviéticos impediram, para não utrapassar uma que há na Rússia), a Unten den Linde, a Catedral, os novos edifícios de Potsdamerplatz ou a cúpula gigante do Reichstag. Se Paris tem a pirâmide do Louvre, Berlim tem a cúpula. O prédio do Parlamento, restaurado, brilha. No tempo do muro ele foi museu da história alemã. Na sua frente, estendia-se o extenso gramado, onde, aos sábados, latinos e turcos jogavam futebol. Agora, é uma praça, repleta de ônibus *sightseeings*.

O Derag Hotel Köninin Louise fica na Parkstrasse (existem dez com o mesmo nome; repetição não é coisa de brasileiro), no bairro de Weissensee (lago branco), antiga Berlim Oriental. Um hotel cinco estrelas recém-construído. Arquitetura moderna, impessoal, ele surge postiço dentro da paisagem. Velhos edifícios de seis andares, na cor cinza, o rodeiam. Alguns recuperados, outros estragados, paredes cariadas. Weissensee foi bairro operário e conserva suas características. Num domingo de manhã, deparei com dezenas de homens carregando vasos de flores ou ramalhetes. Logo o mistério se esclarece, há um cemitério, o Segenskirchengem, a algumas quadras de Parkstrasse. Caminhando em sentido oposto, descobri a musicalidade. A rua Gounod, paralela a Puccini e a Meyerbeer, atravessa a Borodin, a Mahler e a Smetana.

Brahms ganhou uma curta quadra e a Chopin vai terminar na avenida Indira Gandhi, de onde parte também a rua Bizet. A modernidade de Schönberg foi reconhecida. Tudo encostado no cemitério judeu.

Os bondes amarelos, reformados, correm silenciosos pela Berliner Allee (antiga Klement Gottwald), na direção de Alexanderplatz. Pouco resta da atmosfera provinciana da Berlim Oriental. Letreiros luminosos, lojas resplandecentes, shoppings de informática, serviços de conveniência, tudo com a cara impessoal da ocidentalização.

O último jantar do Titanic

Compro um novo guia. Hábito. Tenho uma coleção de várias épocas, alguns históricos. Vários ainda mostram a cidade dividida. O de 2000 traz uma novidade. Indica os pontos de táxis. Dentro do guia, um folheto. O restaurante Louisenhof, do meu hotel, com boa cotação entre os gourmets, anunciava *The Last Dinner do Titanic*. Por 444 marcos (222 dólares) qualquer um podia degustar o menu servido na primeira classe do navio, momentos antes que ele batesse no iceberg.

Ostras à la Russia, Consomê Olga, Salmão fatiado em molho espumante, Cordeiro ao molho de menta, Pastelão de ervilhas, Ponche romeno, Pombos assados com agrião, Aspargos no champanhe, açafrão e vinagrete, Patê de foie gras *e aipo,* Eclairs *de chocolate com creme de baunilha francesa, Frutas e queijos frescos.*

Mesmo com o turismo internacional, os preços vêm em marcos ou euros. Não se fala em dólar. O marco caiu, está 2 × 1 em relação ao dólar. Quando vim morar aqui 1 dólar valia 1, 2 marcos.

Milagre alemão: metrô, S-Bahn, ônibus

Ao chegar à cidade, procure logo um posto da BGV e peça o mapa do novo metrô e do S-Bahn. Nas estações costuma haver uma caixinha, onde se pode apanhá-lo. Andei oito estações até encontrar um. A malha de transportes cobre toda a cidade e arredores, conectando-se com as linhas de ônibus, os horários em conexões. Esta conexão ainda é, para mim, o milagre alemão. A antiga linha de metrô U3, que era a mais curta (ninguém entendia o porquê desta linha de três estações, tão pouco usada), mudou. Agora é a U15, verde que vai de Wittenbergplatz a Warschauerstrasse, estação que fica além da antiga linha do muro, após Kreuzberg, passando por cima do rio Spree, pela ponte Oberbaum, que esteve fechada/proibida até 1989. A linha U12, verde/vermelha, era a U1, verde, que ia de Ruhleben até Schlesisches Tor e agora avança também até Warschauerstrasse. A linha que, antes, corria apenas dentro de Berlim Oriental e ia de Thalmannplatz até Pankov, tornou-se a U2 vermelha e avança por dentro do que era Berlim Ocidental chegando até Ruhleben. A U2 e a U12 correm paralelas entre as estações de Gleisdreieck e Ruhleben. Previsão para o futuro? A U2 vermelha, Krumme Lanke-Wittenbergplatz, agora é U1 e junta-se à U15 e segue para Warschauerstrasse. O S-Bahn 2 saía de Lichtenrade e terminava em Frohnau (a floresta), passando por baixo de Berlim Oriental, cruzando cinco estações fantasmas (fechadas), Potsdamerplatz, Unter den Linden, Friedrichstrasse, Oranienburgerstrasse e Nordebanhof. Hoje, ela se junta em Priesterweg a um ramal que vem de Lichterfeld Sud (S25), passa por Frohnau e segue até Oranienburg (onde há o campo de concentração de Sachsenhausen). Veja na página 352 as conexões que tive de fazer em 1992 para chegar a Oranienburg.

Grafite contra grafite

Os novos vagões do S-Bahn inovaram. Para combater os grafiteiros que emporcalhavam os bancos com seus dizeres incompreensíveis (é praga mundial), tomou-se uma medida engenhosa:

os encostos dos bancos são desenhados como se já estivessem grafitados. Portanto, não há graça em grafitar por cima do grafite.

Os ônibus duplos se vão

Contaram-me que a fábrica de ônibus duplo fechou e que, dentro de algum tempo, eles vão se acabar, serão retirados de circulação. Dos 600 existentes restaram 200. Ficarão alguns para servir aos turistas. Como a já implantada linha 100, uma espécie de *sightseeing*.

Sofisticação

Passados apenas seis anos, a sensação que tenho é de nunca ter estado nesta cidade. Tudo parece cenário no lado oriental. As ruas estão recapeadas, limpas, os edifícios sofreram restauros, uns foram demolidos, outros construídos, fachadas foram pintadas. Todos me avisavam que a cidade "está uma loucura", agitada, congestionada, barulhenta. Para mim, ficou apenas mais bonita. Continua agradável. A então sombria Friedrichstrasse readquiriu o antigo esplendor. Sofisticou-se. A nova Berlim adotou cores, o creme, o marrom, o ocre, o azul permeiam a paisagem. A Gendarmenmarkt, com as duas igrejas gêmeas, a francesa e a alemã, nos lembra Paris ou Praga. Nas noites de verão, é montado um imenso palco em frente à ópera e as orquestras, regidas por Daniel Barenboim, ou Gotz Friedrich, ou Claudio Abbado, tocam para a multidão na praça.

Investimentos

Dados oficiais: desde a queda do muro, 171 bilhões de dólares foram investidos na cidade, criando novos empregos. Os grandes parceiros de Berlim são a Siemens, a Coca-Cola, a Schering, a Sony, a Samsung e a Gilette. Cerca de 17 bilhões são previstos por ano. Assim, até eu construo uma bela cidade. Todas as forças parecem concentradas em transformar Berlim no "coração da Europa", outro slogan que ouvi por toda a parte.

A catástrofe

Apresso o passo. Ainda não entendo o novo sistema de transporte, as conexões com bondes. Chego ao 65 da Charlottenstrasse, onde está a sede da *Sócios para Berlim* (Partners for Berlin), sociedade para o marketing da capital. É um velho prédio reformado, a entrada é clean. Quem conhece Berlim está acostumado a hall de entradas muito feios e malcuidados. Depois, dentro, os escritórios e os apartamentos surpreendem. Aqui, não. Posso estar em Nova York ou na Avenida Paulista. Justus Bobke, relações-públicas internacional, me espera às 10. Quando penetro no corredor (parte do prédio ainda está em obras), ele caminha em sentido oposto, me acena, me indica uma sala. Pontuais os dois. A sala é branca, luminosa, janelas tomando quase toda a parede. Berlim teve, como pouquíssimas cidades no mundo, chances imensas de mudar, se refazer. É Bobke falando. A implosão começou em novembro de 1989, quando se iniciaram mudanças radicais. A situação antiga, a divisão, era uma coisa concreta e abstrata, um tormento. Subitamente, todos foram surpreendidos pelas novas possibilidades. Deve-se lembrar que quando a guerra terminou, 70% da cidade estava no chão. Cada um reconstituiu a sua maneira. Um lado implantou a sociedade socialista, o outro adotou o american way of life, com investimentos vultuosos e artificiais. Na teoria, parecia funcionar, na prática, não. A realidade era outra, minava as pessoas, o regime. (A pergunta que faço é: um dia teria de estourar? Se o lado oriental não tivesse explodido, o ocidental surportaria por quanto tempo? Ninguém consegue responder. Não está aí um tema a ser pesquisado?)

Desta maneira, o que se formou durante 40 anos foram módulos artificiais. Berlim perdeu sua força, sua hegemonia, sua criatividade, perdeu a dinâmica dos anos 20 e 30, dissolveu-se a intensidade de vida cultural, de agito, de pensamento, que a fizeram capital da Europa. Tudo tornou-se morno. As duas cidades funcionavam formalmente, até mesmo tediosamente, as pessoas faziam um esforço para "fingir uma vida normal". Que nunca foi. Para Bobke, quando se deu a grande ruptura em 1989, o que se esperava era que a junção de duas potências criasse uma estrutura forte. E o que se viu foi o desmoronamento. A realidade foi dura. Compreendeu-se que na Europa não havia mais lugar para "ilhas", para regiões protegidas, como era, cada uma a sua maneira, Ost Berlin e West Berlin. Uma catástrofe. De repente, 300 mil pessoas se viram desempregadas, perdeu-se um governo, o funcionalismo ensandeceu, a segurança ruiu. O que se deu foi uma implosão mental que atingiu seu ponto mais baixo entre 1993 e 1994.

Espaços para criar

Praticamente a partir destes anos se deu o reerguimento, o aproveitamento do potencial e puderam ser alavancados os projetos, iniciadas as construções. Sem o muro surgiram espaços novos para construir, agir, criar. Cada setor com um tipo de problema, maior ou menor. Nas comunicações, segmento essencial, quando os técnicos pesquisaram as linhas telefônicas, descobriram que no lado oriental ainda eram utilizados fios de cobre, isolados com papel, com conseqüências previsíveis. Nada funcionava. Daí a instalação de 150 mil quilômetros de fibras de vidro. Era a modernidade chegando.

Planejadores passaram a projetar uma estrutura para atrair empresas, gerar negócios, fascinar pessoas, principalmente jovens. Na verdade, quase tudo está por fazer, mas o que se olha é o futuro, muito na frente. Para o dia em que Berlim for o coração da Europa. Ela sabe que não é primeira linha como Nova York, Londres e Paris. Mantém-se na segunda colocação, como Bruxelas, Barcelona, Roma e Milão. Mas não quer ser grande como a Cidade do México. Ela não tem os grandes problemas das grandes cidades do mundo. Nem quer ter, por isso planeja, projeta, pensa. Sabe também que não vai ter arranha-céus, está previsto em lei. Quer ser horizontal. Aqui se toma como medida, a medida humana, afirmam. Foi, até agora, a melhor definição que ouvi para a relação entre a altura dos edifícios e as pessoas. Sempre senti que Berlim não esmaga, como São Paulo ou Nova York. Ela quer ser organizada com vários centros, para evitar guetos. Ao se pensar a cidade, projeta-se uma anti-Brasília, para fugir à setorização.

Lehrter, estação monumental

Dentro das novas estruturas da Europa (Polônia, Hungria, Checoslováquia, Islândia, etc.) Berlim aparece como cidade-estrela, em posição privilegiada, porque representa as contradições entre dois sistemas fortes e tem experiência para desfazer essas contradições. Ela é caminho entre Moscou–Paris. Trajeto entre Escandinávia–Praga–Roma. Passagem entre Oslo e Atenas. Estocolmo e Viena–Budapeste–Bucareste. Os trajetos formam uma cruz e Berlim está na junção dos dois eixos. A partir disso, o projeto da estação Lehrter é dos mais gigantescos e ambiciosos. Entro na parte que me fascina. Até agora, Lehrter era uma pequena estação do S-Bahn, a última antes do muro (passava por cima) antes de chegar a Friedrichstrasse, vindo do Zoo. Uma estrutura monumental de aço e vidro vai torná-la a maior do mundo, dentro da qual circulará todo o sistema ferroviário europeu. Prevê-se que 250 mil pessoas transitarão diariamente por ela.

O dinheiro e os alternativos

O que se vê em Berlim, hoje, é o poder do dinheiro. Dinheiro que vai ser aplicado no sistema de transportes, na construção de radiais, nas aberturas de novas avenidas, na construção de linhas periféricas do S-Bahn. O que se pretende é que os trabalhadores estejam, no máximo, a meia hora dos locais de trabalho. Para furar um túnel que faz parte de uma highway que corta o centro da cidade, na altura de Potsdamerplatz, o rio Spree teve de ser desviado 80 metros do seu curso. Já foi devolvido ao lugar. Tudo é faraônico, deixaria nossos velhos ministros militares com água (ou baba) na boca. Pode ser que isso incomode os berlinenses que viveram por 28 anos dentro de uma redoma, protegidos, silenciosos.

Agora, são canteiros de obra e estruturas pré-moldadas de concreto amontoadas por toda a parte, passando a sensação de que as pirâmides do Egito estão sendo erguidas. Quando o trem passou por Gleisdreieck fiquei assombrado. Onde era um parque ferroviário decadente, trilhos enferrujados, armazéns abandonados, mato crescendo, havia efervescência total, máquinas, buldôzeres, ferro, basculantes.

Quando pergunto a Justus Bobke sobre a cena alternativa, uma das forças e um diferencial de Berlim, ele sorri, sabe que é provocação. Para ele, a cena alternativa sempre existirá. Sua força nasce exatamente da crítica e da avaliação constante da cultura e dos fatores que a geram ou a oprimem. Quem sabe a nova Berlim seja um prato cheio?

O velho espírito se mantém

Do alto da Infobox, edificação moderníssima, caixote vermelho no alto de pilotis (que lembra vagamente o MASP em São Paulo) contemplo, na tarde de sábado, duas Berlins convivendo.

O velho espírito permanece, mesmo o mundo tendo se globalizado, o muro dissolvido, a Alemanha unificada, o euro implantado como a moeda única (ainda confunde cabeças). Juntas, naquele momento, estavam a nova e a velha cidade. Uma, com tecnologia de ponta, representada pela Infobox, informatizada, coração que

conta ao mundo o que será a capital do futuro, abençoada de perto pela gigantesca cúpula de vidro e aço do Reichstag. E a velha, simbolizada na gigantesca manifestação de pais e filhos, protestando contra a política educacional do governo. Passava e passava gente, todos os pais e os alunos da cidade deviam estar ali. A tradição de passeatas e de protestos continua intocável. Uma fila longa, lenta, de pessoas levando cartazes feitos à mão, passa na frente da Infobox, a caminho do Reichstag, o parlamento, a pouco mais de um quilômetro. Convivem a cidade indignada, que sempre se manifestou e a cidade do futuro chamada Das Neue Berlin, trabalhada como uma marca, com logotipo e tudo. Denominada cidade do amanhã, o portão do futuro, cidade do século 21. Na mídia e no material publicitário, insiste-se que Berlim é um "grande lugar para viver". Que alma virá dominá-la, uma vez que será a cidade do poder? Deve-se temer que a Berlim de coração sempre cheio de santa fúria seja sufocada? Políticos, funcionários públicos e empresários são classes conservadoras, ficam incomodadas com questionamentos e avanços, principalmente nesta sociedade neoliberal.

DAS NEUE Berlin

Praça Marlene

Finalmente, a cidade natal se rendeu à voz rouca e às pernas longas de Marlene Dietrich. Agora, ela não foi homenageada apenas com um simples selo, mas também com uma praça. E no local que o orgulho berlinense elegeu como o futuro, no meio dos gigantes da Potsdamerplatz, junto ao prédio da DaimlerChrysler. Ali se concentrará o Festival de Cinema, um dos três mais importantes do calendário, ao lado de Veneza e Cannes. Durante décadas, o festival aconteceu no Zoopalast, ao lado da estação Zoo (era a principal em Berlim Ocidental, hoje apenas uma estação sem grandes atrativos na malha ferroviária). Com a unificação, o Zoopalast, espécie de elefante branco pesadão, perdeu o papel principal para o novo centro em Potsdamer. Como o número de visitantes vem aumentando ano a ano e espera-se, daqui para a frente, 500 mil espectadores, foram necessárias mais salas para abrigar todas as manifestações da Berlinale. Protegendo o festival, o belo e forte astral de la Dietrich.

Inverteu

Quem conheceu as duas Berlins, logo percebe. Os carinhos estão sendo carreados para o antigo lado oriental que, nas épocas áureas, abrigava o poder. A Unter den Linden vem recuperando o fausto, mais de 150 mil quilômetros de fibra óptica foram implantados, modernizando o sistema telefônico, grandes hotéis como o Four Seasons, o Mercure Alexander, o Forum, o Grand Hotel, ou o Hilton, se instalaram, outros estão vindo. A nova arquitetura é mais leve, descontraída.

O que era, não é mais

Num acesso de nostalgia, apanhei o S-Bahn, com seus vagões novos, reluzentes, ainda que conservando o mesmo design, e desci no Zoo. Os vagabundos, bêbados e drogados aumentaram, formam quase multidão compacta. O movimento aumentou, há gente se espremendo por toda a parte. Fui ao restaurante Zum Dortmunder, em frente à estação Zoo, antiga Berlim Ocidental. Um ponto habitual, ali eu comia a deliciosa salsicha de Nurembergue, com salada de batatas e tomava um copo de vinho branco, Morio Muskat. O restaurante não existe mais, foi demolido. Fui para o lado do Ku'damm, queria comer no Doyard. Não existe mais. O Kranzler, tradicionalíssimo, fechou, vai retornar não se sabe quando. O Ku'damm, ponto de grifes, se mostrava sujo e decadente. As pequenas vitrinas que ficavam no meio do passeio estavam quebradas, vazias e empoeiradas. Uma fauna estranha, vagabundos, pedintes, bêbados, gente mal-encarada, putas, se amontoando. Bares muquifos, caraoquês, galerias comerciais modernosas, provincianas, arquitetura de gosto duvidoso, se sucedem. O chique deu lugar ao brega, ao caça turismo caipira, a aura que dava um ar de Champs-Elysées à avenida desapareceu. E o trânsito fica congestionado na tarde de sábado. Tudo parado. Pensar que este lado era o brilho, o luxo, a vitrina do capitalismo. Era a provocação, a riqueza atirada na cara do vizinho.

Geschichten einer Metrópole

Numa nova galeria comercial, impessoal e sem o mínimo glamour, estilo anônimo de shopping center, no 207 do Ku'damm, uma exposição conta a história da cidade. Muito bem-estruturada, porque o país tem tradição de museologia e de mostras. Detalhe contra: as fotos dos escritores perseguidos pelo nazismo não têm legendas. Quem conhece, conhece, quem não conhece fica sem conhecer. Módulos do muro, o primeiro Mercedes-Benz, vídeos narrando a história antiga, fotos, jornais, símbolos das revoltas populares, barricadas, acessórios da vida cotidiana, brinquedos. Percorremos em poucas horas centenas de anos. O que mais me encantou foi o piso que traz os homenzinhos em movimento, curiosas figurinhas que nos sinais de trânsito de Berlim Oriental indicavam que se podia passar, sinal verde. Agora, com a modernização e a ocidentalização da parte oriental, os homenzinhos tradicionais e bem-humorados, amados, estão sendo substituídos.

O mistério dos sinos

Um grupo decidiu construir uma capela memorial no lugar da Igreja da Conciliação (Versohnungskirche), derrubada pouco antes do muro cair, na Bernauerstrasse (ver página 371). Os sinos da igreja, conservados durante anos, agora estarão numa torre. Mistério: os socialistas entregaram os sinos aos católicos do bairro? Porque a igreja ficava entre os dois muros, território proibido, não dava para entrar, apanhar os sinos pesadíssimos e dizer muito obrigado. Ficaram sob a guarda de quem? Ou os próprios socialistas conservaram a relíquia e depois a devolveram? Onde ficaram durante 15 anos? Voltarão a tocar para o bairro um som tradicional ouvido por quase um século.

O êxodo

Com o governo instalado, esta será uma cidade de serviços, essencialmente. Os aluguéis subiram, ainda que tenham se mostrado razoavelmente estacionados nos últimos dois anos. No entanto, as dificuldades de alojamento têm crescido e aumentarão. O que vem provocando um êxodo. A periferia de Berlim começa a ser ocupada, a tendência é mudar-se, sair, cidades satélites estão sendo formadas. Boas rodovias e um sistema de transporte público eficiente facilitam essa fuga, muitos a consideram melhoria de nível de vida.

Estantes vazias, livros queimados

Atravessando a Praça da Ópera em frente à Universidade Humboldt, terreno que foi Berlim Oriental, deparo com um vidro no chão. Lá embaixo, uma sala branca e estantes vazias. Trata-se de um monumento original. É o Memorial do Auto da Fé de 1933, quando os nazistas queimaram, neste local, os livros considerados inúteis para a nova Alemanha. Milhares de volumes vieram da biblioteca da Universidade. Veja na página 222 o segmento *Fogueira de Livros*.

Não-alemães

Uma socióloga me disse, na noite da leitura no ICBRA: "Aqui na cidade, 42% dos nascimentos são de não-alemães".

Menos bairros

Uma lei está em andamento, visando diminuir para 12 o número de bairros existentes. Trata-se de uma manobra eleitoral, para proteger certos partidos políticos.

Penitência

"Pagar penitência, quando se peca", dizia minha mãe. "Não se meter a profeta", sentencia o povo. Peguei em duas sensações (que, no entanto, me pareciam claras em todas as conversas e em tudo o que eu lia) na minha primeira longa estada em Berlim. Penitencio-me. Quando falei do S-Bahn, em minhas primeiras viagens, observei que a idéia de Berlim crescer para cima, enchendo-se de prédios horrorizava os berlinenses. Pode ser que ainda horrorize uma parcela lúcida da população. No entanto, a realidade hoje é que os edifícios proliferam como cogumelos, para usar surrado clichê. Em outro momento, ao falar sobre a cena alternativa, disse que Berlim seria, no futuro, cidade-estrela, a meca alternativa do mundo. Não foi. Era apenas sonho, utopia. Utopias se dissolveram ao calor do dinheiro e da globalização. Berlim agora caminha para a megalópolis, para grande prazer dos incorporadores imobiliários. Foi o que perguntei a um especialista. Vejam o segmento: *O dinheiro e os alternativos.*

As pêras de Ribbeck

Aqui me lembro de *As pêras de Ribbeck* (Editora Nova Alexandria), romance de Friedrich Christian Delius, escritor nascido em 1943, que mostra, de maneira poética e impactante, as transformações da Alemanha. Na aldeia de Ribbeck existe uma pereira louvada por Theodor Fontane, um clássico da literatura alemã. Toda a nova-velha Alemanha permeia o livro, que sintetiza os problemas surgidos após a queda do muro. São questões que vêm do século passado, quando os senhores da terra eram tão despóticos como o foram os nazistas e depois os burocratas socialistas. Agora, a RDA e RFA deixaram de existir, há apenas a Alemanha. Mas "território oriental" continua a ser "ocupado" por alemães ocidentais que chegam com seu dinheiro forte, impondo hábitos de consumo, provocando a inflação, a decepção. Os aldeães de Ribbeck se vêm olhados como aborígines. Há desencanto, frustração. Delius não faz análises político-sócio-econômicas, narra como vive o homem comum após a unificação-separação. Ouçam: "Vocês, campeões do mundo ocidental, ganharam de nós, os campeões do mundo oriental, a falsa batalha finalmente foi decidida, e que sorte que não fomos nós os vencedores, isso você pode dizer bem alto, pois agora estamos unificados, irmanados, não somos mais inimigos, ótimo! mas por que vocês precisam logo assumir esse ar de imponência?"

Vivendo dentro dos filmes

Encontrei cadernos de anotações em caixas que demoraram meses para chegar, vieram até mim em 1984, muito tempo depois que publiquei a primeira edição desse livro. Deixei tudo fechado por 16 anos, mas a curiosidade me levou a abri-las. Tudo daria outro volume, mas recuperei apenas um pequeno trecho. *Fevereiro de 1983*: "Sei por que adoro estes dias sombrios. Sei porque apanho o ônibus, subo ao segundo andar vazio e sigo para Wansee, atravesso para a Pfaueninsel (Ilha dos Pavões), andando sozinho durante horas pela paisagem deserta. Aqui só há gente aos domingos e feriados e quando há sol. Pela minha cabeça correm imagens, vivo dentro de filmes que vi. Aqui sou o personagem de *Moderato cantabile*, de Marguerite Duras. Outro dia, deitei-me em baixo de uma árvore e me transformei no personagem de *As neves do Kilimanjaro*. A noite começou a cair e eu estava ali, com a perna gangrenada, sem poder me locomover. Passaria a noite e urubus me rondariam. Um vigia (há sempre um na Alemanha) me alertou para o último barco. Os horários interromperam os devaneios. O barco estava vazio. Na ilha revisitei *Gilda, Oito e meio, Pic nic, Vidas amargas, O Vermelho e o negro*, e dezenas de outros que marcaram épocas diferentes. Por mim, viveria apenas dentro dos filmes, recusando a vida real. Sei porque mergulho na Berliner Forst, caminhando até os pés doerem dentro do odioso tênis azul. Por que compro tênis? Rodeio um clube de golfe e sigo até as margens de um canal; o muro está na outra margem. Nenhuma pessoa passa. Sinto-me livre. Não preciso conversar com ninguém. Talvez por isso goste de Berlim, não entendo o que dizem, não faço força, não quero me comunicar, quero ficar comigo, as pessoas não me interessam, o mundo não me interessa, a solidão é prazer. Não que eu me baste, não é isso, mas para que estar junto com os outros o tempo inteiro? Berlim me dá essa ocasião. Ninguém me conhece, me procura, poucos me telefonam. Se eu parar de responder as cartas, estarei em uma ilha, essa cidade é um conjunto de ilhas, e não preciso de pontes para o continente – nem quero".

Reencontro

Berlim me pareceu estilhaçada, buscando nova identidade. Talvez demore algum tempo para ela se recompor, se reformar. Em um século passou por muitos ciclos, se fez, se desfez, se refez, se arranjou. Há, como em geologia, um processo de acomodação de camadas do terreno, as pessoas procurando, tentando aqui, ali, até encontrarem um lugar, um ponto.

Para mim, que não encontro um lugar no mundo, inquieto onde esteja, sem descobrir um sentido para a vida, ela continua uma cidade de momentos, de fragmentos que me parecem congelados no tempo e me acompanham.

Caminho pela Lutzowufer. Ao longo do rio. Calçadas espaçosas de lajotas limpas. Gramados. Bancos. E silêncio. Um barco lento, impulsionado pela correnteza. O momento se torna passado. Um namorado contempla o corpo de uma jovem deitada no fundo da embarcação. Entregues os dois através do olhar. Um dentro do outro.

Todo o ritmo do dia é vagaroso. Árvores começando a brotar. Folhas amareladas dançam com a leve brisa. Um imenso cão São Bernardo late, quebrando o cristal de lassidão e quietude. O momento se torna o futuro. Dois patos de cabeças verdes se olham frente a frente.

O bote se imobiliza e o casal, profundamente absorto, contempla alguma coisa na água. O que vê?

UNESP, Araraquara, 1984
São Paulo, maio de 2000

Referenciais para quem deseja se aprofundar um pouco

Antes do dilúvio (Before the Deluge), Otto Friedrich, Record, Rio de Janeiro, 1997.

Os carrascos voluntários de Hitler (Hitler's Willing Executioners), Daniel Jonah Goldhagen, Companhia das Letras, São Paulo, 1996.

O muro de Berlim, Alemanha pátria unida ((Quei Giorni a Berlino), Lilli Gruber e Paolo Borella, Maltese Editores, São Paulo, 1990.

Novos Estudos Cebrap. Dossiê Reunificação Alemã, número 28, outubro de 1990, São Paulo.

O mundo depois da queda, Emir Sader (organizador), Paz e Terra, São Paulo, 1995.

Os alemães (Studie uber die Deutschen), Norbert Elias, Jorge Zahar editor, Rio de Janeiro, 1997.

As pêras de Ribbeck (Die Birnen von Ribbeck), Friedrich Christian Delius, Nova Alexandria, São Paulo, 1997.

Guerra sem batalha, uma vida entre duas ditaduras (Krieg ohne Schlacht: Leben in Zwei Diktaturen), Heiner Muller, Estação Liberdade, 1997.

Das Gluck Braucht Ein Zuhause, Martin Duspohl, Gotz Kreikemeier, Thomaz Notzold, Albert Reinhardt, Evangelischen Versohnungsgemeinde e Berliner Mieter Gemeinschaft E.V. Berlim 1982.

Berlin so wie es war, Egon Jameson, Droste, Dusseldorf, 1977.

Berlin. Ubern Damm und durch die Dorfer, Renate von Magoldt, LCB. Berlim, 1978.

Angst vor Deutschland, Ulrich Wickert, Heyne Verlag, Munchen, 1990.

Berliner Mauer Kunst, Heins J. Kuzdas, Elefanten Press, Berlim, 1990.

Zoo Station, Adventures in East and West Berlin, Ian Walker, The Atlantic Monthly Press, New York, 1987.

Germany and the Germans, John Ardagh, Penguin Books, London, 1987.

Berlin: Coming in From the Cold, Penguin Books, London, 1990.

SED, George C. Bertsch, Ernst Hedler Matthias Dietz, Taschen, Koln, 1990.

After the Wal, John Borneman, Basic Books, New York, 1991.

When The Wall Came Down, editado por Harold James e Marla Stone, Routledge, London, 1992.

The German Comedy, Scenes of Life After the Wall, Peter Schneider, I. B. Tauris, Londres. New York, 1992.

The New Reich, Violent Extremism in Unified Germany and Beyond, Michael Schmidt, Pantheon Books, New York, 1993.

After The Wall, Germany, the Germans and the Burdens of History, Marc Fisher, Simon & Schuster, New York, 1995.

Berlin, Tales by Lillian Hellman, Josephine Baker, Bertold Brecht, Christa Wolf, Franz Kafka, Thomas Pynchon. Chronicle Books, San Francisco, 1996.

Berlin. Capitale Des Annés 20 et 80, Magazine Literaire, Paris, dezembro de 1982.

Berlin Un Lieu de Hasards, Ingeborg Bachmann (Ilustrações de Gunther Grass), Actes Sud, Paris, 1987.

Berlin Aprés Berlin, George Clare, Editora Plon, Paris, 1989.

Berlin, Jack Holland e John Gawthrop, The Rough Guides, London, 1990.

Berlin Capitale, Un Choc d'Identités et de Cultures, Editions Autrement, Paris, 1992.

Verhullter/ Wrapped. Reichstag, Berlin, 1971-1995, Christo & Jeanne-Claude, Benedikt Taschen, Colonia, 1995.

Humboldt, Internaciones, coleção de revistas, 1991-1997.

Obras do Autor

Depois do Sol, contos, 1965
Bebel Que a Cidade Comeu, romance, 1968
Pega Ele, Silêncio, contos, 1969
Zero, romance, 1975
Dentes ao Sol, romance, 1976
Cadeiras Proibidas, contos, 1976
Cães Danados, infantil, 1977
Cuba de Fidel, viagem, 1978
Não Verás País Nenhum, romance, 1981
Cabeças de Segunda-Feira, contos, 1983
O Verde Violentou o Muro, viagem, 1984
Manifesto Verde, cartilha ecológica, 1985
O Beijo não Vem da Boca, romance, 1986
O Ganhador, romance, 1987
O Homem do Furo na Mão, contos, 1987
A Rua de Nomes no Ar, crônicas/contos, 1988
O Homem Que Espalhou o Deserto, infantil, 1989
O Menino Que não Teve Medo do Medo, infantil, 1995
O Anjo do Adeus, romance, 1995
Veia Bailarina, narrativa pessoal, 1997
O Homem que Odiava a Segunda-Feira, contos, 1999

Projetos especiais

Edison, o Inventor da Lâmpada, biografia, 1974
Onassis, biografia, 1975
Fleming, o Descobridor da Penicilina, biografia, 1975
Santo Ignácio de Loyola, biografia, 1976
Pólo Brasil, documentário, 1992
Teatro Municipal de São Paulo, documentário, 1993
Olhos de Banco, biografia de Avelino A. Vieira, 1993
A Luz em Êxtase, documentário, 1994
Itaú, 50 anos, documentário, 1995
Oficina de Sonhos, biografia de Américo Emílio Romi, 1996
Addio Bel Campanile: A Saga dos Lupo, biografia, 1998

IMPRESSÃO E ACABAMENTO

YANGRAF
GRÁFICA E EDITORA LTDA.
TEL/FAX.: (011) 218-1788
RUA: COM. GIL PINHEIRO 137